Karl Lehmann

Mit langem Atem

W0064277

Karl Lehmann

Mit langem Atem

Wege. Erfahrungen. Einsichten

Der Kardinal im Gespräch mit Markus Schächter

HERDER

FREIBURG · BASEL · WIEN

MIX
Papier aus verantwor-
tungsvollen Quellen
FSC® C083411

4. Auflage 2017

© Verlag Herder GmbH, Freiburg im Breisgau 2016
www.herder.de
Alle Rechte vorbehalten

Satz: de·te·pe, Aalen

Herstellung: CPI books GmbH, Leck

ISBN 978-3-451-34967-6

Inhalt

Vorwort

Als der junge Karl Lehmann vor knapp sechzig Jahren sich in Rom an der päpstlichen Universität Gregoriana zum Studium der Philosophie und Theologie immatrikulierte, waren nicht nur die Vorlesungen in Latein, er musste auch seine Prüfungen und Examina in lateinischer Sprache schreiben. Papst war in dieser Zeit Pius XII. Als dieser, in seinem letzten Lebensjahr, noch einmal »seine« Theologiestudenten sehen wollte, hat er diese in der Unnahbarkeit eines klassisch-kurialen Papstes mit allen Insignien päpstlicher Hoheit empfangen und die jungen Seminaristen auf die Treue »zum Papst und zur heiligen Kirche« eingeschworen. Kirche, das war damals die allgegenwärtige Volkskirche, »ein Haus voll Glorie«, wie es in dem gern gesungenen Kirchenlied heißt, mit den vollen Gotteshäusern am Sonntag und den bemerkenswert gut belegten Priesterseminaren. Sie hat sich selbstbewusst in streng konfessionellen Grenzen gegen die Themen einer modernen Welt zu behaupten versucht. Als Karl Kardinal Lehmann jetzt zu seinem 80. Geburtstag den Papst um die in diesem Alter traditionell gebotene Entbindung vom Amt des Bischofs bat, richtete er seinen Brief an Papst Franziskus, den »Mann vom Ende der Welt«. Als Lateinamerikaner, der nicht in den Papstgemächern Wohnung bezog, sondern im Gästehaus des Vatikans blieb und einen gebrauchten Kleinwagen als Dienstwagen fährt, wird der populäre »Heilige Vater« nicht müde, eine breitere Öffnung der Kirche zur Welt zu fordern und ein größeres Engagement in die Welt hinein. Die Kirche sei kein Selbstzweck, »der Zweck der Kirche sind die Menschen, wie sie leben, wie sie leiden, wie sie hoffen«.

In den sechs Jahrzehnten zwischen dem Studieneintritt des Karl Lehmann und seinem Amtsverzicht hat sich das Leben der katholischen Kirche fundamental gewandelt. Die Kirche ist hineingestellt in den Umbruch einer globalisierten Welt, die mit ihren Krisen, Widersprüchen, Herausforderungen und abrupten Veränderungen alle Anzeichen eines Epochenwechsels in sich trägt.

Das Gespräch mit Kardinal Lehmann in diesem Buch möchte diese Jahrzehnte in die Hand nehmen: erzählend, berichtend, bilanzierend, interpretierend und bewertend; als Vier-Augen-Gespräch mit der darin gegebenen Nähe und der aus den Fragen gebotenen Distanz; mit Blick auf die zentralen Themenfelder; aber auch assoziativ, um an vermeintlichen Nebensächlichkeiten des Lebens und Besonderheiten der Erlebnisse den Wandel einer Zeit besser zu illustrieren.

Das Gespräch hat eine Grundlage in der beruflichen Neugierde des journalistischen Fragestellers, der die eigene christliche Herkunft und das eigene existenzielle Interesse an den grundsätzlichen Fragen nicht verschweigen will. Es ist ein Gespräch ohne die Ambition einer wissenschaftlichen Differenziertheit und mit dem Wissen, dass es schlicht unmöglich ist, auch nur ansatzweise alle Themenfelder, Reflexionsebenen und Aktionsradien des Bischofs von Mainz zu bedenken. Der Bischof, der auch Wissenschaftler geblieben ist, hat in unendlich vielen Wortmeldungen Stellung bezogen zu den Themen der Welt und zu den Brennpunkten des Wandels von Kirche und Gesellschaft. Das Gespräch konzentriert sich auf die Meilensteine kirchlicher Entwicklung und die großen Weichenstellungen der letzten

Jahrzehnte – von der kopernikanischen Wende des Konzils vor fünfzig Jahren über die Dispute der Synoden bis in die gesellschaftlichen und kirchlichen Debatten der letzten Monate. Es geht über Wege, Sackgassen und Perspektiven der Ökumene angesichts des großen Reformationsjubiläums aus Anlass der 500. Wiederkehr des Thesenanschlags von Martin Luther. Und es geht über die großen Herausforderungen und Krisen der priesterarmen Kirche in Deutschland bis hin zu den großen Hoffnungen auf einen Papst, der konsequent die Hinwendung der Kirche zur Welt als eine Option für die Armen versteht.

In dem großen Spannungsbogen dieser Veränderungen, in der krisenhaften Zuspitzung einerseits und glückhaften Momenten großer Zukunftshoffnung andererseits, hat Kardinal Lehmann seinen besonderen Platz und seine herausragende Rolle für die Kirche gefunden. Als Zeuge des Aufbruchs im Konzil hat er die Zeiten des nachkonziliaren Umbruchs mitgeprägt, gestaltet und mitbestimmt: als Seelsorger, Wissenschaftler und als ein Mann, der wichtige Leitungsämter in der Kirche innehatte; mit Mut und Bereitschaft zum Risiko, mit standfester Gelassenheit und der Fähigkeit zum klaren Widerspruch, mit stets optimistischem Gottvertrauen. Wehleidigkeit und Resignation waren ihm auch in schwierigen Zeiten immer fremd. Er ist gerade als Vorsitzender der Deutschen Bischofskonferenz für viele das Gesicht einer lebensnahen, dialogbereiten, weltoffenen und menschenfreundlichen Kirche geworden.

Im kleinen Dorf Bollschweil schwärmen sie noch heute, 35 Jahre nach seinem Abschied, von dem Professor aus Freiburg, der ihnen ein guter Seelsorger war und der als Dogmatikprofessor im Kindergottesdienst, mittwochs morgens um acht Uhr, vom Glauben an Christus erzählte, bevor er um neun Uhr am Katheder der Uni Freiburg systematische Theologie lehrte. In Mainz haben sie ihn nach der Ernennung zum Kardinal mit einem riesigen Volksfest gefeiert. »Unser Kardinal« heißt er in der Stadt am Rhein, ein überkonfessioneller Ausdruck der Identifikation mit diesem besonderen »guten Hirten«, der so herzhaft und laut lachen kann.

Die Welt der Wissenschaft hat den Schüler und engen Mitarbeiter von Karl Rahner längst mit allen Ehrerbietungen und Auszeichnungen als den Mann anerkannt, der sich weit über die Grenze seines Fachs hinaus einen Namen als Theologe gemacht hat – und auch als Grenzgänger, der mit seinem wissenschaftlichen Grundinteresse an allem, was mit dem Wissen um den Menschen zusammenhängt, sich als Dialogpartner angeboten hat. Grenzgänger sind gefährdete Menschen. An den Grenzen, wo es auch schon mal geistige Minenfelder gibt, kann man sich selten einrichten. Wer hier arbeitet, der muss Klugheit und Umsicht verbinden. Er braucht auch den Mut zum Schritt ins Unbekannte. Klugheit, Umsicht und Mut hat der Wissenschaftler Karl Lehmann in geradliniger Synthese zu verbinden gewusst. Mehr als 4000 Publikationen zählt das Verzeichnis, das alle wissenschaftlichen Erkundungen und offiziellen Wortmeldungen von ihm benennt. Sie haben alle einen gemeinsamen Nenner: Sie wollen zum Dialog anstiften. »Wer tief verwurzelt ist in seinem eigenen Terrain«, sagt er, »der kann auch über die Grenzen gehen, ohne dass er selbst vereinnahmt wird.« Deshalb hat es dem Wissenschaftler und Kirchenmann Karl Lehmann nicht gereicht, in der statischen Ordnung und in den oft blutleeren Lehrhäusern zu bleiben oder sich gar zu verschanzen. Er hat, wie er es im Konzil gelernt hat, seine Fenster weit aufgemacht. Der Dialog mit einer pluralen Gesellschaft ist sein Feld geworden. Lange hatte sich die Kirche mit dem geistig-kulturellen und politischen Pluralismus schwer getan. Es war die lebenslange spezifische Aufgabe von Karl Lehmann, in den Auseinandersetzungen mit der pluralen Welt die eigene Unverwechselbarkeit zu behalten und diese offensiv mit klarer Markierung in dieser Gesellschaft zu vertreten. Das war umso mehr seine Aufgabe als Vorsitzender der Deutschen Bischofskonferenz. Mit Lehmann wird sie eine der wichtigsten Stimmen im öffentlichen Ethikdiskurs dieser Gesellschaft: jenseits von falschem Relativismus und fundamentaler Abschottung, mit höchsten Anstrengungen und unbändiger Neugierde und notfalls im Disput und Streit, bis zuletzt im hohen Alter. Während des Gesprächs für dieses Buch hatte er die letzten Papiere des Nationalen Ethikrates über die Embryonenspende bei sich. Und er gräbt sich ein in die verzweigte Komplexität dieser Causa, um im Dialog ein eigenes Angebot zu bieten.

In seiner Dialogfähigkeit ist Karl Lehmann ein Glücksfall für viele geworden, für die Entscheider in Politik, Kultur und Wirtschaft, selbst in Sport und Entertainment. Er kannte die meisten, die Bundeskanzler und Bundespräsidenten, die Wirtschaftskapitäne der Dax-Unternehmen und ihre gewerkschaftlichen Pendants, auch die Sport- und Showstars. Jetzt, wo er aus dem Amt scheidet, haben sich viele wieder zu einem Gespräch im Bischofshaus angemeldet. Ein Glücksfall ist er auch für die Ökumene. Er ist der unermüdliche Brückenbauer, der theologische Weiterdenker, wenn es stockt. Mit einer grundsätzlichen Reflexion zu Toleranz und Religionsfreiheit* hat er sich noch jüngst zu einer der brennenden Zukunftsfragen unserer Gesellschaft geäußert.

---

* Karl Lehmann, Toleranz und Religionsfreiheit. Geschichte und Gegenwart in Europa, Freiburg i. Br. 2015.

Ein Glücksfall ist er auch für die Medien. Er ist ein stets auskunftsfähiger Interpret der christlichen Botschaft. Als journalistischer Beobachter habe ich ihn mehr als dreißig Jahre als den Mainzer Bischof in nachbarschaftlicher Neugierde begleitet. Jetzt, zum 80. Geburtstag, sollte in einem langen Gespräch noch einmal ein Bogen zu den wichtigen Themenfeldern geschlagen werden – ein Gespräch auch über die Wurzeln des Menschen Karl Lehmann, die ihm Kraft geben für eine so große Kontinuität seiner Arbeit; über seine Herkunft, die ihm Flügel gibt für eine christliche Hoffnung; ein Gespräch aber auch als eine Art Bilanz zu den Fragen der aktuellen und existenziellen Nöte einer immer mehr priesterlos werdenden Ortskirche und auch darüber, wie sehr die Kirche vor Ort sich als selbstständige Kirche verstehen muss gegenüber der Weltkirche in Rom. Lehmann drückt sich nicht vor Antworten.

Markus Schächter

1. Annäherung

Beim Konklave nach dem Rücktritt von Papst Benedikt saßen Sie in unmittelbarer Nachbarschaft zum Kardinal von Buenos Aires. Wie entwickeln sich Anspannung und Stimmung, wenn der Ausgang der Wahl langsam klar wird?

Der neue Papst nahm den Beifall der Kardinäle nach meinem Eindruck ruhig und gelassen auf. Er hat sich sehr zurückgenommen.

Unmittelbar neben ihm saß der aus Brasilien stammende Kurienkardinal Cláudio Hummes, der ihm unter den Kardinälen theologisch und geistig wohl sehr nahe steht. Es war in den Momenten nach der Wahl erkennbar, dass der frisch gewählte Papst durch diesen Mann, der die »Option für die Armen« mit ihm teilt und in dieser Hinsicht innerlich ganz bei ihm ist, sehr gestärkt und ermutigt worden ist.

Die Gelassenheit eines 77-Jährigen, der jetzt in einem denkbar hohen Alter die Aufgabe seines Lebens übernimmt?

Er ist jedenfalls ganz ruhig in die berühmte Kammer gegangen, wo nach alter Tradition die päpstlichen Kleider vorbereitet waren, in drei verschiedenen Größen. Er kam ganz einfach zurück, ohne jene besonderen päpstlichen Insignien, die seine Vorgänger und noch Papst Benedikt XVI. offenbar gern getragen haben. Also keine roten Schuhe, keine prächtige Mozzetta als Schulterumhang, kein goldenes Kreuz. Ich war überrascht, als er in dieser Einfachheit herauskam und dann gleich den kleinen Thronstuhl wegräumen ließ. Er ist dann einfach stehen geblieben. Stehend hat er die Bischöfe empfangen und ihnen den Friedensgruß dargeboten. Das war eine Geste, die schon viel besagte: dass er nicht saß, sodass man fast vor ihm hätte knien müssen, sondern uns auf Augenhöhe empfangen hat. Aber noch wichtiger war mir ein anderes Detail: Er hat – noch bevor er den Gruß in einer festgelegten Reihenfolge entsprechend dem Rang und dem Dienstalter der Kardinäle austauschen konnte – den indischen Kardinal gesehen, in der Sixtina ganz hinten rechts, in einem Rollstuhl kauernd, der krank, aber bei der Wahl doch dabei gewesen war. Der neue Papst ging schnurstracks durch die ganze Sixtina und begrüßte diesen kleinen, kaum sichtbaren Mann als Allerersten und umarmte ihn. Welche Wahrnehmungsfähigkeit! In einem so kurzen, geschichtsträchtigen Moment hatte er ihn doch von ferne gesehen und vor allen anderen begrüßt. Das habe ich, gerade in dieser Situation, als ein ganz wichtiges Zeichen empfunden.

Als Sie 2015 beim Ad-limina-Besuch, Ihrer letzten Vatikan-Dienstreise, beim Bischof von Rom waren, hat er Sie in den Arm genommen, hat lange Ihre Lebensleistung gelobt, um dann zu sagen: »Schade, dass Sie mit 80 Ihr Amt aufgeben!« Sie haben dem nur unwesentlich jüngeren Papst gesagt, dass der gemeinsame Weg ja noch nicht zu Ende ist. Welche Gemeinsamkeit hat Ihr Weg?

Zunächst einmal: Er ist gut ein halbes Jahr jünger als ich. Und zum anderen: Ich bin ihm früher nicht sehr häufig persön lich begegnet. Er war ja kein Mann, der viele Kontakte durch ausgedehnte oder gar weltweite Reisen gepflegt hätte. Er hat sich auch in Argentinien wenig außerhalb der Diözesangrenzen von Buenos Aires aufgehalten: »Meine Diözese ist meine Braut!« Das war sein Motto. Man weiß, dass er lieber zu den Menschen in die Slums ging, als groß durch die ganze Welt zu fahren. Ich erinnere mich allerdings an zwei Gelegenheiten, bei denen er schon deutlich seine Handschrift gezeigt hat.

Das eine war bei der römischen Bischofssynode 2001, als er den Kardinal von Washington wegen der damaligen großen Terror-Anschläge in den USA am 11. September als Generalberichterstatter vertreten musste. Er hat damals sehr, sehr deutlich gemacht, dass er seine eigene Meinung gegenüber manchen Erklärungen aus der Kurie beibehält.

Und der zweite, vielleicht noch wichtigere Eindruck: Er hat als Generalberichterstatter bei der VI. Generalversammlung des Episkopats von Lateinamerika in Aparecida (Brasilien) 2007 eine wichtige Rolle gespielt und dann auch sehr stark »sein« Dokument gegenüber römischen und anderen Einsprüchen verteidigt. Also, bei den wenigen Malen, wo man ihn kennenlernen konnte, war er mit deutlicher Handschrift präsent.

Darüber hinaus hat er in dem Vorkonklave eine Brandrede gegen eine kranke Kirche gehalten, die selbstgenügsam nur um sich selbst dreht. Das war schon eine ganz besondere, scharf antikuriale Visitenkarte. Er hat sehr klar deutlich gemacht, dass er für einen markanten Wechsel steht. Machte ihn diese Rede zum papabile?

Diese Rede, die ja sehr kurz war – er hat dabei noch auf eine Minute von den ihm zur Verfügung stehenden fünf Minuten Redezeit verzichtet –, war zweifellos so etwas wie ein Schlüsselmoment. Man hatte m.E. vorher wenig von ihm gehört und relativ wenig über ihn geredet. Sein Thema von der falschen Selbstbezüglichkeit der Kirche klang auch bei manchen anderen an. Aber niemand hat dieses Thema mit der gleichen Eindrücklichkeit und dem gleichen ernsthaften Nachdruck angesprochen. Dass er nur dies zum einzigen Thema gewählt hat, machte deutlich, dass ihm dies entscheidend wichtig war. Nach der Rede herrschte eine bemerkenswerte Stille. Walter Kasper und ich waren uns in den anschließenden Gesprächen einig, dass dies eine ganz bedeutende Intervention gewesen war. Bei der unausgesprochenen Entschlossenheit vieler Kardinäle, keinen Kandidaten der Kurie zu wählen, war er mit dieser Ansprache jemand, an dem sie nicht ohne Weiteres vorbeikommen konnten. Er hatte ja schon bei der Wahl für Benedikt XVI. eine Rolle gespielt. Damals konnte er gegen die übermäßige Bekanntheit und das hohe Ansehen von Joseph Ratzinger nicht ankommen. In diesem Moment, wo der starke Block der italienischen Kardinäle sich offensichtlich nicht auf einen Kandidaten einigen konnte oder wollte, war diese Rede, die später dann mit Erlaubnis des Papstes im Bistumsblatt der Erzdiözese Havanna (Kuba) veröffentlicht wurde, schon eine stille Wende. Sie beinhaltete ja, wie wir jetzt wissen, einen gewichtigen Teil dessen, was er als Papst umsetzen will.

Mit seinem ersten »Buona sera« auf dem Petersplatz war er auf einen Schlag in einer weltweiten und mit ihm sympathisierenden Aufmerksamkeit. Er hat gleich vom ersten Tag an Zeichen gesetzt. Das Wort von der Barmherzigkeit ist

sein großes Schlüsselwort geworden. Glauben Sie, dass die-
ses Leitwort der Schlüssel für eine Zukunft der Kirche sein
kann?

Zunächst: Johannes XXIII., der ja auch wunderbar auf die
Menschen zugegangen ist, hat nach der Wahl ebenfalls vom
Balkon herunter mit »Buona sera« gegrüßt. Vielleicht ist die
Verwandtschaft zwischen den beiden an diesem Punkt auch
ganz aufschlussreich und interessant. Und zu Ihrer Frage: Ich
glaube in der Tat, dass Barmherzigkeit ein Leitwort für die
Kirche sein kann. In den Aussagen der traditionellen Lehre
zum Gottesbild kommt die Barmherzigkeit zwar als eine der
vielen Eigenschaften Gottes vor, wie zum Beispiel auch die
Allmacht. Aber nicht als eine, die prägende, zentrale Kraft
hat.

Theologisch kann man das bedauern, und man kann
darüber auch richtig traurig sein: Das Wort von der Barmherzigkeit kann tief in die gesellschaftlichen, politischen Probleme hineinleuchten, ohne selber politisch oder gar partei-
politisch zu sein. Darin liegt eine große Chance. Und es ist ja
erstaunlich, wie das von Papst Franziskus ausgerufene Jahr
der Barmherzigkeit, das ja eine ganz außerordentliche An-
gelegenheit ist, weltweit gezündet hat. Auch wenn sich das
Interesse hier in Deutschland vielleicht ein bisschen schwerer tut – es ist nicht unmöglich, treffende Anhaltspunkte in
unserer eigenen Gesellschaft, aber auch in unserer Kirche zu
finden. Innerkirchlich etwa: Ein Thema wie »wiederverheiratete Geschiedene« wird durch das Wort von der Barmherzigkeit eine neue Betrachtung finden. Und gesellschaftlich:
Auch da kann im Wort »Barmherzigkeit« ein Programm
sichtbar werden. Denken wir nur an den blanken Egoismus
in manchen Schichten auch auf unserem Kontinent. Oder an

die fehlende Wahrnehmung von Menschen am Rand unserer Gesellschaft, von Menschen, die unter die Räder gekommen sind oder die in ihrem Leben keine Chancen hatten.

Der Papst sagt, er kommt vom Ende der Welt. Muss man von weither kommen, um das ganz Spezifische zu treffen? Braucht man den Blick von außen, diesen archimedischen Punkt, um die richtige Sicht der Dinge zu haben?

Der Blick »von außen« hat ja schon etwas für sich. Er kann helfen, Dinge neu zu sehen, die uns vielleicht zu selbstverständlich geworden sind. Aber natürlich ist bei dem päpstlichen Wort vom »Rand der Welt« auch eine gewisse List mit im Spiel. Denn Buenos Aires liegt nun wirklich nicht am Rand der Welt. Und der Papst selber, der ganz europäisch und ganz südamerikanisch zugleich erzogen worden ist, hat natürlich schon früher eine internationale Prägung erfahren. Aber darin, dass er seine Herkunft so benennt – darin liegt auch ein kleiner Schock: Muss man »vom Rand der Welt« kommen, um bestimmte Dinge besser zu sehen? Ein Beispiel: Seine Sätze über den Kapitalismus und über eine »Wirtschaft, die tötet«, haben bei vielen hierzulande Ärger ausgelöst. Aber da erinnert Franziskus uns daran, dass Formen des Manchester-Kapitalismus in der Welt heute doch durchaus noch am Werk sind, auch wenn wir hier das gar nicht mehr wahrnehmen oder es nur noch aus Büchern kennen. Ich spüre bei ihm auch eine große Überzeugung, dass es nötig ist, Dinge auszusprechen, von denen er glaubt, dass sie hier im Alltagsgespräch der Gesellschaft schlicht übersehen oder vergessen werden.

Dass er »vom Rand der Welt« kommt, wird er freilich nicht mehr so lange sagen können. Denn jetzt ist er überall im Mittelpunkt der ganzen Welt. Er sitzt im Zentrum. Und er erfährt dabei große Zustimmung von überallher für seine sehr ernst gemeinte Vorstellung eines neuen Blicks auf die Fragen der Welt.

Eine sehr ernst gemeinte Vorstellung und einen besonderen Blick auf die Fragen Ihrer persönlichen Zukunft haben Sie – ich erlaube mir, in einem großen thematischen Bogen auf Sie zu kommen – kurz vor Ihrem Abitur in einem Ausblick auf Ihren künftigen Beruf in steiler Ambition niedergeschrieben. Als nicht einmal Zwanzigjähriger formulieren Sie: »Ich wähle für mich einen Beruf, der mir die Möglichkeit gibt, innerhalb der Grenzen menschlicher Erkenntnis zu erkennen, was die Welt im Innersten zusammenhält; einen Beruf, der sich um die letztgültigen Seins-Gesetze in staunend-demütiger Haltung bemüht.« Die Fallhöhe bei einem solchermaßen formulierten Anspruch ist sehr hoch. Wie oft haben Sie die Messlatte schon gerissen?

Das habe ich sicher öfter mal, indem ich beispielsweise zu feige war. Oder vielleicht auch da und dort zu differenziert. Ich hatte diesen Aufsatz geschrieben bei meinem wunderbaren Deutsch-, Philosophie- und Französisch-Lehrer Prof. Dr. Rudolf Nikolaus Maier, der eigentlich mein wichtigster Lehrer war bis zur Universität. Er hat mir außerhalb des Religionsunterrichts die Frage des Menschen nach dem Sinn seines Lebens und nach dem Leid, nach dem Schmerz, nach dem Tod von der Literatur und von der Philosophie her nahegebracht – sodass ich also gewissermaßen von außen auf die Sinnsuche und auch auf die Theologie kam. Ich hatte natürlich immer eine besondere Nähe zum Pfarrer und zur Pfarrei. Ich habe Gottesdienste mitgestaltet und war Ministrant, so wie viele andere auch. Aber eines Tages, etwa ein halbes Jahr vor dem Abitur, habe ich dann gedacht: Wenn du etwas machen willst, was dieser Sinnsuche des Menschen, auch deinem Sinn für praktische Hilfe entsprechen sollte, dann kannst du das doch vielleicht am besten machen, wenn du Theologie studierst und Priester werden möchtest. Das war vorher bei mir nicht klar. Meine Eltern waren auch total überrascht.

Obwohl bei der Betrachtung Ihrer Bücher und der eigenen kleinen Bibliothek zu Hause schon ein Gedanke hätte aufkommen können, dass Sie es ernst meinen mit der Sinnsuche.

Ich habe immer schon für meine Bücher gelebt und mir von meinem geringen Taschengeld fast nur Bücher gekauft. Schon als ich sechzehn oder achtzehn Jahre alt war, war für mich ganz wichtig, dass ich mir selber zum Beispiel Bücher von Romano Guardini und Josef Pieper kaufen konnte. Diese Art von Literatur hat mich am meisten interessiert, bis zum Abitur.

Eines der allerersten Bücher, die Sie von Ihrem eigenen Taschengeld gekauft haben – es steht heute noch unter den 120 000 Büchern in Ihrer riesigen Bibliothek – war Martin Heideggers dünnes Heft Was ist Metaphysik?.

Das ist eine eigene Sache. Ich bin immer wieder gern alleine spazieren gegangen und habe mir das ein oder andere Buch mitgenommen. Bei diesen Spaziergängen kam ich regelmäßig ins Grübeln und Nachdenken. Aber irgendwo bin ich bei Heidegger, der ja als Meßkircher fast so etwas wie ein

Landsmann war, doch etwas gestrauchelt. Mir war unklar, was eigentlich »Metaphysik« bedeutet. Und dann habe ich gedacht: Es gibt ja ein kleines Büchlein von ihm. Wenn er so auf 20–30 Seiten das beschreibt, dann musst du das doch kapieren. In Wirklichkeit bin ich noch tiefer in die Unwissenheit gefallen. Alles gelesen, nichts verstanden! Heute kann ich über diese liebenswerte Naivität nur lächeln.

Eine schwierige Annäherung.

Aber ich war immer sozusagen mit dem Rätselhaften, mit dem, was schwierig und nicht leicht aufzulösen war, auf dem Weg. Wahrscheinlich gehört das schon zu den kleinen Vorzeichen, dass ich dann später meine philosophische Dissertation über Heidegger geschrieben habe.

Heidegger hat Sie nicht mehr losgelassen. Als Sie im Priesterseminar waren, im Collegium Borromäum, hat Ihnen der Regens gegen die strengen Regeln des Hauses einen Haustürschlüssel gegeben, weil Sie unbedingt die Abendvorlesung Heideggers hören wollten. Die Großzügigkeit des Regens haben Sie später beschrieben: »Ich weiß nicht, welchen Ausgang die Sache und mein ganzer Lebensweg genommen hätten, wenn mir damals der Hausschlüssel verweigert worden wäre!« Gab es einen Plan B?

Jedenfalls war mir klar, dass ich Heidegger nicht nur als Denker studieren, sondern dass ich auch die Persönlichkeit, den Menschen, sehen und erleben wollte.

Irgendwo spürte ich: Ich verstehe Menschen besser, wenn ich sie nicht nur lese, sondern auch einmal gesehen habe. Und ich hatte wohl das Vertrauen, dass ich den Hausschlüssel bekommen würde. Deswegen hatte ich auch keine weiteren Pläne gemacht. Aber ich hätte sonst wahrscheinlich doch ernsthaft überlegen müssen, ob ich weitermache in der Theologie oder ob ich etwas anderes studieren kann und unter Umständen mehr in die Philosophie hineingehe.

Ob Sie das Seminar verlassen?

Ja. Allerdings muss ich sagen: Der zuständige Regens war Dr. Robert Schlund – ein Mann, der in meinem Leben nicht nur damals eine sehr große Rolle gespielt, sondern später auch als Personalchef des Erzbistums Freiburg und als Generalvikar meinen eigenen Weg weitgehend bestimmt hat, soweit dies auch amtlich geschah.

Ihr Weg viele Jahre später war geprägt durch die Gemein-same Synode der Bistümer in der Bundesrepublik Deutsch-land, die von 1971 bis 1975 tagte. Dort haben Sie zum ers-ten Mal öffentlich Ihr Talent und Ihre Aufgabe gelebt, die Ihr Leben und Ihre öffentliche Tätigkeit insgesamt ausge-zeichnet haben: Fragen aufzugreifen, die die Menschen existenziell bewegen – und dann zu versuchen, authenti-sche, weltoffene, redliche Antworten zu geben und zum Dialog einzuladen. Wie kam es zu dieser Arbeit, die Sie lebenslang in eine Dialogbereitschaft verpflichtete?

Ich war ja als Einzelpersönlichkeit vom Zentralkomitee der deutschen Katholiken, wo ich seit 1969 Mitglied war, in die Synode gewählt worden – ganz unverhofft, und nicht vom Bistum oder von der Deutschen Bischofskonferenz aus. Kar-dinal Döpfner, der mich gut kannte und mich ja 1963 in Rom zum Diakon und Priester geweiht hatte und den ich meinerseits gut kannte, hat mich ab 1969 immer stärker für verschiedene Arbeiten herangezogen. Das waren zunächst die kleinen Dinge, für deren Erledigung ich weder einen Titel noch ein Amt oder eine Funktion besaß. Ich war zwar dann 1969 bald Berater der Glaubenskommission der Deutschen Bischofskonferenz. Aber zunächst gehörte zu meinen Aufgaben auch, für die Synode Verfahrensgrundsätze zu entwerfen in der Beratung von Vorlagen. Und ich sollte die Arbeit der Synode strukturieren. Früh beauftragte mich Döpfner damit, die ursprünglich etwa siebzig geplanten Themen rigoros zu reduzieren und aufgrund von Gesprächen und Verhandlungen mit den Beteiligten nur fünfzehn oder sechzehn für die Tagesordnung vorzuschlagen. Da gab es erhebliche Schwierigkeiten und unendlich viele Gespräche. Es flossen auch Tränen, und man musste manchmal tröstende Worte finden. Durch diese Tätigkeiten bin ich ein Stück weit einfach reingeworfen worden in das Leben der Würzburger Synode.

Sie wurden dort so etwas wie ein heimlicher Geschäftsführer?

Ach, wir hatten gute Generalsekretäre in Karl Forster und Heinrich Kronenberg, und später kam ja dann auch Josef Homeyer an Forsters Stelle.

Journalistische Beobachter sahen Sie damals immer wie einen Parlamentär ruhelos und ständig zwischen den Fronten vermitteln.

Vermitteln musste ich in der Tat. Schon beim Konzil hatte ich freilich eine wichtige Erfahrung gemacht: Ich hatte gespürt, dass besonders die wirklich großen Theologen erstaunlich bereit waren, von sich aus ein Verstehens- und Verständnis-angebot zu machen und nicht einfach nur für ihre eigene Position zu kämpfen. Und noch stärker habe ich es bei dieser Synode erfahren: Die Bereitschaft, aufeinander zuzugehen, auch wenn man sehr unterschiedliche Positionen vertritt, und bei aller Unterschiedlichkeit doch in Dialog und in Disput einzutreten, kann Wunder wirken. Ich habe damals gelernt, dass ich mich nicht mit Extremen zufrieden geben darf, die eben so sind, wie sie sind. Das ist ein Lehrstück gewesen: Man kann auch mit Leuten zurechtkommen, bei denen man es vorher nicht vermutet hat. Konzil und Synode waren dafür die besten Schulen. Beim Konzil war ich nicht mehr als ein »Zaungast«. Kardinal Döpfner nahm mich einmal mit in die Aula.

Zu vermitteln, zum Dialog anzustiften: das ist so etwas wie Ihre Lebensaufgabe geworden?

Ja, das kann man so sagen. Aber vergessen Sie nicht, welche Zeit damals war: Es war im Jahr 1968, ein sehr bewegtes Jahr, als ich ein eigenes Lehramt an der Hochschule bekommen habe. Ich wurde von Minister Dr. Bernhard Vogel an die Mainzer Universität berufen. Die Wellen der gesellschaftlichen Diskussion schlugen hoch, und das hatte auch Konsequenzen für die Kirche. Am 25. Juli wurde die Enzyklika Pauls VI. *Humanae Vitae* zur Geburtenregelung veröffentlicht, danach fand, vom 4. bis 8. September, der schwierige Katholikentag in Essen statt: Da gab es für einen Theologen keinen Grund, nur am Schreibtisch sitzen zu bleiben und seinen eigenen privaten Ideen und Vorlieben nachzugehen. Man war auch öffentlich gefordert. In dieser Hinsicht war ich von Karl Rahner her ein Stück weit geprägt. Und natürlich durch die stärkere Inanspruchnahme gerade durch Kardinal Döpfner. Ich habe sehr genau gemerkt: Da darfst du nicht hinter dem Ofen sitzen bleiben. Jetzt musst auch du Flagge zeigen. Beim Essener Katholikentag habe ich mein erstes öffentliches Referat gehalten und diskutiert, zum Beispiel mit Uta Ranke-Heinemann und Norbert Greinacher, auch ein Freiburger Mitbruder.

Mit der eigenen Flagge brachten Sie auch Ihren eigenen Stil und Ihre Unverwechselbarkeit mit ein, den eigenen Denkstil des Karl Lehmann. Wie behält man in all diesen pluralistischen Dialogen seine eigene Unverwechselbarkeit?

So rosig sehe ich dies nicht. Ich wurde einfach in die nachkonziliare Situation hineingeworfen. Ich hatte keine große Wahl. Langsam habe ich dann auch einen eigenen theologischen und kirchenpolitischen »Kurs« gefunden.* Freilich gibt es in Ihrer Einschätzung gewiss auch ein Körnchen Wahrheit: Das Vermitteln, das Herausgefordertwerden durch unterschiedliche Positionen war eigentlich schon auf meinem Studienweg ein Stück weit vorhanden. Dass ich in meinem Studium sehr gute biblische und philosophische Impulse bekommen habe, war eine Qualität, die mir auch später Halt gegeben und mich immer geleitet hat. Besonders in Freiburg, aber auch in Rom, wo doch etwas traditioneller gearbeitet worden ist. Davon habe ich nicht gelassen. In Rom habe ich natürlich auch gemerkt, dass dieser manchmal etwas abgestandene Lehrbetrieb vieles einfach nur von der Tradition übernommen hatte. Wenn man die Tradition aber vom Original her und

---

* Vgl. Karl Lehmann / Karl Rahner (Hrsg.), *Marsch ins Getto?*, München 1973.

produktiv aufschließen kann, dann gibt dies auf eigene Weise Kraft und führt einen weiter.

Sie haben das Vermitteln dann auch jenseits des Theologie-betriebs betrieben. Zum 1000-jährigen Jubiläum Ihres Domes tanzte das Weltklasseballett von Martin Schläpfer im Ostchor des Domes, und es war ein großes kulturelles, auch spirituelles Ereignis. Es fiel damals auf, wie schwer es der Kirche sonst und im Alltag fällt, sich einzubringen gegenüber der Kunst und der Kultur, wo es doch gerade in einem Dom deutlich wird, wie groß – von Geschichte wie Herkunft – die Gemeinsamkeit ist.

Das habe ich sehr oft erfahren. Zum Beispiel auch, wenn wir gerade vom Dom reden, als wir die zeitgenössischen Fenster von Johannes Schreiter im Mainzer Dom in der Eucharistie-kapelle eingesetzt haben. Es war zunächst ein Wagnis, diese abstrakte Kunst in die 1000-jährige Geschichte zu integrie-ren. Aber was als Wagnis erschien, war keines. Die Menschen haben die Fenster akzeptiert, obwohl sie provokativ abstrakt waren. Der Einbau war freilich kommunikativ gut vorberei-tet.

In Köln gab es, als es um noch monumentalere Fenster ging, die klassische, scharfe, antimoderne Auseinandersetzung. Kirche findet in der Auseinandersetzung mit der Kultur nicht immer in der Weise statt, wie es die eigene Geschichte und ihr eigenes Verständnis von Welt nahelegen.

Leider. Unser Dom zeigt, wie andere auch, dass er über 1000 Jahre immer eine künstlerische Werkstätte war und im Dia-log alle Kunstrichtungen der verschiedenen Jahrhunderte mitgenommen hat. Nun sollte man auch in der Gegenwart deutlich unbefangener aufeinander zugehen. Das gilt für alle Themen der Kunst und Kultur.

Es geht Ihnen dabei ja nicht nur um die Hochkultur. Mit dem Fußballtrainer Jürgen Klopp haben Sie eine öffentliche Diskussion über die Frage geführt: »*Sind die Sportarenen die Kathedralen von heute?*« *Der ehemalige Mainzer Trainer hat sich gern und öffentlich als Kardinal-Lehmann-Fan bezeichnet. Er kam auch gern zum Kaffee ins Bischofshaus.*

Ich war selbst ein leidenschaftlicher Fußballer. Darum interessiert mich auch die schwierige Aufgabe eines Trainers. Wir haben natürlich auch über den Zustand des Fußballs und des Sports gesprochen. Es ging dabei nicht um Tabellenplätze, eher um die Mentalität und den inneren Zustand im Spitzensport. Ich habe erfahren, wie Jürgen Klopp auf der einen Seite fast wie ein Vater war zu den zum Teil noch sehr jungen Spielern, wie er auf der anderen Seite aber auch eine klare Führungsrolle spielen konnte. Wie er das machte, das schien mir interessant. Auch wenn er jetzt in England ist, besteht gute Hoffnung, dass wir uns da und dort mal wieder treffen. Ich habe ihn sehr geschätzt wegen dieser ganz besonderen menschlichen Eigenart und, wenn es sein muss, wegen dieses harten und professionellen Drangs, den er auch hat. Jürgen Klopp ist zudem sozial sehr engagiert, und er gehört für mich zu den Menschen, die eine tiefe christliche Substanz in sich tragen. Diese wird nicht immer gezeigt. Aber dafür lebt er. Ich bin im Übrigen Ehrenmitglied von Mainz 05 und Schirmherr der Abteilung »Charity« des Vereins und gehe aus dieser Verbindung heraus mindestens einmal im Jahr gerne in das Stadion. Dort treffe ich auch andere Vertreter des Sports. Sportlich orientierte »Charity« und kirchliche »Caritas« haben sich, wenn sie nur wollen, viel zu sagen.

Das soziale und gesellschaftliche Engagement in Deutschland, das Sie immer eingefordert haben, zeigt sich gegenwärtig in der Flüchtlingsfrage außerordentlich intensiv und nachhaltig. Deutschland ist, ob man sich dabei auf die Bergpredigt oder die Menschenwürde beruft, außerordentlich engagiert. Es gibt eine riesige ehrenamtliche caritative Hilfe.

Diese Hilfsbereitschaft und dieses Engagement sind wunderbar und großartig. Ich schmälere nichts daran, wenn ich sage: Ich würde sie mir auch an anderer Stelle noch etwas deutlicher wünschen. Ich habe immer schon daran geglaubt, dass in der privaten Innerlichkeit unserer Gesellschaft vieles verborgen ist und noch sehr viel ethische Substanz lebt. Es zeigt sich sehr, dass da in der Tiefe unserer Gesellschaft noch vieles und Großartiges schlummert. Wenn es angerufen wird, ist es da. Und es hat sich gezeigt: Wo die große Not unmittelbar sichtbar ist, sind doch sehr, sehr viele Menschen zur Tat aufgeweckt worden. Das hat mich tief und lebhaft gefreut. Etwas zugespitzt formuliert: Ich freue mich auch, zu sehen, dass unsere kirchlich nicht gebundenen Nachbarn doch sehr viel mehr Christentum in sich tragen und praktizieren, wenn man sie fordert.

Waren Sie überrascht über diese überragende Art der konzentrierten ersten Hilfe? Hatten Sie etwa die spontane Bereitschaft so vieler junger Menschen erwartet?

Ich habe es gehofft, aber ich war mir nicht sicher, ob es eintrifft. Ich habe mich besonders gefreut, dass gerade die jungen Menschen sich ohne Aufhebens und wie selbstverständlich sehr engagiert und sehr empathisch zeigen. In der großen Welle der Hilfsbereitschaft sind es jetzt vor allem auch die Jungen, die unterwegs auf den Flüchtlingsrouten helfen. Am Ort sind es die ungezählten Ehrenamtlichen, die mit den Profis aus den Verbänden und Institutionen die Flüchtlingskrise zu meistern versuchen.

Seit der Silvesternacht in Köln ist die Balance zwischen Akzeptanz der Flüchtlinge mit hilfsbereiter Willkommenskultur und einer Ablehnung der Flüchtlingsaufnahme gekippt. Was sagen Sie den Gläubigen, die auf eine nationale Überforderung und auf die Grenzen der Integrationsfähigkeit der Gesellschaft verweisen und das Ende der bisherigen Politik der offenen Türen fordern?

Zuerst: Natürlich gibt es Grenzen. Die ersten pragmatischen Grenzen liegen in der Kraft der Helfer. Der alte Satz »Ultra posse nemo obligatur«, dass also niemand über seine Kraft hinaus verpflichtet werden kann, hat durchaus seine Gültigkeit. Und es gibt durchaus eine Endlichkeit der Ressourcen. Es gibt auch Sorgen um Sicherheit und um eine Überfremdung, Sorgen, die ich ernst nehme. Wir sprechen dann über das fundamentale biblische Wort: Du sollst deinen Nächsten lieben wie dich selbst. Das ist mit dem zweiten Teil ja ein unerhört nüchternes Wort. Es nimmt das Subjekt der Hilfe, den, der hilft und liebt, ins enge Blickfeld. Du musst dich selbst prüfend in Betracht haben, du musst dich selbst mögen und das, was du tust, wenn du hilfst. Dieser zweite Teil des Gebotes ist verbunden mit der kulturgeschichtlich unerhört großen Herausforderung des Satzanfangs. Biblisch gesehen heißt der: Du sollst nicht nur deinen Verwandten, deinen Stammesgenossen, dem, der in deiner Nähe ist, helfen. Nein, du sollst auch den Fremden, den du nicht kennst, lieben. Er soll für dich sein wie ein Einheimischer. Denn, so heißt es in der Schrift: »Auch ihr wart Fremde in Ägypten.« Dies ist der ungeheure Sprung in der Kulturgeschichte, dessen Bedeutung wir auch heute immer wieder uns verständlich machen müssen. Dazu verweise ich aber immer auch auf den politischen Ausgangspunkt. Am Anfang der Öffnung der Flüchtlingswelle stand die spontane Hilfe in einer katastrophalen Notsituation. Viele Zehntausende Flüchtlinge waren von den Tagen und Nächten in den ungarischen Bahnhöfen ausgehungert, auf den Autobahnen verirrt, von den ungarischen Behörden ignoriert. Eine humanitäre Katastrophe. Da darf man nicht anders entscheiden. Da muss man helfen. Es bleibt der Grundsatz: Die Fürsorge für Flüchtlinge ist Teil unserer biblischen christlichen Identität. Flucht und Vertreibung ist das Thema unserer Zeit. Wir dürfen nicht nachlassen. Aber es ist auch wahr, Deutschland wird es nicht schaffen, allein die Probleme des Nahen Ostens zu lösen. Dazu bräuchte man die Hilfe mindestens eines solidarischen Europas.

Sie entrüsten sich über dieses Europa und die europäischen Reaktionen. Sie zeigen Entsetzen auch über die Tatsache, dass es gerade die katholischen Nationen sind, in diesem Fall Polen und Ungarn, die die härteste Reaktion zeigen.

Bei den osteuropäischen Ländern bin ich eigentlich noch ein bisschen verständnisvoller. Denn wir im Westen haben lange Zeit gehabt, um uns aufeinander zuzubewegen und Fremdes anzunehmen. Wir konnten zum Beispiel Reisen machen in aller Herren Länder. Natürlich bin ich sehr enttäuscht über die schroffe Ablehnung, die aus den Ländern kommt, wo christlicher Geist anderes hätte vermuten lassen müssen. Diese Länder werden etwas längere Zeit brauchen, sich auf dem Weg nach Europa einzufädeln. Da bin ich eigentlich hoffnungsvoll, dass man sie in Richtung Integration stark bewegen kann. Und es wird immer wieder Rückschläge geben, wie es jetzt in Polen auch der Fall ist. Aber dass sich die Kerngruppe der Europäischen Union nicht auf eine solidarische Haltung einigen kann, das hat mich sehr erschüttert. Und da habe ich Zukunftsangst, wenn Europa sich nicht mehr und enger zusammenschließt. Zeigt sich jetzt, dass außer nationalen, partikularen, finanziellen und wirtschaftlichen Interessen kein notwendig gemeinsamer Geist vorhanden ist? Ich finde das entsetzlich. Dies ist eine sehr große Enttäuschung. Es wird überhaupt nicht sichtbar, dass man für Gemeinsamkeit auch mal zurückstecken, ja auch eigene Opfer bringen muss. Und da dies fehlt, mache ich mir große Sorgen um dieses Europa, mit dessen Wachsen ich großgeworden bin und in dem vor siebzig Jahren so etwas ungeheuer Hoffnungsvolles begonnen hat. Wenn die nationalen Forderungen überhandnehmen, kann Europa daran kaputtgehen.

Die Flüchtlingsfrage zeigt umgekehrt, dass wir politisch und historisch in der globalisierten Welt an einer Zäsur angekommen sind.

Wir stehen vor einem Epochenwechsel. Die Welt wird nicht mehr so sein, wie sie einmal war. Worte wie Globalisierung bleiben nicht mehr abstrakt, so wie etwas, was weit von uns weg ist. Dass die Menschen aufbrechen und zu uns kommen bis in unsere Gemeinden, unsere Wohnhäuser, das zeigt:

Hier ist etwas Grundlegendes geschehen. Eigentlich wussten wir das schon, dass wir viel enger zusammenstehen müssten. Aber wir haben dieses Wissen nicht ernst genommen. Es ist interessant, dass heute kaum jemand darüber redet, warum die Entwicklungshilfe von Jahrzehnten in den einzelnen Herkunftsländern der Flüchtlinge nicht mehr bewirken konnte. Jetzt ist eine viel größere Nachhaltigkeit des Teilens der Lebenschancen gefordert. Wer weiß, wenn wir das jetzt nicht schaffen, ob es nicht wieder eine Art neuer Völkerwanderung gibt wie in der Spätantike? Natürlich mit anderen Mitteln und anderen Wegen. Aber die Menschen lassen sich offensichtlich nicht mehr einfach weiter vertrösten.

Sie sprechen vom Epochenwechsel, vor dem die Gesellschaft steht. Ist die katholische Kirche in Deutschland auf einen solchen Epochenwechsel vorbereitet?

Auf der einen Seite ja. Wir sind eine Weltkirche, die immer übernational gewesen ist, selbst wenn in einzelnen Ortskirchen eine Überbetonung des Nationalen vorgeherrscht hat. Wir haben eigentlich immer einen weiteren Horizont gehabt und gefordert. Deswegen gab es – historisch gesehen – ja auch, etwa in Deutschland im Kaiserreich, aber auch im Nationalsozialismus, immer Vorwürfe, die Kirche sei nicht nahe genug an der eigenen Nation.

Aber auf der anderen Seite muss man aber auch sagen: Auf vielen Feldern ist aus dieser übernationalen Katholizität im ursprünglichen Sinne eben keine tragfähige, wuchtige Dynamik entstanden. Ich bin enttäuscht, dass wir jetzt gerade bei den Problemen innerhalb der Europäischen Union als Kirche kaum ein öffentlich wirksames Wort zustande gebracht haben. Ich selber war jahrelang erster

Vizepräsident der Gemeinschaft der Europäischen Bischofskonferenzen (CCEE). Leider hat man da die gemeinsame
Sache in den letzten zwanzig, dreißig Jahren nicht richtig
vorwärtsbringen können. Die nationalen Abhängigkeiten
der einzelnen Kirchen sind doch noch erschreckend.

*Zur nationalen Situation der deutschen Kirche: Die deut-
sche Kirche ist wahrscheinlich die bestorganisierte und
bestfinanzierte Ortskirche in der Welt.*

Das ist gewiss eine Hilfe. Es tut sich ja auch etwas, und es hat
sich ja auch viel getan. Es wurden große Spuren gelegt, etwa
durch die Gründung der kirchlichen Werke, ob Misereor,
Adveniat, Renovabis oder Caritas International. Das wird ja
auch durchaus anerkannt. Aber manchmal sieht es doch so
aus, als ob das nur Almosen des schlechten Gewissens wären.
Und es ist in der Tat nicht immer ein Aufbruch von innen her,
bei dem man auf die anderen zugeht. Da müssen wir, glaube
ich, noch viel lernen.

*Ein kritischer bischöflicher Kollege von Ihnen hat in einem
harschen Wort gesagt: »Der deutschen Kirche fehlt es an
Kraft, Substanz, Intellektualität und Überzeugung, um ent-
täuschte Christen wieder zu binden und die erwartete Hilfe
für die Welt auch zu leisten.«*

Ich kann dies teilweise unterschreiben, aber nicht die Maß-
losigkeit dieser Worte. Aber ich fasse mich dann zuerst selber
an der Nase und frage mich: Was hätte man wirklich besser
machen können? Wo waren wir feige? Ich habe mich gerade
für einen Vortrag erneut mit der Gestalt des Widerstands-
kämpfers Max Josef Metzger beschäftigt. Ein Priester, der sich

immer wieder auch mit den kirchlichen Autoritäten anlegte und der 1944 hingerichtet wurde. Wenn man jedoch schaut, was er im Hinblick auf die Friedensbewegung, im Blick auf die Ökumene leisten konnte, dann muss man wohl sagen: Wer nicht herausfordernd und provozierend ist, der bewegt auch nichts. Und vielleicht hat uns das oft ein Stück weit gefehlt.

Provokation ist dabei für jede Institution ein schwieriges Feld. Aber sie muss sein. Jedoch müssen wir besser damit umgehen.

Erst recht, wenn sie so gut organisiert und so reich ist wie die Institution Kirche. Ist der Reichtum Teil des Problems?

Eigentlich nicht, weil wir ja diese Einkünfte nicht für uns selbst verwenden. Natürlich kann man gelegentlich auch fragen, ob dieser oder jener Bau wirklich notwendig war. Aber es dient ja nicht der Vermehrung des eigenen Reichtums. Ich muss das jedenfalls von dem Bistum her sagen, das ich kenne. Es gibt bei uns in Mainz zum Beispiel keine eigenen Einkünfte des Bischöflichen Stuhls. Das entlastet mich auch sehr. Wieder zurück zur Frage: Jeder »Reichtum« hat es immer schwierig. Solange es »Arme« gibt, ist man immer sündig. Das Evangelium und besonders die Jesusworte sagen es uns überdeutlich. Das Neue Testament ist hier unerbittlich hart – bei aller Rede von Barmherzigkeit.

Bei seiner ersten Pressekonferenz sagte Franziskus, er suche »eine arme Kirche für die Armen«! Ein Wort, das die Kirche in Europa provozieren muss.

Hier ist man ja immer hin- und hergerissen. Auf der einen Seite kann diese Kirche nicht total anders leben als die

Gesellschaft, in der sie existiert. Das gilt zum Beispiel schon für die Bezahlung der eigenen Leute. Dies gilt vor allem aber auch, wenn man ernsthaft dialogfähig sein will. Dann muss man auch bestimmte Voraussetzungen schaffen. Und man muss die Verhältnisse derer kennen, mit denen man lebt und redet. Wir sollten keine seltsamen Gestalten und komischen Vögel sein, die man nicht ernst nehmen kann. Ich bin zum Beispiel der Meinung: Wenn der Papst für die paar Hundert Meter, die er mit dem Auto fährt, dies dann mit einem kleinen Fiat tut, dann ist es seine Sache. Aber ich muss das nicht machen. Ich muss, wenn ich für die unterschiedlichen Dienstreisen 60 000 Kilometer pro Jahr fahre, sicher fahren und auch vernünftig arbeiten können, wenn ich unterwegs bin. Da sind die Lebensverhältnisse schon anders. Da soll man nicht alles über einen Kamm scheren. Und wenn unsere Leute ihre Kommilitonen von den Universitäten kennen, die heute Studienräte oder Richter und Volkswirte sind, dann muss man auch verstehen, dass sie einen gewissen Anspruch haben, der dem ähnlich ist, den diese Leute haben, die ihre Gesprächspartner in den Gemeinden sind. Viele leben dennoch sehr bescheiden.

Als Sie Ihrer Universität in Freiburg »Adieu« sagten, um als Bischof nach Mainz zu gehen, sollen bei Ihrem Abschied aus der Universität durchaus Tränen geflossen sein. Sie bezeichnen die universitäre Zeit als eine besonders schöne Zeit.

Ja, das war mein universitäres Leben von 1964 bis 1983, neunzehn Jahre lang. In dieser Zeit war ich in München, Münster und Mainz und zwölf Jahre in Freiburg. Manche anderen verlockenden Berufungen habe ich abgelehnt oder nicht weiterverfolgt, zum Beispiel mich endgültig in Münster niederzulassen, wo damals sicherlich die beste Theologische Fakultät gewesen ist. Oder eventuell auch mal eine Weile nach Amerika zu gehen. Oder auch in die Schweiz, nach Luzern. Dies brauchte ich nicht.

Aber die fünfzehn Jahre, die ich dann in Mainz und Freiburg verbracht habe, die haben mir ungeheuer viel Freude gemacht. Und das ist eigentlich fast das Wichtigste. Die Freude, die Genugtuung kam aus dem Umgang mit den Studierenden. Es hat mir einfach Freude gemacht, jungen Menschen zu helfen, ihnen gegenüber aufmerksam zu sein. Es hat mich gefreut, zu sehen, dass sie selbstständig werden und Leistungen an den Tag bringen, die sie selber nicht von sich erwartet hatten. Ich habe Frauen und Männer erlebt, die aus Familien kamen, wo noch nie jemand studiert hatte, wo aber ein ganz seltener Wissenshunger und ein Wissensdurst da waren. Zu sehen, wie weit diese jungen Menschen gekommen sind, das hat mir große Freude gemacht; zu erleben, wie sie in den letzten Semestern wirklich zu sich kamen und dann auch Großes geleistet haben, bis hin zu ihren jeweiligen Berufen. Ich habe auch Freude gehabt an der Theologie selber, an der Philosophie und ganz besonders an den Bibelwissenschaften. Das hat mir eine eigene neue Konzeption von Dogmatik erleichtert.

Ich habe in meinen Jahren an der Universität auch gerne mitgeholfen, Dialog-Brücken aufzubauen, wo vorher viel sprachlose Abschottung und manchmal feindliche Abgrenzung herrschten. In Freiburg etwa haben wir geisteswissenschaftliche und medizinische Symposien veranstaltet und uns mit Fragen der Zukunft, etwa in der Bioethik, beschäftigt. Auch über die Fakultätsgrenzen hinweg haben wir auf diese Weise eine befruchtende Gemeinschaft aufgebaut. Einmal im Monat während des Semesters sind wir aus den verschiedenen Fakultäten zusammengekommen und haben intensiv und engagiert die Themen der Wissenschaft diskutiert. All das hat mich in vieler Hinsicht fasziniert.

Kurz bevor ich Bischof von Mainz wurde, war eine Abordnung von Professoren bei mir, ich sollte mich als Kandidat für die nächste Rektoratswahl aufstellen lassen. Das habe ich damals abgelehnt, weil mich die sachliche Arbeit in der Theologie einfach mehr reizte als die in der Verwaltung. Ich habe gesagt: »Das kann ich, wenn ich noch lebe, mit sechzig machen und mich nachher zurückziehen. Aber jetzt mache ich das nicht.«

Ich muss hier aber etwas feststellen: In dieser Phase, Anfang der 80er Jahre, hatte ich die Absicht, mich von den vielen Gremien und Engagements zurückzuziehen. Wenn ich nur an die zehn Jahre Einsatz für die Synode denke (einschließlich der Veröffentlichung der Beschlüsse)! Ich wollte an größere theologische Projekte gehen. Aber dann sollte alles anders kommen.

Als ich im September 1983 als Bischof nach Mainz geholt wurde, da war mir bewusst, dass ich damit einen Berufswechsel vollziehe. Ich hatte nicht wie manche andere den Traum, ich könnte weiter Professor bleiben. Natürlich würde ich weiter Theologe bleiben. Aber ebenso klar war mir, dass die Entscheidung für Mainz letzten Endes einen Berufswechsel mit sich bringen würde. Diese Zeit an der Universität war mit der großen Freiheit verbunden, zu forschen und zu studieren, was ich selbst auswähle. Dass ich davon Abschied nehmen musste, wenn ich auch mit der Wissenschaft in Verbindung bleiben wollte, so gut ich konnte, das hat mich dann doch zu Tränen gerührt. Vielleicht auch wegen der Katzen, die ich zurücklassen musste. (lacht)

Die einzigen Tränen im Leben?

Eigentlich schon. Es gibt auch Tränen, die man im Herzen hat und die man nicht sieht. Aber Tränen, die einem über die Backen laufen, die gab es wahrscheinlich nur damals.

Dann wurden Sie Bischof von Mainz und dann bald der Chef der Bischofskonferenz, über eine lange Zeit von einundzwanzig Jahren. Sie waren für viele Menschen das Gesicht eines weltoffenen deutschen Katholizismus. Manchmal hat man in diesem Gesicht auch Unmut sich spiegeln sehen, die Leidenschaft auch, die Freude, die Rage. Was sollte für Sie die Kirche in Deutschland sein? Stadt auf dem Berg, Salz der Erde, Ethikinstanz?

Ethikinstanz, das wäre zu wenig. Dieser Aspekt darf aber auch nicht fehlen. Wir haben als Kirche nicht die Ethik für uns alleine gepachtet. Das ist eine notwendige Herausforderung auch für andere. Auch für alle Formen der Wissenschaft. Es muss schon noch ein Impuls dazukommen, wenn man schon glaubt, die richtige Ethik zu haben: dass man sich für ein »gutes Leben« einsetzt, kämpft, argumentiert, vor allen Dingen nicht nur fordert. Und es ist auch ganz wichtig, dass man dann vorbildhaft in eigenen Einrichtungen, wie Krankenhäusern und Altersheimen, nach vorne geht. Das Wort von der »Stadt auf dem Berg« (Mt 5,14) gefällt mir als Bild ganz besonders, weil eben etwas von der Ausstrahlung und von dem Licht im Spiel ist, das uns Christen auszeichnen soll, das aber auch ein warmes Licht der Liebe sein soll für die, die am Rande leben. Man darf sich nicht zurückziehen auf die reine Ethik. Unsere christliche Ethik verlangt Konsequenz und Opfer.

Das ist nicht selbstverständlich für eine Ethik im säkularen Raum. Dass die Bereitschaft, ethische Herausforderungen anzunehmen, nicht ausgestorben ist, sehen wir an der Flüchtlingskrise. Ich bin immer erfreut und verwundert, dass da junge, arrivierte, kluge Leute, wenn sie ein paar Tage frei haben, einfach hingehen und mithelfen, zum Beispiel Kleider zu verteilen. Dass man da ganz selbstverständlich die Zeit opfert, die sonst für Gemeinsamkeit in der Familie und für Hobbys reserviert war. Und ich weiß von vielen, die nicht weggefahren sind an diesem Weihnachten 2015. Sie sind hier geblieben und spenden das Geld für die Flüchtlingshilfe, das sie sonst anders ausgegeben hätten.

Ethik, die man heute braucht, kann nicht einfach nur auf Interessenausgleich basieren. Sie muss auch bereit zur Freigebigkeit sein, ohne immer darauf zu schielen, ob sich das auch auszahlt, ohne bilanzieren, ohne rechnen zu wollen.

Im Kern Ihrer Ethik steht der Glaube. »State in fide« – steht fest im Glauben« haben Sie sich als Bischofswort gegeben. Was ist der Kern dieser Ermunterung?

Der Kern dieser Ermunterung im Leitwort »Steht fest im Glauben!« ist nicht, wie man erst vermuten könnte, bloß eine gewisse Beharrungskraft. Diese ist auch nötig. Auch Standhaftigkeit ist wichtig: Man darf sich nicht gleich irritieren lassen. Aber dieses Pauluswort zeigt schon im Kontext, was gemeint ist. Im 1. Korintherbrief steht: »Seid wachsam!« (1 Kor 16,13). Und dann erst heißt es: »Steht fest im Glauben«. Und es geht weiter mit: »Seid mutig, seid stark. Alles, was ihr tut, geschehe in Liebe.« Man darf also dieses Wort »Steht fest im Glauben« nicht statisch-konservatistisch einschränken, sondern es muss von der Wurzel her begriffen werden. Dort ist die Kraft, dort ist auch die Kraft gegen Hoffnungslosigkeit. Und dort ist auch die Kraft, sich nicht beirren zu lassen. Vieles, was erst widerständig ist, kann man dann doch durchsetzen. Der Satz des Paulus, wenn man ihn genauer beobachtet und »Glauben« richtig versteht, ist also ein Aufruf zu einer Dynamik, die Mutlosigkeit überwindet. Deswegen ist er mir wichtig geworden. Weil man tief im »Glauben« wurzelt, kann man »fest stehen«, standhaft sein.

2. Herkunft, Vorbilder, Entscheidungen

In einem solchen Glauben wurden Sie erzogen.

Es war für uns Kinder eine ganz große Selbstverständlichkeit, dass wir lebendige Mitglieder der Kirchengemeinde waren und am kirchlichen Leben teilnahmen. Ich bin von meiner Mutter, die von einem Bauernhof kommt, und von meinem Vater, der aus einer Kaufmannsfamilie stammt, immer in einer wachen Gegenwart des Glaubens gehalten worden. In unseren Dörfern, wo wir früher lebten, waren wir selbstverständlich in der Gemeinde aktiv. Wir waren in zehn Gemeinden. Mein Vater ist ein paar Mal von den Nazis strafversetzt worden, weshalb wir in verschiedenen Orten gewohnt haben. Das hat mir übrigens auch immer wieder gezeigt, welch wichtige Aufgaben im Dorf dem Lehrer, Bürgermeister, Pfarrer anvertraut waren.

Man nennt sie die »Heiligen Drei Könige«.

Ja, das waren sie auch, und der Lehrer war wichtig. Ich denke an meine Eltern gerade deshalb, weil mein Vater nach dem Studium – es gab damals sehr viele arbeitslose Lehrer – bis 1933 ohne Anstellung war. Meine Mutter musste zu Beginn der 20er Jahre das Gymnasium verlassen, weil ihre Eltern das nicht mehr bezahlen konnten. Deswegen hatten meine Eltern immer gesagt: Wenn eines der Kinder »studieren« will, dann werden wir alles tun, damit das möglich ist. Es war großartig, wie meine Eltern alles taten, um uns beiden Söhnen die Wege zu öffnen und die volle Freiheit zu geben.

Was hat eine solche Kindheit geprägt?

Wir waren gläubig, wie alle Nachbarn um uns herum. Es wäre doch sehr aufgefallen, wenn man nicht Messdiener geworden wäre. Die Lehrerfamilie musste in solchen Dörfern gesellschaftliche und kirchliche Aufgaben übernehmen. Man stand also ziemlich schnell mitten unter den Leuten und hat sich sehr einfügen lassen in den Kosmos einer solchen dörflichen Gemeinschaft.

Sie waren als Fußballer in der C-Jugend aktiv. Man sagt Ihnen erhebliches Talent als Mittelstürmer nach.

(lacht) Das war einmal. Ich habe aber noch andere Sportarten ausgeübt, vor allem Leichtathletik (Fünfkampf), Turnen usw.

Das dörfliche Leben war das Leben der katholischen Volkskirche. Das katholische Hohenzollern war besonders katholisch.

Zwischen den oft evangelischen Württembergern und den mehr katholischen Südbadenern war das kleine Hohenzollern, stark in Verbindung mit Oberschwaben, tatsächlich sehr eng verwurzelt in der Kirche. Das hatte eine große Tradition. Die sieht man ansatzweise auch daran, dass zum Beispiel der alte Fürst von Hohenzollern-Sigmaringen am Sonntag mit seiner Frau in die Gemeinden zum Patronatsfest ging, wo er Patronatsrechte hatte. Diese gibt es ja heute nicht mehr.

Das waren damals viele Patronate, und er hat jedes Mal am Patronatsfest die feierliche Messe mitgefeiert. Er hat jeder Gemeinde, auch wenn sie noch so klein war, als Patronatsgeschenk 500–600 DM zurückgelassen. Das war damals viel Geld. Und es war insgesamt durchaus sympathisch und sehr prägend. Ich jedenfalls bin ganz in diesem sehr katholischen Hohenzollern aufgewachsen. Da gehörte es dazu, dass ich nach meiner Priesterweihe vom Fürsten eingeladen worden bin, in das Schloss zu kommen. Und er hat mir einen Kelch und eine Malteser-Stola geschenkt, das übliche Geschenk für einen Neupriester aus dem Hohenzollern-Land. Ich besitze sie noch heute.

In Ihrer Kindheit war das Kirchenjahr noch der Gestalter des Alltags und des Jahres.

Das Kirchenjahr war sehr prägend durch die katholischen Elemente des sichtbaren Ritus. Ich denke an das Osterfeuer, das damals schon am Karsamstag um sechs Uhr morgens angezündet wurde. Oder die Palme, die wir selber gemacht haben, für den Palmsonntag. Auch der Fronleichnamszug gehört dazu. Wir waren, und das ist das Wichtigste, auch als Kinder beteiligt und zum Zeugnis herausgefordert. Zu dieser Welt gehörten ganz natürlich Dinge, die man heute manchmal verspottet oder belächelt, wie der Weihrauch und die Ministranten-Kleider. Aber: Es wurde da auch ein stilles Ethos mitüberliefert, das später, wenn man älter wurde, erst so richtig seine Entfaltung fand.

Sie wurden dann Gymnasiast. Die Eltern haben sich Fahrgeld, Schulgeld und Lebensunterhalt vom Mund abgespart.

Mein Vater musste sich dann, als mein Bruder Reinhold auch ins Gymnasium ging, versetzen lassen, um in die Nähe einer Bahnlinie zu kommen. Er hat damit zugleich seine Schulleiterstelle aufgegeben, damit wir Fahrschüler werden konnten. Ich war es fünf Jahre lang.

Für das Konvikt-Geld hatte es nicht mehr gereicht?

Das Konvikt, in dem ich zunächst war, war eine eigene Sache. Es war nicht einfach nur dazu da, dass man Priester werden sollte. Man musste deshalb auch Konvikt- und Schulgeld bezahlen. Ich weiß noch, dass mein Bruder und ich je 100 DM kosteten, im Monat also 200 Mark – bei 453 Mark, die der Vater als Lehrer nach Hause brachte. Dazu kamen noch die Schuhe und die Kleidung. Und man brauchte damals auch noch ein sogenanntes »Fresspaket« alle vierzehn Tage, weil das normale Essen im Konvikt – bei aller Anerkennung, was damals für uns getan wurde – doch etwas dünn war. Dazu kam noch reichlich Schulgeld, ich glaube 140 DM im Jahr. Ich habe heute noch die Stimme meines Vaters im Ohr, der sagte: »Meine Kollegen sagen, das kriegen wir nicht hin, die Kinder sollen ein Handwerk lernen. Wir geben nicht so viel Geld aus für die Schule!« Ich bestaune bis heute umso mehr, wie bereit meine Eltern waren und wie sie es geschafft haben. Dies hat meinem Studium immer einen großen Ernst verliehen.

Als ich im Sommer 1956 in Freiburg im Hörsaal saß und durch das Fenster draußen auf der Baustelle Gleichaltrige Zement schleppen sah, habe ich mich gefragt: »Warum hast du das Privileg, hier zu sitzen?« Antwort an mich selbst: »Dann tu auch was!« Dies habe ich nie vergessen.

*Sie wurden dann Fahrschüler, und für den Rest der Gym-
nasialzeit schwärmen Sie von Ihrem Deutschlehrer?*

Prof. Dr. Rudolf Nikolaus Maier, wir haben schon über ihn
gesprochen. Er wäre unter normalen Umständen irgendwo
Ordinarius für Germanistik geworden, weil er ein überaus
begabter Mann war. Aber der Krieg und die ganzen Verhältnisse danach ließen das nicht zu. Er hat uns aber auch gefordert. Und was er selber in uns hineingegeben hat, das hat
er im Grunde wieder zurückbekommen, weil wir wirklich
gerne und gut mitgemacht haben. Ich muss sagen, bis zur
Universität ist er mit Abstand mein wichtigster Lehrer gewesen.

*Dass Sie sich dann zur Überraschung Ihrer Eltern für ein
Theologiestudium entscheiden, hängt auch mit ihm zusammen?*

Ich bin sozusagen indirekt zur Theologie gekommen. Über
die Themen, die wir als fragende junge Menschen hatten. Ich
weiß noch gut, wie wir zum Beispiel Wolfgang Borchert gelesen haben, wo die Fragen nach Krieg und Frieden eine
große Rolle spielten. Aber auch Paul Celan. Und dass diese
hier aufgeworfenen Fragen manchmal erst eingelöst werden
konnten durch eine Antwort im Glauben. Ich habe nie den
Eindruck gehabt, dass diese Beschäftigung nur ein notwendiger »Vorhof« ist, wenn man sich im endlichen Bereich aufhält, sondern dass das schon der Hof selber ist, also das,
worum es geht. Die Theologie hat sich mir von selber nahe-
gelegt. Sie erschien mir plausibel, auch als die sogenannte
Volkskirche langsam schwächer wurde.

Was wurde da schwächer?

Eine gewisse Selbstverständlichkeit, wenn sie denn je eine war. Verloren ging eine Plausibilität, in der Kultur, Gesellschaft, Religion, Kirche doch ein eigenes Geflecht boten. Der Pfarrer war der Pfarrer, der Bürgermeister war der Bürgermeister, aber eben in Gemeinsamkeit, die im Endeffekt keinen Zweifel daran lässt, dass es miteinander zum Wohl des Ganzen funktioniert.

Ihre Mutter war überrascht von Ihrer Entscheidung, Theologie zu studieren, und hat gesagt: »Wenn es nicht klappt, dann kommst du halt wieder!«

Ich wusste, dass ich das auch jederzeit hätte machen können. Einmal kam ich unangemeldet nach Hause, mitten während des Semesters, was nicht üblich war. Wir hatten ja auch kein Telefon. So stand ich an einem Samstagabend plötzlich vor der Tür. Meine Mutter machte mir auf, und ihr erstes Wort war: »Haben sie dich rausgeschmissen?« (lacht)

Hatte sie Anlass, eine solche Frage zu stellen?

Sie hatte mit allem gerechnet. Ich sagte dann: »Ja, sie haben mich rausgeschmissen, weil sie mich nach Rom schicken wollen (lacht), und das wollte ich nicht entscheiden, ohne dass ich mit euch, meinen Eltern, rede!«

Das war schon während des Theologiestudiums. Mit wem haben Sie sich vor der Entscheidung beraten, ins Priesterseminar zu gehen? Wie schwer, wie leicht fiel die Entscheidung für die Theologie?

Also, ehrlich gesagt kann ich mich gar nicht erinnern, dass ich mich da groß beraten ließ. Aber einige Leute haben auf mich Eindruck gemacht. Zum Beispiel zwei Heimatpfarrer – weniger der Religionslehrer. In der Schule hat mich – wie schon erwähnt – eigentlich mehr der Deutsch- und Philosophielehrer geprägt. Aber die Pfarrer, die wirklich in der Gemeinde sich um Kranke, um die Schule und um die Seelsorge kümmerten, die treu ihre Arbeit machten, die haben mir Eindruck gemacht. Die Jugendarbeit faszinierte mich auch. Ich habe an den Beruf des normalen Ortspfarrers gedacht, ich dachte an nichts anderes.

Als Sie sich dann für das Collegium Borromäum, das Institut für angehende Priester, angemeldet haben, sind Sie mit 71 neuen Kommilitonen eingezogen. Was für eine gewaltige Zahl.

Wir waren aber schon sehr verschieden. Der Erste ging am ersten Abend auch gleich wieder weg, als er hörte, dass zum Essen geläutet wird wie vorher in seinem Konvikt. Das war ihm zu viel. Es waren in unserer Zeit in Freiburg fast immer pro Jahr so zwischen siebzig und achtzig, die Priester werden wollten, das war üblich. Geweiht wurden aber immer nur ungefähr vierzig.

Nur ...?

(lacht) Nur, ja. Und in meinem Kurs waren es sogar nur 28. Das war schon eine überdurchschnittliche Schwundquote.

Eine solche Schwundquote würde ein Bischof von heute gerne haben. Sie wollten bleiben und wurden von Ihrem

*damaligen Bischof schnell zum Studium nach Rom »beför-
dert«.*

Erzbischof Eugen Seiterich ließ mich zu sich kommen. Ich
habe Angst gehabt und gedacht, ich hätte etwas verbrochen.
Der Erzbischof lädt doch keine Studierenden ein, schon
gar nicht Anfänger. Ich war mir unmittelbar keiner Schuld
bewusst und habe mich darüber sehr betroffen befragt. Er
hat mir eröffnet, ich könnte mein Studium in Rom fortset-
zen. Dies war für mich nicht leicht. Es fiel mir nicht leicht,
»Ja« zu sagen, weil es mir in Freiburg, gerade in den philosophischen Fächern und in den Bibelwissenschaften, sehr gut
gefiel. Wir hatten ausgezeichnete Lehrer, auch aus der Sicht
von heute. Ich war einfach begeistert und wusste, dass in
Rom doch ein etwas »trockenerer« Stil herrschte. Am meisten unterstützt hat mich aber mein späterer Kollege Bernhard Casper, Schüler von Bernhard Welte, zusammen mit
Klaus Hemmerle, dem späteren Bischof von Aachen, und
Peter Hünermann – alles Welte-Schüler. Zwei von ihnen stu-
dierten in Rom.

Gute Namen.

Hünermann und Casper sagten mir trotz eigener schwieriger
Erfahrungen in Rom: »Geh trotzdem!«

*Sie wussten aber: Rom und das Germanicum, das war so
wie in Frankreich die ENA, die École nationale d'adminis-
tration. Eine Art Kader-Schmiede für die Karriere?*

Das stimmt so und stimmt nicht. Erstens habe ich mich
eigentlich nicht darum gekümmert. Wichtig für mich war,

dass ich ein Stipendium bekam, was für meine Eltern eine große Erleichterung war. Mein Bruder begann ja auch das Studium. Zum Zweiten: Es gibt eine Statistik, die besagt, dass in vielen Diözesen rund sechzig bis siebzig Prozent der sogenannten »Germaniker« in relativ einfachen Aufgaben blieben. Unter Pius XII. hatte sich dadurch, dass er aus Deutschland kam und entsprechende deutsche Mitarbeiter wie P. Robert Leiber SJ und vor allem den späteren Kardinal Bea hatte, der Anteil der Germaniker erhöht, die dann Bischöfe in Deutschland wurden. Döpfner war damals (1948) das Schulbeispiel für diejenigen, die als junger Priester Bischof geworden sind.

Die Theologie in Rom hinkte hinter der Freiburger Theologie her?

Teilweise. Sie war traditioneller. Aber die Dogmatik war dadurch, dass wir glänzende Lehrer hatten, die aus mehreren Ländern kamen, sehr qualifiziert. Also ich hatte zum Beispiel P. Bernard Lonergan SJ, der aus Kanada kam und philosophisch ein Genie war. Der Spanier Juan Alfaro SJ war dabei. Ein Ungar, ein Franzose, alle sehr qualifizierte Jesuiten. In Philosophie verehrte ich P. Joseph de Finance SJ – ein hervorragender philosophischer Ethiker. Dazu kam P. Peter Henrici SJ, ein Vetter von Hans Urs von Balthasar; er wurde nach dem Tod von P. Alois Naber SJ – ein Deutscher aus Baden – mein philosophischer Doktorvater, später Weihbischof in Chur/ Zürich. Ich hörte aber auch noch im Päpstlichen Bibelinstitut, vor allem bei P. Stanislas Lyonnet SJ.

Die Vorlesungen waren ebenso wie die Prüfung in lateinischer Sprache?

Alles war in lateinischer Sprache. Sowohl schriftlich als auch mündlich, auch die Rigorosa der mündlichen Doktorprüfungen.

Könnten Sie heute noch lateinisch parlieren?

Im schulischen, theologischen Bereich ja. Aber im Alltagsbereich nur wenig. Wir hatten bald drei Fächer/Personen ausgemacht, wo die Grenzen des Lateins überdeutlich waren. Das eine war, wenn P. Johannes Baptist Lotz SJ über Heidegger las (lacht), das andere war, als ein Engländer über Atomphysik geredet hat und ein Amerikaner über Experimentalpsychologie auf Latein dozierte. Die Amerikaner hatten es sowieso schwer und haben sich immer, weiß Gott wie lang, vorbereiten müssen, für simple Dinge. Aber so war das mit dem Latein. Manche Professoren waren damit schnell am Ende. Andere ratterten wie ein Maschinengewehr, vor allem die Spanier.

Das Leben des Germanikers Lehmann war nicht immer bloß konfliktfrei. Kurskollegen sagen, dass Sie zur Absetzung eines Regens beigetragen haben. Das wird Ihnen später noch nachgetragen.

Ja, das ist übertrieben. Tatsache war, dass es bei dem sehr mit Autorität geführten Stil des Hauses – die Gründung geht ja auf Ignatius von Loyola selber zurück, und auch die Regeln waren immer an die Jesuitentradition angebunden –, dass es da sehr befreiend für uns war, dass in jedem Jahr der Jesuitengeneral, der die letzte Verantwortung für das Haus hatte, einen sogenannten Delegaten schickte, der im Haus eine knappe Woche mitgelebt hat. Alle, die neu im Haus waren, aber auch die, die vor der Priesterweihe standen, mussten bei dem Delegaten einzeln antreten. Die anderen konnten, wenn sie wollten. Wir wollten. Und da haben wir ganz schön über das eine oder andere hergezogen.

Die offene Rede war möglich?

Die offene Rede war möglich. Man war sich auch ganz klar, dass man mit höchster Diskretion rechnen konnte. Das haben wir einen der Rektoren spüren lassen, der so unklug war, dass er, als er am ersten Tag nach der Ankunft in San Pastore aus dem Auto stieg, vor uns jungen Leuten sagte: »Damit Sie es gleich wissen, ich komme ungern hierher!« Man konnte als Pädagoge keinen größeren Quatsch machen, als vor jungen Leuten so etwas zu sagen. Und das ging im Grunde genommen ja schief. Nach einiger Zeit mussten die Oberen ihn zurückziehen. Wir haben nicht gewusst, wo genau ihr Unbehagen lag. Aber dass diese Ernennung nicht gut ging, war auch uns Jungen sehr klar. Und dies haben wir also freimütig aus unserer Sicht dargestellt. Ich fand es wohltuend: Eine starke Autorität braucht als Gegengewicht eine gewisse Freiheit. So klein sie auch war, wir hatten sie.

In Ihrem Philosophie-Arbeitskreis aber gab es Ärger?

Ja, wir hatten einen sehr schönen philosophischen Arbeitskreis, wo auch die deutschen Professoren der Gregoriana dazukamen: P. Alois Naber, P. Gustav Gundlach, P. Johannes B. Lotz, später P. Peter Henrici. Da habe ich mal als gewählter Sprecher ein ganz harmloses Thema aufbereitet: Die Kritik der Gottesbeweise bei Karl Jaspers und Gabriel Marcel und der Versuch einer Antwort. Da wurde mir im Hause von Oberen angedroht: Wenn dieses Thema umgesetzt wird, dann fliege ich aus dem Haus. Es gab schon eine autoritäre und ideologische Clique. Theologischer Hintergrund war der lange Streit um die Lehre von Henri de Lubac über das Verhältnis von Natur und Gnade – heute vielen gar nicht mehr bekannt, freilich von Gewicht.

Eine autoritäre und ideologische Clique wollte, dass Sie aus dem Seminar fliegen?

Ich wollte aber nicht nachgeben. Und dann bin ich, mit dem Druck, den ich auf mir lasten spürte, zum Rektor gegangen. Ein ganz großartiger Mensch, P. Franz von Tattenbach. Er hat mir gesagt: Wenn Pater Naber und Pater Lotz einverstanden sind, wird kein Mensch Sie aus dem Haus rausschmeißen. Und dann konnten wir in Ruhe unseren Philosophen-Zirkel durchführen.

Dann wurden Sie Bibliothekar.

Ober-Bibliothekar! (lacht) Der Unterschied: Nur der hatte einen Schlüssel zu allen Bibliotheken.

Spätestens jetzt wurde die Liebe zum Buch manifester. Wer heute in Ihr Bischofshaus kommt, kommt in ein überbordendes Bücherhaus. Vom Keller bis zum Dach ist – teilweise auch auf den Ablagen und Couchgarnituren – alles randvoll mit Büchern und wissenschaftlichen Zeitschriften. War der Job des Oberbibliothekars die Wurzel des heutigen Büchernarren, wie Sie sich selbst gerne bezeichnen?

Es war sicher so etwas wie die noch sehr jugendliche Leidenschaft. Der Posten des Oberbibliothekars hat mich einfach interessiert. Wir haben damals sehr berühmte Nachlässe bekommen. Der eine waren die deutschen Bücher von Pius XII. Ich musste hoch und heilig im Vatikan unterschreiben, dass alle Bücher, in denen Widmungen sind, zurückgegeben werden müssen. Da hatte man nicht aufgepasst bei der Vorauswahl. Ich fand zum Beispiel Widmungen der beiden Memoiren-Bände von Präsident Harry Truman an Pius XII. Aber was mich schon damals belustigte: Es gab in weißes Leder gebundene Prachtausgaben von Büchern deutscher Theologen, die sich sonst sehr unabhängig von Rom gegeben haben – aber unbedingt ein Exemplar ihrer Bücher in Ziegenleder mit sehr ergebenen Widmungen dem Heiligen Vater überreichen mussten.

Gab es in der Bibliothek auch Heidegger?

Nein, das war damals ein schwieriges Kapitel. Es gab Bücher, die waren im »Giftschrank«, also abgeschlossen. Man musste eigens Erlaubnis holen und sich in einem Buch eintragen, wenn man zum Beispiel Bultmann oder Heidegger lesen wollte (lacht schallend). Dies war ja längst überholt … Wir konnten die Bücher kaufen oder anderswo ausleihen.

Sie haben also über einen Autor aus dem Giftschrank eine Dissertation gemacht. Mehr als 1400 maschinengeschriebene Seiten. Warum Heidegger?

Ich war neugierig, was er für Antworten gibt auf Fragen, die mich beschäftigten. Nach wie vor die Frage: »Was ist Metaphysik?« Aber auch andere große Themen. Es haben mich ebenso ganz kleine, sehr verständliche Stücke sehr fasziniert. Heidegger hatte zum Beispiel auf wenigen Seiten eine kleine

Erzählung, vielleicht eher sogar eine Besinnung geschrieben: *Der Feldweg*. Der berühmt gewordene Feldweg. Ich bin selber später mit Heidegger mal diesen Feldweg in Meßkirch gegangen. *Der Feldweg* ist so eine schriftliche Skizze, wie Menschen im Wechsel von Jahreszeiten und in einem Rhythmus ihrer Welt leben. Und was ihnen das alles bedeutet. Da war auch von dem Läuten der Glocken und den Bedeutungen der Tagzeiten für die Menschen und vom Kirchenjahr die Rede. Aber auch vom stetigen Wachstum der Natur. Es waren jedoch die philosophischen Fragen, die mir ganz wichtig waren.

Gibt es einen Auslöser, der die Liebe zum Denken von Martin Heidegger bei Ihnen entflammt hat? Können Sie das besondere geistige Interesse näher fassen?

Das hängt nicht allein mit seinen Büchern zusammen, noch weniger mit seiner Person. Das waren doch eher meine entscheidenden Lehrer, die alle selber von Heidegger mitgeprägt waren: Max Müller, Bernhard Welte, Eugen Fink, Heinrich Rombach, nicht zu vergessen Gustav Siewerth. Das waren Leute, die mich dahin geführt haben: Heidegger selber mal lesen. Beim ersten oder zweiten Lesen hätte ich das allein nicht verstanden. Da habe ich manches Mal das Buch total verzweifelt wieder zugeklappt. Aber ich habe es wieder aufgeschlagen und blieb sehr interessiert. Ich war einfach neugierig und wissensdurstig. Aber von der Lektüre allein wäre ich wahrscheinlich doch nicht hingekommen.

»Vom Ursprung und Sinn der Seinsfrage« war der Titel Ihrer Doktorarbeit. Was ist der Gegenstand Ihrer Arbeit?

Interessiert hat mich zunächst einmal der sogenannte »spätere Heidegger«. Der war für mich geheimnisvoll. Er hatte einen merkwürdigen Zentral-Begriff: »das Geviert«. Das Geviert waren vier Mächte, die das Leben der Menschen bestimmen. Das waren die Erde, der Himmel, die Sterblichen und die Göttlichen. Das wollte ich näher verstehen. Ich bin dann aber davon abgekommen. Dies alles war mir zu »mystisch« und wenig greifbar, vielleicht sogar »mythisch«. Außerdem war ich einem Irrtum aufgesessen, der aber bald bereinigt war: Es war keineswegs so, wie ich angenommen hatte, dass der frühe Heidegger in der Literatur ausreichend interpretiert war. Deswegen bin ich ganz an den Anfang gegangen, bis 1911 und zu den ersten Veröffentlichungen. Diese waren damals wissenschaftlich noch weitgehend unbearbeitet. Aber ich habe dann strikt auf die Behandlung der Schriften ab 1935 verzichtet, obwohl ich vieles Spätere schon exzerpiert hatte. Ich war mir über die Wertung dessen, was dann ab 1935 kam, nicht klar. Ich habe mich damals schon, als es noch kaum eine Frage war, mit den nationalsozialistisch imprägnierten Wendungen Heideggers sehr schwergetan. Es war mir auch klar, dass dieser Ausflug ins Politische um 1933 eine ungelöste Krise im Denken des Philosophen anzeigte, die schon bald nach 1927 in verschiedenen Stufen begegnet.

Vergiften die »schwarzen Hefte« von Heidegger, die jetzt erst erschienen sind und deutliche Züge auch eines antisemitischen Denkens zeigen, das Gesamtwerk des Philosophen?

Bis 1935 hat m.E. das Werk von Martin Heidegger in sich eine gewisse objektive Nachvollziehbarkeit. Das ist etwas,

was man ohne Weiteres weitergeben kann. Darüber kann man auch richtig disputieren. Aber das Spätere – das fällt zusammen mit dem starken Einfluss von Hölderlin und auch langsam Nietzsche – war tatsächlich kryptisch. Die »schwarzen Hefte« sind für die heutige Rezeption ein ausgesprochenes Unglück. Aber es ist trotzdem letztlich gut, dass sie jetzt auf dem Tisch liegen. Es sind leider eben auch primitive Dinge darin, die von einem solchen Mann nicht erwartet werden konnten. Bei alledem, was ich selbst schon mit Fragezeichen versehen hatte, ist mir der Mann sehr viel unheimlicher und auch fragwürdiger geworden. Ich bin heute, was Heideggers Denken angeht, mit Ausnahme von Sein und Zeit und den Frühschriften, sehr skeptisch geworden. Aber ich bin bis heute mit Heideggers letztem Privatassistenten, Prof. Dr. Friedrich-Wilhelm von Herrmann, einem der besten Heidegger-Kenner, im Gespräch.

Sie waren mit Martin Heidegger auf dem »Feldweg«.

Ich war mit ihm und seinem Bruder Fritz zweimal auf dem Feldweg. Wir hatten in Freiburg keinen Kontakt. Aber der Heidegger-Bruder Fritz, der 1963 in Rom bei meiner Priesterweihe war, hat mich nach Meßkirch zu Spaziergängen entlang dem Feldweg eingeladen, in einer freundlichen und gelassenen Atmosphäre.

Was bleibt als Erinnerung?

Mit hat es geholfen, am Tonfall und aus Gesten vieles neu zu sehen. Ich habe dann noch mehr gelesen und manches anders verstanden, weil ich den Menschen kannte. Ich hatte durchaus das Menschliche an Heidegger sehen können. Er war viel mehr geerdet, als man von ihm annahm. Ich habe mich dabei auch amüsiert über das frische Verhältnis von Fritz, der ein kluger Kopf war, zu seinem Bruder. Martin wusste es. Fritz konnte sich ihm gegenüber einen Ton leisten, den sich sonst niemand leisten konnte. Als Martin sich beschwerte, dass sein Denken doch zu wenig rezipiert sei, sagte Fritz zu ihm: »Du musst erst verwesen, bis dein Wesen kommt!« Martin hörte dies nicht gerne. »Du schreibst doch dauernd über den Tod. Da musst du auch darüber nachdenken.« (lacht) Schweigend gingen wir in die nächste Wirtschaft.

Sie sagen: An bestimmten Denkfiguren von Heidegger kommt man nicht vorbei. Welche Denkfiguren? Woran kommt man nicht vorbei?

Sein und Zeit, das ist und bleibt ein genialer Wurf. Und was er über Angst, Sorge und die Bestimmungen des menschlichen Daseins schreibt, welche fundamentale Rolle sie spielen in der Entfaltung des Menschseins, dies ist herausragend, auch wenn er auf seine Weise viel von Husserl, Scheler u. a. aufgenommen hat. Bis in die kleinste Analyse des Alltags, des Geschwätzes, warum der Mensch nicht zur Eigentlichkeit kommt. Das hat ihm ja lange Zeit den Titel eines Existenzphilosophen gegeben. Was nicht ganz falsch war. Aber auch nicht ausreichend. *Sein und Zeit* bleibt ein großes Werk. Trotzdem habe ich immer das Unbehagen darüber gehabt, dass bei Heidegger jede ausdrückliche und explizite Ethik fehlt. Heideggers Nachfolger, der zugleich mein Mitbürger in Bollschweil war, Werner Marx, dachte ähnlich. Angesichts der Gräuel im Nationalsozialismus und seiner Anfälligkeit gegenüber dem Nationalsozialismus bleibt meine Distanz.

Hans Jonas mit dem *Prinzip Verantwortung* (1979) und Hans-Georg Gadamers *Wahrheit und Methode* – sicher Bücher eines ganz anderen Typs – scheinen mir fast ebenbürtig. Sie waren für mich jedenfalls eine ganz wichtige Ergänzung. Jonas hat das, wie wir heute über das Ökologische und die bioethische Verantwortung diskutieren, schon auf eindrucksvolle Weise grundgelegt. Ich habe bei Heidegger, der solche Fragen weniger kannte, viel gelernt. Aber ich betrachte ihn als einen neben vielen. Gadamers *Wahrheit und Methode* war mir bei seinem Erscheinen 1960 eine Offenbarung.

Ihre zweite, die theologische Dissertation Auferweckt am dritten Tag nach der Schrift *war eine exegetische Studie. Sie hatten innerhalb von wenigen Jahren eine große philosophische Dissertation und dann noch diese zweite theologische Promotion vorgelegt. Und dazu haben Sie bei Karl Rahner gearbeitet. Wie asketisch muss man sich Ihr studentisches Leben und das wissenschaftliche Arbeiten vorstellen?*

Nach den Hilfsassistenten-Arbeiten, die ich für Rahner in Rom während des Konzils gemacht hatte, wo ich ja nicht bei ihm angestellt war, sondern einfach während meines Studiums frei für ihn gearbeitet habe, bin ich zum 1. Juli 1964 als Wissenschaftlicher Assistent mit ihm nach München gegangen an das neu errichtete »Institut für christliche Weltanschauung und Religionsphilosophie«, so hieß nun der Romano-Guardini-Lehrstuhl. Das war schon eine unglaublich angefüllte Zeit. Aber es hat mir sehr großen Spaß gemacht. Deswegen habe ich gar nicht gemerkt, wie fordernd das eigentlich war. Denn in dieser Zeit ist unheimlich viel von Rahner veröffentlicht worden. Wobei es nie so war, dass ich in seinem Namen etwas geschrieben habe. Ich habe die Rahner-Texte eigentlich immer nur bearbeitet.

Es gibt eine Sache, die Spekulationen ausgelöst hat. Kurz nachdem ich zu ihm gekommen war, im Sommer 1964, sagte er zu mir, er sei viel zu spät dran mit einem Artikel für das damals im Erscheinen begriffene große katholische dogmatische Sammelwerk in fünf Bänden *Mysterium Salutis* über »Kerygma und Dogma« sowie »Dogmengeschichte«. Ich solle doch mal anfangen. Das war eine ganz schöne Zumutung. Aber ich habe dann gesagt: »Sie haben dazu etwas da und dort geschrieben, das kann ich ja benutzen, ohne Anführungszeichen.« Und dann habe ich angefangen und für beides insgesamt 200 Druckseiten formuliert. Durch das Konzil fand Rahner nie Zeit, diesen Entwurf zu lesen. Dann war er aber so hochanständig, dass er das nicht unter seinem Namen veröffentlichen wollte. Aber natürlich wollte der Benziger-Verlag für das Buch Karl Rahner als Namen und nicht den kleinen Lehmann, der noch nie etwas veröffentlicht hatte. (lacht) Es erschien dann unter unser beider Namen. Jetzt kann man in Band 22 der *Sämtlichen Werke* Rahners alles genau nachlesen.*

Aber zunächst ging es an Ihre zweite Dissertation.

Die theologische Promotionsarbeit *Auferweckt am dritten Tag nach der Schrift* entstand aus einem ganz praktischen Zusammenhang. In einem römischen Seminar meines Leh-

---

* Karl Rahner, *Dogmatik nach dem Konzil: Grundlegung der Theologie, Gotteslehre und Christologie* (*Sämtliche Werke*, Bd. 22/1a), Freiburg i. Br. 2013, S. XII–XIV.

rers P. Édouard Dhanis SJ hatte ich die Aufgabe, eine Arbeit zu schreiben, wie das Wort »auferweckt am dritten Tag nach der Schrift« aus der Bibel in der heutigen Theologie verstanden wird. Ich habe an dem Thema Spaß gefunden, wollte aber dann in München in Fundamentaltheologie bei Heinrich Fries eine ganz andere Arbeit schreiben, was nie so ganz geklärt wurde. Ich hatte eben in Rom aus dieser Seminararbeit meine Lizenziatsarbeit gemacht, das war 1964.

Die ganze Sache sollte anders kommen. Ich hatte für meine geplante theologische Dissertation keine Zeit. Dann geschah etwas Schwieriges: Rahner hatte mit 64 Jahren einen Ruf nach Münster erhalten, an die Theologische Fakultät. Er wollte in den Streitereien nach dem Konzil wieder in einer theologischen Fakultät mitreden. Er bat mich mitzugehen. Ich ging als einziger Mitarbeiter mit. Dann dachte ich mir: Wenn ich jetzt ein bisschen aufpasse und die Zeit nütze, dann kann ich vielleicht hier meine Lizenziatsarbeit aus Rom über die drei Tage ausbauen. Dann musste Rahner 1967 im Frühjahr für vier Wochen nach Amerika, und ich durfte daheim bleiben. Ich habe dann mit den beiden Sekretärinnen Evamaria von Aagh (heute Bär) und Irmingard Mues Tag und Nacht meine Auferstehungs-Arbeit grundlegend überarbeitet, erweitert und neu geschrieben – und im April 1967 rechtzeitig in Rom abgegeben. Dort war damals die Vorschrift, dass, wenn man bis April abgibt, bis zum Ende des Studienjahres (also Juli) alles über die Bühne gegangen sein muss. Und das habe ich dann auch geschafft.

Dabei habe ich in meiner Promotionsarbeit eine für mich heute noch faszinierende Zufallsentdeckung gemacht: dass nämlich zur Zeit Jesu in der zeitgenössischen jüdischen Schriftauslegung, auch in der Predigt im Alltag, es so war, dass der dritte Tag als ein Tag des Heils verstanden wurde. Es gab im Alten Testament viele wichtige Ereignisse »am dritten Tage«. Daraus hat die jüdische Theologie damals einen theologischen Grundsatz gemacht: Gott lässt seine Gerechten nicht länger im Stich als drei Tage. So ist also eine richtige kleine heilsgeschichtliche Summe daraus entstanden. Von daher war es für mich klar, dass das auch mit dem »auferweckt am dritten Tag nach der Schrift« bei Jesus zu tun hat und dies nicht nur eine historische Kalenderangabe ist. Dahinter steht eben: »Gott lässt seinen Gerechten nicht länger im Stich als drei Tage!« Und dies habe ich ausgearbeitet. Aber gut, ich kam natürlich an meine Grenzen, weil ich kein Aramäisch konnte, und weitere wichtige Quellen müsste man nochmals auf Aramäisch erarbeiten. Aber das muss ein anderer machen.

Ich muss noch etwas nachschicken: Da Karl Rahner wegen seiner Berufungsgeschichte nach Münster mit Teilen der Theologischen Fakultät in München Krach bekam, sagte mir Heinrich Fries: »Lieber Karl Lehmann, bei mir in München können Sie jetzt leider nicht mehr promovieren. Sie kriegen sonst die Prügel für Ihren Chef.« Ich war entsetzt, aber froh, dass ich den Weg nach Rom gehen konnte. Dort hatte ich alle Voraussetzungen. Im Juli 1967 war ich auch in Theologie promoviert. Die Münchener Ereignisse von damals sind mir bis heute unverständlich, wenn auch Karl Rahner selbst an dem Zerwürfnis nicht ganz unschuldig war. Keiner der Kontrahenten lebt noch.

Die Dissertation brachte Sie an die Grenzen Ihrer Kraft und Ihrer Zeit?

Ja, ja! Aber dann habe ich auch gesagt: Jetzt muss ich bei der Arbeit für Rahner, der ich mich vorbehaltlos hingegeben hatte, kürzer treten. Ich war in dieser Zeit ja auch sein Chauffeur, ich bin drei Jahre lang gleichsam »nebenbei« 60 000 Kilometer pro Jahr mit ihm gefahren.

Wie haben Sie in dieser Zeit gelebt? Gab es noch etwas anderes als Rahner und die Theologie?

Ich wurde nie von Rahner zu irgendetwas genötigt; sondern ich habe einfach die Arbeit gesehen und habe sie halt gemacht bis zum Ende.

Aber die Arbeit ist ja nicht das Leben.

Nein, aber deswegen gab es daneben auch kein eigenes Leben. Nein, das gab es nicht. Ich bin spät, sehr spät nach Hause gekommen und dann jeden Abend bis in die Nacht über der Arbeit gesessen, die am anderen Tag fertig gemacht werden musste. Auch am Sonntag, wenn wir überhaupt da waren. Nach einer schwierigen Anfangszeit war ich jedoch bei der Familie Theissing in München-Bogenhausen ideal versorgt.

Neider haben gesagt: »Nur der Schlaf ist sein Gegner!«

(lacht) Ja, also, es ging mir ja nicht schlecht. Ich war ja auch jung und konnte mich voll hineinbegeben. Ich hatte einfach Freude an meiner Aufgabe, auch an der Begleitung der Studierenden und der Doktoranden.

Können Sie sich an persönliche Feiern erinnern, etwa an Ihren eigenen 30. Geburtstag?

Nee, nee, das nicht. Da weiß ich eher Dinge, die Rahner betrafen. Also zum Beispiel wann er welchen Preis und wo bekommen hat. (lacht)

Die Arbeit ging stets weiter.

Das *Lexikon für Theologie und Kirche* mit seinen insgesamt 14 Bänden musste fertig werden, das *Handbuch der Pastoraltheologie* mit fünf Bänden, das Lexikon *Sacramentum mundi* mit vier Bänden. Auch Herbert Vorgrimler und Adolf Darlap, Rahners Schüler und Freunde aus der Innsbrucker Zeit, hatten dabei ihre eigenen Aufgaben. Wenn ich schaue, was alles in dieser Zeit veröffentlicht worden ist, von Aufsätzen und Übersetzungen ganz zu schweigen! Das Management der ganzen Rechte, das hat ihn wenig interessiert (lacht), da ging es ziemlich rund. Neben den Zuständigen im Jesuitenorden gehörte das auch zu meinen Aufgaben.

Aber ich war ja gewarnt. An meinem ersten Tag für Rahner hat mir am 1. Juli 1964 jemand gesagt: »Nehmen Sie sich in der Zeit, solange Sie bei ihm sind, nichts, aber auch gar nichts vor, Sie kommen nicht dazu. Und Sie müssen auch heute schon wissen, wann Sie wieder gehen! Rahner hat schon viele Mitarbeiter zerrieben.« Das blieb mir doch im Hals stecken. (lächelt)

Aber Sie waren bereit, sich zerreiben zu lassen?

Och je. Ich hab' da nicht gefragt. Heute würde man vielleicht sogar sagen, es war eine Ehre. Aber im Grunde war es eine riesige Arbeit und ging natürlich manchmal auch wirklich an und über alle Grenzen. Aber ich hab' ja dadurch auch entscheidend wichtige Themenfelder und viele Leute kennenlernen können. Und ich habe Karl Rahner tief menschlich, spirituell und theologisch kennengelernt. Das war schon eine wunderbare Zeit.

Über die Zeit im römischen Germanicum, das von Jesuiten geleitet wurde, schreiben Sie später: »*Die ignatianische Spiritualität, Gott in allen Dingen zu suchen, und das Konzept des immer größeren Gottes hatten mir eine große Freiheit aufgezeigt, die Einordnung und Gehorsam lebbar und erträglich machte!*« *War das die jesuitische Askese, die für Sie in solchen Zeiten Leitwort geworden war?*

Das Wort »Askese« würde ich selber weniger wählen, obwohl es im Sprachgebrauch besonders auch zur damaligen Zeit üblich war. Das Wort »Askese« ist für heutiges Verständnis zu sehr nur mit »Verzicht« belastet. Da kommt es zwar auch her, doch die Spiritualität war davon mitumschrieben. Da gibt es damals schon Bezüge, die heute bei Papst Franziskus sichtbar werden. Sätze wie »Gott suchen in allen Dingen« und »Deus semper maior«, auch die Einübung in »Gelassenheit«, das sind Dinge, die man bei Ignatius und all denen, die wie Franziskus durch eine jesuitische Schule gegangen sind, lernen kann. Und man kann feststellen, dass das sehr wirksam ist. Ich habe bei dem, was ich über mein Leben berichtete, leider oft vergessen zu sagen, dass ich in Rom im Jahr 1958 bei Hugo Rahner, dem Bruder von Karl, klassische ignatianische Exerzitien mitgemacht habe. Hugo ist der eigentliche Wiederentdecker der originalen Exerzitien des Ignatius. Es war eine grandiose Woche mit ihm. In diesen Exerzitien hat sich eigentlich mein Beruf entschieden. Und ich habe damals diese Woche auch so verstanden: Das sind Exerzitien, die macht man einmal. Darin trifft man seine

Lebensentscheidung. Die ignatianische Spiritualität hat mir bis heute viel gegeben.

Sie werden danach in Rom während des Konzils zum Priester geweiht. Der Bischof, der Ihnen die Hand aufgelegt hat, war Kardinal Döpfner, dessen Bischofsring Sie heute tragen. Ein äußeres Zeichen einer inneren Verbundenheit. Was bedeutet für Sie Kardinal Döpfner?

Extrem viel. Ich muss vorausschicken, dass es auch damals für mich schon klar war, dass es unterschiedliche Bischofstypen gibt. Ein anderer etwa, der mir ebenfalls ein Stück weit bis heute ein Vorbild ist, war Hermann Volk, Bischof von Mainz und später Kardinal. Er kam von der Theologie her. Er war Dogmatik-Professor in Münster. Julius Döpfner war ein Vollblut-Seelsorger. Von daher muss man ihn in einem ganz anderen Zuschnitt sehen. Theologisch durchaus sehr gut ausgebildet. Er hat seine Doktorarbeit über Newman geschrieben. Döpfner war, was seine Tätigkeit in Berlin betraf, außerordentlich präsent und geistesgegenwärtig. Was die gesellschaftlichen, politischen Verhältnisse angeht, war er sehr mutig. Auch wegen seiner herausragenden Rolle beim Zweiten Vatikanischen Konzil gehört er für mich, neben dem bereits erwähnten Gymnasialprofessor Dr. Rudolf Nikolaus Maier und Generalvikar Dr. Robert Schlund, zu dem entscheidenden Kreis von Menschen, von dem ich herkomme.

Sie nennen Döpfner einen väterlichen Freund.

Ja, das war er für mich. Sehr nachdrücklich. Als ich dann 1968 in Mainz meine eigene Lehraufgabe hatte, da hat er mich auch, unabhängig von Rahner, eigens und allein zur

Beratung herangezogen. Da bin ich sehr oft zu ihm nach München gekommen. Bis zu seinem Tod hatten wir den engsten Kontakt, telefonisch noch am Vorabend seines Todes. Die Geradlinigkeit, die Offenheit und die Ehrlichkeit, das Vertrauen, der Mut zu Konsequenzen, die Unerschrockenheit, mit der er Dinge dann doch durchsetzte, unabhängig von Verwundungen, die er da und dort hinnehmen musste, seine Widerstandskräfte haben mich schon sehr beeindruckt. Ich weiß nicht, ob ich damals, 1983, hätte »Ja« sagen können zum Bischofsamt in Mainz ohne Döpfner und Volk. Ich habe dann auch zum 100. Geburtstag von Döpfner die offizielle Laudatio gehalten und ein kleines Büchlein geschrieben: »Brückenbauer in einer Zeit des Übergangs«. »Brückenbauer Gottes« habe ich ihn da genannt.* Wie er mich ernst genommen hat, der ich viel jünger war als er und der ich ja im Jahr 1963 von ihm zum Diakon und Priester geweiht worden war, wie unbefangen brüderlich das gewesen ist, wie offen und ehrlich! Das war für mich später eine Voraussetzung, um das Bischofsamt überhaupt leben zu können, ohne sich nur durch Amtspflichten, Pontifikalämter und Protokolle definieren zu müssen.

In der Zeit vor der Priesterweihe waren Sie dann in der besagten Funktion bei Rahner. Sie waren Hilfskraft, Chauffeur, Co-Pilot?

(lacht) Das hat in Rom 1962 angefangen mit: »Könnten Sie mir mal Briefmarken besorgen?« Dann ging das weiter damit, dass er gesagt hat: »Habe niemand zum Schreiben.

---

* Karl Lehmann, *Brückenbauer in einer Zeit des Übergangs. Julius Kardinal Döpfner zum Gedenken*, Würzburg 2013.

Könnten Sie mir mal eine Seite abschreiben?« Und so ging es damit fort. Der nächste Schritt war, dass ich einen von ihm und Joseph Ratzinger gemeinsam verfassten Text noch einmal durchsehen und redigieren sollte, einen Teil-Text des späteren Dokuments über die göttliche Offenbarung. Da waren – in Latein – typische Rahner-Sätze drin, fünfzig oder sechzig Zeilen lang. Im Lateinischen kann man das ja machen. Aber es war mir klar: Ich musste das einfach überarbeiten und lesbarer machen. Was man heute ganz vergisst: Gearbeitet und vervielfältigt hat man damals mit Wachsmatrizen. Da gab es nichts zu faxen und zu kopieren, ganz zu schweigen von elektronischen Wegen.

Und bei 120–130 Exemplaren waren die Wachsmatrizen zerschlissen. Da musste man alles noch einmal abschreiben. Es war also ein Text zu redigieren. Den hatte auch P. Otto Semmelroth SJ in die Hand bekommen, der damals im Germanicum gewohnt hat. Der sagte schnell: »Lehmann, Sie müssen den Text völlig auseinandernehmen, das sind ja die typischen, schrecklichen Rahner-Sätze. Es geht aber nicht um Rahner. Es geht um das Konzil!« Ich habe den Text dann ziemlich entflochten, aber selbstverständlich inhaltlich nichts geändert, sondern an mehreren Stellen verschiedene Teile eben neu zugeordnet. Damit bin ich mit klopfendem Herzen zu Karl Rahner gegangen. Ich musste ihn den Text ja nochmals durchsehen lassen. Seine Reaktion: »Man kennt sein eigenes Zeug nicht mehr! Aber es ist gut!« Und damit hatte ich seine Legitimation, künftig Texte grundlegend zu bearbeiten, solange ich bei ihm dort war, und eben auch später. (lacht)

Und aus dieser Legitimation ist dann eine Kärrner-Arbeit über die nächsten drei Jahre geworden? Sie waren 28, er war 60. Ein Generationsunterschied der besonderen Art?

Über 32 Jahre war er älter.

Wie war Ihr Verhältnis?

Freundschaftlich, manchmal auch kumpelhaft. Er war die klare Autorität. Aber das war eine Sachautorität. Er war einfach, weil er bescheiden und demütig war.

Er konnte, wenn er wollte, auch skandalisieren. Er konnte etwas auf die Spitze treiben.

Ja, da war ich gut beraten, ihm immer seine Freiheit zu lassen. Auch wenn ich wusste, dass es auch schon mal eine kleine Dummheit war, und auch wenn ich etwas für nicht so glücklich hielt. Wenn ich merkte, er will einfach durch, habe ich gedacht: »Du musst das halt machen!« Ich habe manche Scherben aufgeräumt. Man konnte etliche Konflikte voraussehen. Aber seine Freiheit war mir wichtiger.

Welche Spuren für heute hat der Theologe Karl Rahner gelegt?

Einen Karl Rahner kann man letzten Endes ja nicht einfach nachmachen. Das geht auch bei Hans Urs von Balthasar nicht. Und das ging philosophisch bei Heidegger noch weniger. Deswegen gibt es keine klar gefügte Rahner-Schule, sondern Johann Baptist Metz hat die Schülerschaft auf seine Weise gemacht und Herbert Vorgrimler auf seine Weise. Rahner ist immer der große Anreger gewesen. Er ließ einem auch volle Freiheit. Umso mehr wirkte er.

Was ist der inhaltliche Kern seiner Anregung?

Ich habe im Unterschied zu manchen anderen von Anfang an die These vertreten: Der Urgrund des Rahner'schen Denkens ist eigentlich die Spiritualität, ist der gelebte Glaube, den er mithilfe seines genialen Denkens solidarisch und kritisch zugleich entfaltet.

Meine Überzeugung ist – das will ich bei Gelegenheit noch genauer ausarbeiten –, dass die Erfahrung der Gnade, der Versöhnung und Vergebung der Kern des Ganzen ist; und dass von daher das so kühne, weite Gedankengebäude verstanden werden kann. Ein bisschen Probleme gibt es da, wo Rahner stark philosophisch abhängig ist: nicht von irgendeinem anderen, sondern von seinem eigenen Denken. Da ist er natürlich schon etwas zeitbedingter zu verstehen, wenn auch nicht im Sinne von anpasserisch. Die Verstehensvoraussetzungen für dieses Denken sind heute nicht mehr so selbstverständlich vorhanden. Es ist das Erbe der sogenannten Maréchal-Schule, die aus dem Jesuitenbereich Frankreichs und Belgiens kommt. Da hat Rahner größte Verdienste in seinem Erstlingswerk, seinem großem Band *Geist in Welt*, einer Thomas-Interpretation, und dann in der Herausarbeitung der sogenannten transzendentalen Dimension, wo auch ein bestimmtes Verhältnis der Anknüpfung an einen modifizierten Kant besteht. Das ist heute nicht mehr so leicht nachvollziehbar. Aber er kann ja auch ganz einfach reden.[*]

Wo sind die Grenzen von Rahner?

---

[*] Vgl. im Übrigen mein ausführliches Rahner-Porträt in: Karl Rahner, *Frühe spirituelle Texte und Studien: Grundlagen im Orden* (*Sämtliche Werke*, Bd. 1), Freiburg i. Br. 2014, S. XII–LXVII.

Er selber würde mehr als alle anderen sagen: Natürlich habe ich Grenzen. Nicht bloß dadurch, dass Theologie immer offen und unabgeschlossen bleibt. Er selbst merkt an, was an historischem und naturwissenschaftlichem Wissen seit seinem Studienabschluss in den 20er Jahren zur ohnehin ungemein gewachsenen Theologie hinzugekommen ist – und das ist sehr viel! Das kann man nicht gut synthetisieren. Insoweit sind Grenzen vorhanden. Er ist sicher längere Zeit stärker beherrscht gewesen durch eine etwas zu sehr auf das Individuum ausgerichtete Theologie, was grundsätzlich freilich wichtig war im Sinne personalen und dialogischen Denkens. Das hat Metz dann zur Abhebung von Rahner genützt, bis hin zur Politischen Theologie. Aber man spürt: Rahner hat viel mehr biblisches Fundament gehabt, als man denkt. Er hat die Bibel mehr oder weniger auswendig als ein unter allen Dingen liegendes Fundament eingesetzt. Er hat aber auch seine »Schultheologie« beherrscht, und die Studenten waren immer überrascht, wenn sie Examen bei ihm machten. Sie haben gemeint, Rahner frage nur Rahner ab. Er aber hat das graue Alltagsbrot der Theologie abgefragt, also das, was jeder wissen muss. Das konnte er freilich auch beleben und wieder fruchtbar machen. Ob es zum Beispiel beim Ablass war oder bei anderen Dingen, die man meinte längst aufgeben zu können – er konnte mit dem Zauberstab seines Denkens zeigen, dass da doch etwas dahintersteckt.

Vielleicht liegt eine Grenze in seiner Stärke gerade darin, dass er eigentlich alles auch anthropologisch daraufhin befragt hat: Wie weit sagt das etwas aus über den Menschen? Hier sind wir mit seiner etwas radikalen, aber nicht absoluten Anthropozentrik kritisch im Gespräch.

Zurück zu Ihnen: Nach der Dissertation folgt im wissen-
schaftlichen Werdegang die Habilitation. Was für einen
Plan haben Sie gehabt?

Meine Habilitation sollte eine Arbeit werden über den verborgenen Gott. Ich wollte über die vieldimensionale Verbor-
genheit Gottes schreiben. Heute ist dies ein Thema, das ganz
selbstverständlich klingt. Damals war es eigentlich ein Stück
weit Neuland. Ich wollte vor allen Dingen biblisch und dann
an bestimmten einzelnen Gestalten wie Nikolaus von Kues
die Arbeit profilieren. Ich hatte erste Bruchstücke, aber ich
war längst noch nicht weit in meiner Arbeit. Ich wollte mich
anständig habilitieren. Deswegen habe ich damals von mir
aus kein Auslandsengagement angenommen. Dann erreichte
mich innerhalb von wenigen Wochen im Mai/Juni 1968 aus
Mainz die Anfrage, ob ich zu einer Probevorlesung kommen
würde. Das habe ich also gemacht und ein exegetisch-funda-
mentaltheologisches Thema über die Auferstehung gewählt.
Und nach drei, vier Tagen bin ich informiert worden, ich
würde den Ruf nach Mainz bekommen. Am 25. Juli 1968
hat mich Kultusminister Dr. Bernhard Vogel nach Mainz
berufen.

Es war das Jahr '68. Eine denkbar unruhige Zeit. Vietnam,
Notstandsgesetze, fast tägliche Demonstrationen. Kirchlich
die Pillen- Problematik, der Essener Katholikentag.

In die Monate dieser Zeit fällt vor allem die folgende besondere Geschichte: Im Juli kam *Humanae Vitae*. Ich bin mit
Karl Rahner – es war das einzige Mal, dass wir miteinander
und mit P. Roman Bleistein SJ Urlaub machten – im August
in Kroatien auf einer Insel gewesen. Er wurde von dort zum

Jesuitengeneral Pedro Arrupe – mit dem er in den Niederlanden studiert hatte – nach Rom gerufen, weil Arrupe sich schlau machen wollte über *Humanae vitae*. Da sind wir also bei glühender Hitze nach Rom gefahren.

Rahner mochte nicht fliegen, sondern er zog es vor, dass ich fahre. Und dann hat er einen ganzen Abend und noch einen Morgen mit Arrupe konferiert, fuhr nach dem Gespräch mit uns zurück auf die Insel, diktierte einen heute noch fantastischen Artikel zu *Humanae Vitae** – im Ferienlook, in kurzen Hosen. Das konnte er eben, ohne Bibliothek, er hat nur den Text der Enzyklika gehabt, sonst nichts. Das macht ihm keiner nach! Er hatte dieses Hintergrundwissen, das ihn inspirierte, aber ihm auch Grenzen zeigte. Dann kam der Katholikentag in Essen Anfang September 1968. Vorher wurde Ende August die »Königsteiner Erklärung« verabschiedet. In Essen habe ich zum ersten Mal ein öffentliches Referat gehalten, und es gab, wie oben schon angesprochen, eine turbulente Diskussion mit Uta Ranke-Heinemann und Norbert Greinacher. Damals gab es ja schon die Idee einer Synode in Deutschland im Anschluss an die niederländische Pastoralsynode. Es schien zunächst klar, dass wir so etwas nie durchkriegen, weder bei uns noch in Rom, weil die niederländische Pastoralsynode vielleicht schlechter beurteilt worden ist und einen schlechteren Ruf hatte, als ihre Qualität wirklich war. Ja, und da bin ich dann über Klaus Hemmerle in die Beratung darüber eingestiegen, ob es Sinn macht oder nicht, eine Synode zu starten. Es gab damals einige sehr

---

* Zuerst erschienen in: *Stimmen der Zeit* 182 (1968), S. 193–210; jetzt in: Karl Rahner, *Das Konzil in der Ortskirche: Schriften zu Struktur und gesellschaftlichen Engagement der Kirche* (*Sämtliche Werke*, Bd. 24/2, Freiburg i. Br. 2011, S. 740–758.

intensive Wochen. Und im Februar 1969 hat die Vollversammlung der Deutschen Bischofskonferenz entschieden: Wir machen eine Gemeinsame Synode der Bistümer! Es waren wilde, bewegte Monate.

Dazu kam der Start als Professor in Mainz.

Den Ruf hatte ich in der Tasche, d. h. ich hatte den offiziellen Brief mit der Post erhalten, am 25. Juli, an dem Tag, an dem mein Vater pensioniert worden ist. Ich habe ihn also direkt abgelöst. (lacht)

Für die Berufung hatte Rahner plädiert. Aber auch Ratzinger.

Das habe ich später erfahren, aber ich habe damals nichts davon gewusst.

Weil Ihre Habilitation noch nicht fertig war, brauchte es Unterstützung durch externe Gutachten.

Ich hatte natürlich die beiden Promotionen und den Beitrag in *Mysterium Salutis* über Kerygma und Dogma sowie Dogmengeschichte, außerdem einige andere Artikel im *Handbuch der Pastoraltheologie* und in Zeitschriften. Einige grundlegende Lexikonartikel kamen hinzu. An Veröffentlichungen fehlte es jedenfalls nicht. Aber die fehlende Habilitation war ein formaler Mangel, der ausgeglichen werden musste. Die Fakultät kann in einem solchen Fall bei einem Berufungsverfahren aber auswärtige Gutachter heranziehen.

3. Von Freiburg nach Mainz –
Professor und Bischof

Mainz war eine prägende erste Station als Professor. Kaum aber war die Schonfrist der üblichen drei Jahre vorbei, kam der Ruf nach Freiburg. Mainz wollte Sie halten, Münster glaubte schon mit Ihnen einig zu sein, Tübingen hat später die Fühler ausgestreckt. Sie waren ein universitärer Jungstar. Warum zog es Sie nach Freiburg?

Ich hatte mich schon früh für Freiburg entschieden. Erstens, weil von dort der erste Ruf kam und ich auch zuerst mit Freiburg verhandeln konnte und musste. Zweitens: In Freiburg war ich – glaube ich – »unico loco«, also der Einzige auf der Liste, jedenfalls an erster Stelle. Und ich fühlte auch eine gewisse Verpflichtung für Freiburg. In Freiburg herrschte immer noch ein großer Krach nicht nur innerhalb der Fakultät, sondern auch zwischen Fakultät und Erzbischof über die Besetzung dieses Lehrstuhls, bei dem ich vermitteln sollte. Eines Tages – wohl im November 1970 – hat Bernhard Welte bei mir in Mainz angerufen und hat gefragt: »Könnten Sie sich vorstellen, dass Sie zu uns kommen? Ich kann Ihnen sagen, es gibt keine Schwierigkeiten, wenn Sie kommen!« Ich hatte in Münster, das ja schon auch seine Anziehungskraft hatte, eine so grau in graue Winterzeit erlebt, dass ich gesagt habe: »Ich brauche eine Landschaft, wo der Himmel aufgeht und es weiß und blau ist. Es muss nicht München sein, aber Freiburg ist doch etwas anderes.« Und so bin ich nach Freiburg gegangen, wo ich 15 Jahre vorher als Student nach dem

Abitur begonnen hatte. Es war ja meine Heimatdiözese, für die ich Priester geworden bin. In diesem Sinne fühlte ich mich auch verpflichtet.

So begannen neue Professorenjahre. Zu den drei Jahren in Mainz kamen weitere zwölf in Freiburg, die Sie als wunderbar bezeichnen.

Ja, es war eine wunderbare Zeit. Die Universität mit einer sehr profilierten Theologischen Fakultät und einer sehr sympathischen Art der interdisziplinären Zusammenarbeit. Die sehr vitale Studentenschaft. Das freundliche Wohnen auf dem Lande nahe Weinberg und Wald. Ich hatte eine schöne Hausgemeinschaft mit Frau Dr. Esther Betz, die ich beim Konzil kennengelernt hatte. Sie war Journalistin und Korrespondentin für die maßgeblich von ihrem Vater Dr. Anton Betz gegründete *Rheinische Post*. Zuvor war sie nach ihrer Promotion einige Zeit Sekretärin von Prof. Dr. Michael Schmaus in München gewesen und war seit diesen Jahren übrigens auch freundschaftlich verbunden mit Joseph Ratzinger.

Gab es keine schiefen Blicke auf diesen Haushalt des katholischen Theologen?

Bis heute nicht. Es gab auch keinen Anlass dazu.

Die Studenten kamen zu Ihnen in dieses südlich von Freiburg gelegene Bollschweil, am Fuß des Schwarzwalds, zwischen Obstgärten und Weinbergen, wo auch die von Ihnen geschätzte Dichterin Marie Luise Kaschnitz begraben liegt, zum Reden und zum Diskutieren. Auch einige Katzen

gehörten zum Haushalt. Es war eine gelassene, universi-
täre, ebenso intellektuelle wie gastfreundliche und ländli-
che Atmosphäre.

Es war jedenfalls eine Besonderheit. Ich hatte meine schöne
dörfliche Atmosphäre, die ich ja von früher her immer liebte.
Ich genoss die Viertelstunde Abstand zwischen Universität
und Zuhause. Da konnte ich einiges vergessen, ich konnte
mich aber auch auf einiges vorbereiten. Ich habe im Dorf
nicht selten um acht Uhr am Mittwoch den Gottesdienst für
die Erstklässler gehalten, mit Predigt. Und eine Stunde später
war ich im Hörsaal. Diese Herausforderung hat mir gut
getan. Das eine und das andere.

Auch die Menschen in Bollschweil schwärmen noch heute
von der herzlichen Atmosphäre mit dem Aushilfspfarrer.
Und dann kam nach zwölf Jahren Freiburg der Ruf, Bischof
in Mainz zu werden. Vorher gab es in Freiburg schon die
Überlegung, den Karl Lehmann zum Bischof des Erzbis-
tums zu benennen. Man hat ihn auf die Liste gesetzt. Aber
Rom hat ihn von der Liste gestrichen.

Über diese Dinge weiß ich natürlich nur vom Hörensagen.
Das heißt, es gab ein oder zwei Leute, die mir das viel später
einmal erzählt haben, dass nach dem plötzlichen Tod des
Freiburger Erzbischofs Hermann Schäufele, der ja in seinem
Urlaub in Vorarlberg Rosenkranz betend in einer Kapelle
still verstorben ist, im Domkapitel auch meine Person zur
Diskussion stand. Und da stand ich wohl auch auf der Frei-
burger Liste und bin von Rom einfach ohne Angaben von
Gründen gestrichen worden. Es gab daraufhin offenbar im
Domkapitel eine Auseinandersetzung, weil einige unter die-

sen Umständen nicht wählen wollten. Zum Glück hat sich das gut gelöst. Mit dem neuen Erzbischof Dr. Oskar Saier war ich seit dem München-Aufenthalt von uns beiden eng befreundet. Auch später ging die Kooperation weiter. Ich hab ihn kurz vor seinem Tod noch besucht.

Sie haben erklärt, Sie ständen dann nicht mehr zur Verfügung.

Wie auch immer, da waren ja gleichzeitig auch noch Rottenburg und München im Gespräch, und ich weiß nicht, was sonst alles. Eines Tages erklärte mir unser evangelischer Kanzler der Freiburger Universität, mit dem ich auch persönlich befreundet war, Dr. Siburg: »Das Geschwätz muss jetzt entweder aufhören, oder Sie müssen was werden!« (lacht)

Ein guter Rat.

Und dann bin ich später mal aus einem anderen Grund zum Apostolischen Nuntius nach Bonn gerufen worden. Es war der spätere Kardinal Guido del Mestri. Bevor ich wegging, habe ich gesagt: »Herr Apostolischer Nuntius, das spreche ich nicht gerne an, aber ich muss es: Ich bin liebend gerne an der Universität, das wissen Sie auch, aber ich komme immer wieder ins Gerede, und jetzt will ich Ihnen sagen, was mir mein vorgesetzter Kanzler gesagt hat!« Da ist er zum Flügel gegangen in eine Zimmerecke, hob dort eine schwere Brokat-Decke etwas weg und holte Akten hervor. Er hat sie mir beschwörend vor die Augen gehalten, mit den Worten: »Ich kann Ihnen nur sagen, in dem, was hier abgegangen ist, ist kein einziges Wort gegen Sie drin! Mehr kann ich Ihnen nicht sagen!« und hat den Ordner wieder zugeklappt. Das heißt im Gegenzug, dass es Einwände im Vatikan oder von außen gegeben haben muss.

Später war ich lange Zeit Mitglied der römischen Bischofskongregation, die für die Bischofsernennungen zuständig ist. Wie oft habe ich dort Ähnliches gesehen! Sicher geschieht dies nicht immer, aber es passiert leider auch heute noch, trotz Papst Franziskus. Unbefugte Leute haben immer wieder die Finger drin. Echte Reformen fangen an, wenn solche Dinge verschwinden.

In Mainz ging es dafür relativ schnell.

In fünf Monaten.

Das Domkapitel hat Sie wohl im Januar 1983 vorgeschlagen. Am 3. Juni 1983 wählte das Domkapitel Sie zum Bischof von Mainz, und am 23. Juni waren Sie dann in Mainz und wurden öffentlich vorgestellt. Wie schwer ist Ihnen das Ja gefallen?

Ach, in diesen Wochen muss man natürlich viel entscheiden. Nicht nur, dass man »Ja« sagt. Das war auch nicht so einfach. Ich habe mich doch mit einigen Dingen schwergetan. Mir hat zunächst die damalige Verschärfung der Laisierungspraxis Probleme bereitet.

Es ging konkret um die Weigerung unter Johannes Paul II., aus dem Amt ausscheidenden Priestern faktisch wieder den Status eines »Laien« zu geben, mit der Aufhebung der Zölibatsverpflichtung und der Möglichkeit zur Heirat – was man als Bischof dann zu exekutieren hat.

Dies ist später, Gott sei Dank, wieder gemildert worden. Was mich damals mehr belastete – manchmal bis heute – ist die 1983 neu eingeführte Bestimmung bei der erstmaligen Berufung eines Theologieprofessors auf Lebenszeit, wonach der Bischof die Lehrbefugnis (»nihil obstat«) nur nach einer vorausgehenden Zustimmung aus Rom erteilen darf. Dies musste nach meiner Erfahrung zu neuen Konflikten führen. Schwierig wurden dabei vor allem anonyme Gutachten. Unter Kardinal Ratzinger als Präfekt der Glaubenskongregation ist es dann besser geworden. Ich will aber auf diese sehr komplexen Fragen hier nicht näher eingehen.

Schließlich habe ich trotzdem klar »Ja« gesagt. Eigentlich deswegen, weil ich bei der Priesterweihe »Adsum« – »Ich bin bereit!« gesagt habe. Normalerweise sucht man sich als Priester nicht heraus, wohin die Berufung führt. Ich habe zwar später selber entscheiden können, dass ich als Professor nach Mainz gehe, und dann auch, dass ich Freiburg wähle. Sonst bin ich eigentlich immer nur gebeten worden. Oder ich habe quasi einen Befehl bekommen. Ich wollte zum Beispiel Kaplan sein, wie es geplant war, in der Umgebung von Karlsruhe, ich weiß nicht mehr, in welcher Pfarrei. Aber Karl Rahner hat zweimal darauf bestanden, dass er mich in der Konzilszeit als Assistenten brauche. Es wurde über meinen Kopf hinweg entschieden, dass ich zu Rahner gehen sollte. Deswegen war ich nie hauptamtlich in der Seelsorge, wenn ich auch immer seelsorglich tätig war. Ja, und ich habe dann gedacht: Wenn es jetzt nur nach meinem Willen geht und ich sage: »Ich tue das nicht, ich möchte lieber hier bleiben!«, komme ich in große Schwierigkeiten mit dem »Adsum«, das ich gesprochen habe. Weiß ich jetzt besser, was für mich gut ist, als andere meinen, was ich tun sollte? Und dann habe ich »Ja« gesagt. Aber ich hatte schon auch einiges Zögern verspürt.

Nochmals zurück zu Ihrer kritischen Bemerkung zum langen Weg der Bischofsernennung: Was muss sich ändern?

Ich bin der Meinung, dass sich da weniger grundlegend im Recht, aber in der konkreten Praxis einiges ändern muss. Manches ist schwierig durch die Konkordate, die vieles zementieren, aber auch manches in Balance halten. Immerhin sind die Konkordate, verglichen mit der Weltkirche, bei uns einzigartig (mit Ausnahme von Bayern). Es ist auch zu diskutieren, ob der Treueid des Bischofs gegenüber dem Staat in der heutigen Form sinnvoll ist. Ich habe ihn 1983 abgeändert (später dazu noch mehr). Er ist praktisch die Verpflichtung auf das Grundgesetz, aber auch auf die demokratische Regierungsform. Ein anderes Problem spitzt sich immer mehr zu. In den letzten Jahren gab es offensichtlich Listen, wo alle Kandidaten, die von den hiesigen Domkapiteln vorgeschlagen wurden, gestrichen wurden und eine ganz neue Liste aus Rom zurückkam. Wenn dem so ist – ich weiß es nicht ganz genau –, aber wenn dem wirklich so ist, dann ist das eine schwer erträgliche Missachtung der Kirche im Land. Vor diesem Hintergrund frage ich mich schon, wie es zu dieser oder jener Liste gekommen ist. Und ich glaube, die Stunde ist nicht fern, dass sich auch die Domkapitel fragen werden, wenn Derartiges ruchbar wird im Kontakt miteinander: »Wie kann so etwas passieren?« Im Namen des Rechts müssen die Seiteneinflüsse, die nicht legitim sind, zurückgedrängt werden, damit die zu Wort kommen, die die Vorschläge machen müssen und die nachher auch mit dem gewählten Kandidaten leben müssen. Und noch etwas: Wenn gegen einen Kandidaten wirklich etwas vorliegt, dann müsste der Nuntius oder Rom mit dem Domdekan bzw. Dompropst auch reden und sagen: »Wir haben bei einem

Kandidaten das und das festgestellt.« Da muss dann auch die Gelegenheit zu einer Antwort sein, anstatt dass Namen von Rom kommentarlos einfach gestrichen werden. Dies zu klären ist mir ein dringendes Bedürfnis. Es ist einfach schon zu viel passiert. Sonst wird immer mehr das ganze Verfahren infrage gestellt werden.

Mit der Bischofsernennung wird auch Politik gemacht!

Dass man mit den Bischofsernennungen Politik macht, ist bei größeren (Erz-)Bistümern vielleicht auch noch verständlich. Dass man also in Rom Interesse hat, wer in München ist und wer in Köln oder Berlin, das kann ich mir vorstellen. Aber wenn mit »normalen« Bischofssitzen, wo man zuallererst gute Seelsorger braucht, Kirchenpolitik gemacht wird, dann ist das für meine Begriffe nicht mehr erlaubt. Zumal man sich fragen kann: Wer legt diese Kirchenpolitik eigentlich fest? Dem Vernehmen nach haben die Päpste Pius XII. und Paul VI. nur in gravierenden Fällen die eingereichten Listen geändert. Freilich gibt es auch die Gegenfrage: Sind alle Domkapitel genügend verantwortungsbewusst, wenn sie Listen einreichen und ihren Bischof wählen?

Zurück nach Mainz und zu Ihrem Bischofsamt. Es gab eine Pressekonferenz gleichzeitig mit der offiziellen Verkündung aus Rom.

Ja, es war wahrscheinlich die erste Pressekonferenz eines berufenen Bischofs am Ort zur selben Zeit, wo es in Rom und hier veröffentlicht worden ist.

Der Tag hatte eine Besonderheit. In Freiburg hatte ich nie eine Vorlesung ausfallen lassen. Am 23. Juni stand dann aber am Hörsaal angeschrieben, dass die Vorlesung heute ausfallen muss. Nun ist über Mainz damals in Freiburg überhaupt nicht geredet worden. Aber die Studenten haben gesagt: Da muss etwas sein, der lässt doch nicht einfach seine Vorlesung ausfallen. So wurde herumgerätselt. Ich bin mit dem Zug gefahren und hatte mit dem Mainzer Weihbischof Wolfgang Rolly vereinbart, dass er mich in Mannheim mit dem Auto abholt und wir in aller Stille nach Mainz fahren. Das ist auch gelungen. Aber leider hatte ausgerechnet der *Mannheimer Morgen* die Meldung an diesem Morgen schon gedruckt, sodass alles schon bekannt war, als ich in Mainz eintraf.

Sie mussten neben Ihrem Bischofswort »State in fide« auch so etwas Besonderes wie ein Wappen kreieren.

In Mainz ist es eine sehr lange Tradition, dass das Mainzer Rad im Wappen vorkommt. Es gibt mehrere Erklärungen für die Herkunft und Bedeutung des Mainzer Rads, zumeist mit klarem kirchlichem Hintergrund. Eine tiefsinnige Legende erzählt, dass der Mainzer Erzbischof Willigis, einer der großen mittelalterlichen Erzbischöfe, aus ganz einfachen Verhältnissen kam. Der Vater sei von Beruf Wagner gewesen, und Willigis habe in einem Zimmer in seinem Palais, wo nur er hineinkonnte, ein Wagenrad aufstellen lassen – als Erinnerung: »Willigis, weißt du noch, woher du kommst?« Und dann gibt es im Wappen auch noch das Symbol für Worms, den Petrus-Schlüssel. Der hl. Petrus ist Dom-Patron von Worms. Worms war ja ein eigenes, schon sehr früh entstandenes Bistum, das Ende des 18. Jahrhunderts endgültig zerfiel und 1827 größtenteils zu Mainz kam.

Das waren die beiden gewissermaßen vorgegebenen Symbole. Was stammt von Ihnen?

Das ist das aufgeschlagene Buch. Es symbolisiert die Bibel. Es ist ein aufgeschlagenes Buch, kein geschlossenes: aufgeschlagen, weil es verkündet, gelesen und ausgelegt werden muss. Das Symbol des Buches hat natürlich auch einen Bezug zur Gutenberg-Stadt Mainz. Und es hat einen Bezug zu dem Büchernarren, der ich selber nun einmal bin. Aber das offene Buch der Bibel und des Lebens hat in der Deutung den Vorrang.

Vorher mussten Sie den staatlichen Eid auf die Verfassungen von Rheinland-Pfalz und Hessen ablegen. Bernhard Vogel kannten Sie, Holger Börner war Ihnen noch nicht bekannt. Beide verkörperten das Verhältnis zwischen Staat und Kirche unter jeweils eigenen Voraussetzungen.

Die Sache war damals recht schwierig, und zwar schlicht aus der Tatsache heraus, dass Hessen ja das Reichskonkordat nicht anerkennt. Aber Bernhard Vogel hat Holger Börner geschickt-kollegial dazu eingeladen. Siebzig Prozent des Bistums Mainz liegen ja in Hessen.

Zwei Länder Ihres Bistums mit unterschiedlichen Ausgangspositionen.

Bis heute. Und ein Eid ist im Konkordat festgelegt. Also hatte ich auch gar keine Gelegenheit, den Treueid in Hessen zu leisten.

Und Holger Börner, ein Mann mit sehr pragmatischem Politikverständnis, kam in die Mainzer Staatskanzlei und hat sozusagen aus Höflichkeit mit unterschrieben. Für mich schon am Anfang ein schönes Beispiel, wie man in diesem Teil Deutschlands trotz Differenzen miteinander umgehen kann.

Eine ungewöhnliche Lösung.

Aber ich hatte Schwierigkeiten nicht nur mit dem Treueid allgemein, sondern vor allen Dingen mit dem sehr staatsabhängigen Text, den man dafür verwendet hat. Und dann habe ich mich reingekniet und hatte eine großartige Hilfe bei meinem Freund Prof. Dr. Alexander Hollerbach, der mich als Staatskirchenrechtler beraten hat. Mit dem habe ich eine neue Formel zu Papier gebracht. Diese hat Bernhard Vogel dann auch angenommen.

Von daher hat mich dann das Verhältnis Staat – Kirche auch immer interessiert. Bis zum heutigen Problem der Staatsleistungen. Gerade auch als Vorsitzender der Deutschen Bischofskonferenz musste ich mich in vieles ja neu einarbeiten. Bischof sein kann man nicht von vornherein lernen, und nach der Ernennung kommt man sich in vielem als ewiger Schüler vor.

Sie haben zu Ihrer üblichen bischöflichen Arbeit auch Ihren wissenschaftlichen Eros mitgebracht. Sie wollten gleichzeitig Bischof und Theologe sein. Und das in einer Zeit, in der die Beziehungen zwischen Bischöfen und Theologieprofessoren, zwischen akademischem Lehramt und kirchenamtlichem Lehramt, nicht immer einfach waren. Am Dreikönigsfest 1989 haben mehr als 160 Professoren eine Erklärung veröffentlicht, die sogenannte »Kölner Erklärung«: Wider die Entmündigung – für eine offene Katholizität.

Zunächst: Es war mir, wie schon gesagt, klar, dass die Annahme des Rufs auf den Bischofsstuhl nach Mainz einen Berufswechsel bedeutet und ich nicht mehr Professor sein konnte, wohl aber Theologe bleiben wollte. Insofern konnte und wollte ich nicht so tun, als wäre ich zugleich auch aktiv noch an Lehre und Forschung beteiligt. Ich habe mich aber gefreut, dass ich sowohl in Mainz als auch in Freiburg Honorarprofessor geworden bin und so weiter mit den Theologischen Fakultäten, an denen ich selbst schon tätig war, verbunden bleibe, auch mit den Universitäten. Ich habe in der Folgezeit in der Bischofskonferenz auch viele Aufgaben übernommen, die mit Theologie zu tun haben. Die sogenannten »Mainzer Gespräche« wurden nach den Kölner Schwierigkeiten, nach der Berufung von Kardinal Meisner nach Köln (1988), von mir auf Bitten von Theologen ins Leben gerufen. Diesen Dialog zwischen Bischöfen und Theologieprofessoren gibt es seit 1989 bis heute. Ich bin auch Vorsitzender der Glaubenskommission und betreibe weiter ziemlich intensiv Ökumenische Theologie. Ich bleibe schon mit der Theologie verbunden. Wir Bischöfe müssen etwas mehr theologisch denken, und zwar nicht einfach nur im Stil unserer früheren Ausbildung. Es geht darum, auch als Bischof theologisch die heutige Diskussion weiterzuverfolgen. Ich habe mehrfach gesagt, auch jetzt wieder beim Besuch in Rom im November 2015, vor den Entscheidungen über die Wahl oder Ernennung eines neuen Bischofs müsse man, wie es eigentlich im Kirchenrecht vorgesehen ist, viel stärker auf die theologische Kompetenz schauen. Ich war wohl fünfzehn Jahre Mitglied in der römischen Kongregation für die Bischofsernennungen und habe immer angemahnt, dass man nicht bloß darauf achtet, dass der neue Bischof im formalen Sinne orthodox ist, sondern auch darauf, dass er eine Offenheit mitbringt, neue Herausforderungen theologisch anzugehen. Das ist überall ein Manko, obwohl es selbstverständlich in der Deutschen Bischofskonferenz sehr viele theologisch qualifiziert ausgebildete Bischöfe gibt. Diese Kompetenz wird m.E. zu wenig in Ausschlag gebracht. Gemeint ist ja nicht nur die akademische Theologie. Es bringen, Gott sei Dank, viele Bischöfe theologische Einsichten mit, die sie in der Praxis gewonnen und bewährt haben.

Wie vereinbar in der Praxis ist bischöfliche Funktion und theologische Ambition?

Eine Gratwanderung ist das eigentlich immer. Man muss als Theologe auch einmal dafür eintreten, dass in der Theologie Unerprobtes zugelassen und experimentell ausprobiert wird. Man muss allerdings auch klar sagen, dass das noch keine approbierte Sache ist, wenn man etwas zur Diskussion stellt. Das tun manche natürlich nicht. Auch von der Theologie her ist da also einiges zu korrigieren. Für mich ist, wie schon gesagt, die Erfahrung beim Konzil ganz wichtig gewesen: zu sehen, wie bereitwillig sehr namhafte Theologen – ob Henri de Lubac, Yves Congar, Karl Rahner oder Joseph Ratzinger – ihre Vorstellungen und Ideen als Lösungsvorschlag angeboten haben, aber wie gleichzeitig deutlich wurde, dass dies im Wissen geschah, dass ihre Vorschläge unter Umständen modifiziert werden mussten, wenn Einwände da waren. Es war klar, dass manche Dinge noch nicht reif waren und dass es zwischen Theologie und kirchlichem Lehramt eine Differenz gibt, manchmal auch eine Spannung aufbrechen kann.

Konflikte sind also nicht ungewöhnlich. Sie lassen sich aber, auch das eine Erfahrung aus der Konzilszeit, in vieler Hinsicht lösen. Ich bin, als ich noch Theologieprofessor war, in verschiedenen Konfliktfällen zum Vermitteln bestellt worden. Einmal hat mich einer der namhaften Präfekten in Rom angerufen und gesagt: »Bei uns ist im Haus keine Einigung mehr möglich, wir können uns nur durch ein Gutachten von außen helfen lassen.« Ich weiß, wie schwierig das sein kann.

Der theologisch beschlagene Bischof Lehmann wird Vermittler aus Erfahrung.

Durch das Konzil und auch durch die Synode habe ich jedenfalls viel Konfliktlösungspotenzial kennengelernt – mittels Dialog und Disput. Wenn es drauf ankam, gab es auch sehr harte Auseinandersetzungen – allerdings verbunden mit etwas, was ich heute manchmal vermisse: Man hat damals in der Regel um schriftlich niedergelegte Vorschläge von Theologie gekämpft. So war man gezwungen, begründet zu sagen: Diese oder jene Sache kann aber noch besser gemacht oder modifiziert werden. Der Zwang, sich auch schriftlich zu äußern, war immer eine Hilfe zur Präzisierung und zur Verbindlichkeit. Und das fehlt mir bisweilen heute, zum Beispiel auch beim von der Deutschen Bischofskonfernz initiierten »Dialogprozess«.

Jenseits der Theologie gibt es für den Bischof die klassische Form des Dialogs mit seinen Diözesanen in Form der Hirtenbriefe. Das sind, pardon, in der Regel auch pastorale Langweiler. (Lehmann lacht) Sie sind mit Ihrem ersten Hirtenbrief gleich zur Sache gegangen. Das erste Hirtenwort hatte das Thema Ehe ohne Trauschein, vulgo Sex vor der Ehe.

Deshalb, weil ich gleich nach meiner Amtseinführung viele Briefe von sehr besorgten Eltern bekommen habe. Sie hätten nicht verhindern können, dass ihre Kinder auf diese Art und Weise wie in einer Ehe zusammenziehen. Es war mir klar, dass ich hier Stellung beziehen musste. Das war damals durchaus riskant. Wie sehr mein erster Hirtenbrief ein Grenzgang war, habe ich erst durch die extrem lebhafte Diskussion danach über das Bistum hinaus erfahren. Jedenfalls habe ich diesen Text vor Kurzem wieder in die Hand bekommen, wahrscheinlich seit 1984 zum ersten Mal, und gemerkt, wieviel Leidenschaft damals in dieser Frage im Spiel war.

Ihr Vorgänger, Hermann Volk, war, um den bischöflichen Bogen vollständig zu schlagen, frühzeitig mit dem Kardinalshut aus Rom zurückgekehrt. Ihre Ernennung hat lange auf sich warten lassen – so lange, dass jedes Mal, wenn bei einer Kardinalsernennung Ihr Name fehlte, öffentlich eine große Diskussion begann, ob der Papst den Mainzer Bischof wegen seiner Haltung in den Konfliktthemen der Deutschen Bischofskonferenz abstrafen wollte. Spekulationen über Gegenstimmen in der Kurie sind nicht ganz abgeflaut.

(lacht) Also, da muss man zunächst mal sehr nüchtern feststellen: Mainz ist kein Kardinalssitz, und dass Hermann Volk Kardinal geworden ist, hat den Hintergrund, dass Papst Paul VI. zwei deutsche Bischöfe zu Kardinälen ernennen wollte, die im Konzil eine große Bedeutung hatten vor allem für die ökumenischen Aussagen. Das waren Erzbischof Lorenz Jaeger in Paderborn und Bischof Hermann Volk in Mainz. Diesen Hintergrund muss man kennen. In der ganzen langen Geschichte des Bistums gibt es nur drei Mainzer Kardinäle (darunter Albrecht von Brandenburg!). Und deswegen habe ich selbst eigentlich nie damit gerechnet und habe auch immer gesagt, dass dies nicht üblich sei. Es ist auch schon ganz und gar nicht üblich, zu erwarten, auch weltweit gesehen nicht, dass jemand, weil er lange Zeit eine Bischofskonferenz geführt hat, zum Kardinal ernannt wird.

Ich war vor ein paar Jahren in Krakau und habe dort an der Staatlichen Universität einen Vortrag gehalten. In diesem Kontext hat mich der ehemalige Sekretär von Johannes Paul II. und heutige Erzbischof von Krakau, Kardinal Stanisław Dziwisz, treffen wollen. Er hat mich am Flughafen abgeholt und sagte dann zu mir: »Endlich sind wir mal allein. Wir haben uns oft gesehen, waren aber fast nie allein. Ich wollte Ihnen etwas sagen: Sie sollten wissen, wie sehr Sie Johannes Paul II. geschätzt hat. Und er war es allein, der gegen Widerstände Ihre Kardinalsernennung durchgesetzt hat. Das wollte ich Ihnen einmal sagen!« (lacht)

Als dann die Kardinalserhebung war, konnte man im Fernsehen auch die besondere Herzlichkeit des Papstes Ihnen gegenüber sehen. Der Papst sagte zu Ihnen: »Mainz. Gut, gut, gut!« Hieß das, es war alles gut?

Ja, also, ich habe bei all den Meinungsverschiedenheiten diesen Papst sehr geschätzt, weil er fähig war, einen anzuhören. Ich habe beim Schwangerschaftskonfliktthema soundso oft mit ihm geredet. Er hätte leicht zu mir sagen können: »Ich habe doch schon oft gesagt, was ich denke. Basta!« Das hat er nie gemacht. Bis drei Tage vor seiner Entscheidung hat er mich in der besagten Thematik angehört und hat eigentlich immer echt zugehört. Und dies habe ich sehr geschätzt. Ähnlich war es in der Geschiedenenpastoral und im Blick auf die »Königsteiner Erklärung«.

Dann war das »Mainz, gut!« ja auch insoweit eine Bestäti-
gung, dass Sie hier nicht auseinander sind.

Wahrscheinlich. Jedenfalls bin ich, bei all den Meinungsverschiedenheiten, insgesamt doch sehr angetan gewesen von
diesem Umgangsstil. Ich hätte mir so etwas als Student nie
vorstellen können.

Ihren ersten Gottesdienst als Kardinal feierten Sie in San
Saba in Rom. Das ist Ihre Primizkirche, wo Sie Ihre erste
Messe als Neupriester gefeiert haben. Da schließt sich ein
Kreis. Aus dem 27-jährigen Neupriester wird knapp fünfzig
Jahre später der Kardinal Lehmann.

San Saba – zu unterscheiden von Santa Sabina – hat noch einen weiteren Bezug. Diese Kirche, die ursprünglich dem Germanicum gehörte, war auch die Titelkirche des Ökumene-
Vorbereiters Kardinal Augustin Bea – übrigens ein badischer
Landsmann. San Saba ist eine kleine Kirche ohne Pomp, eine
wunderbare Kirche im Stil der ersten Basiliken mit den
Mosaiken und mit der Kosmatenarbeit am Boden. Ich freue
mich schon lange, dass ich mal wieder hingehen kann.

Als Sie aus Rom nach Hause zurückkehrten, gab es am
Rhein ein Volksfest. Mainz hat Sie gefeiert wie einen Pop-
star. (Lehmann lacht) Nicht viel später erschien, imposant
kenntnisreich und mit großer Sympathie geschrieben, das
Porträt Der Kardinal *aus der Feder des FAZ-Redakteurs*
Daniel Deckers.* Das Buch wird zum Bestseller. Gibt es in

---

* Daniel Deckers, *Der Kardinal. Karl Lehmann. Eine Biografie*, München 2002.

einer solchen Situation auch mal Anlass, stolz zu sein? Oder ist das gegen eine ignatianische Askese?

Es mag wohl eine stille Genugtuung geben, die man selber gar nicht sehr reflektiert. Aber wenn man froh ist, dass da und dort etwas gelungen ist, ist das zunächst eine Form der Dankbarkeit. Man hat ja nicht selten auch zu verdauen, dass etwas nicht so gut gegangen ist, wo man also keinen Grund hat, auf sich oder auf andere stolz zu sein. Ich habe mich vor allem über die überaus freundliche Zustimmung aus dem Volk gefreut.

Aber hier standen Sie im Scheinwerferlicht einer außerordentlich freundlichen Öffentlichkeit, wie das ganz selten in einem Leben passiert.

Man muss aufpassen, dass so etwas nicht falsch in einem selber weiterlebt; dass man weiß, dass man gefordert bleibt und dass man auch selber immer wieder Fehler machen kann; dass vieles geschieht, worauf man keinen Einfluss hat, was man aber gleichwohl mitverantworten muss. Aber vor allen Dingen muss man sich klar darüber sein, dass man auf dem Weg ist, achtsam und wachsam bleiben sollte. Vor und nach dem Wort »Steht fest im Glauben« heißt es bei Paulus ja: »Seid wachsam ... seid mutig und stark.« Nur wenn man sich diesen Zusammenhang immer wieder bewusst macht, ist dieses Wort richtig verstanden und für einen selber stimmig. Trotz allem bin ich dankbar und froh, wenn ich im Zusammenhang meines 80. Geburtstags den Staffelstab weitergeben kann. Und ich hoffe, dass ich dann noch Zeit geschenkt bekommen werde, wieder stärker für die Theologie zu arbeiten.

Unter der großen Zahl derer, die bewusst an Ihrem Lehr-
stuhl die wissenschaftliche Ausbildung gesucht haben und
ihre ersten theologischen Arbeiten unter Ihrer Betreuung
entwickeln wollten, haben sich ganz unterschiedliche Tem-
peramente und grundverschiedene Charaktere eingefunden
und sehr differente Werdegänge und Karrieren entwickelt.
Die Kardinäle Paul-Josef Cordes und Gerhard Ludwig Mül-
ler sowie Erzbischof Georg Gänswein gehören ebenso dazu
wie die Professoren Bernd Jochen Hilberath und Albert Raf-
felt oder der Publizist Ulrich Ruh. Welche Beziehung hat
heute der Lehrer zu seinen Schülern?

Ja, es kommen zu den genannten noch etliche Bischöfe
hinzu, zum Beispiel der orthodoxe Patriarch Daniel in
Rumänien, der katholische Bischof von Helsinki (Finnland)
Teemu Sippo, aber auch nicht wenige Weihbischöfe in
Deutschland. Schließlich Frauen und Männer, die an den
Universitäten und Hochschulen wirken bzw. eine Professur
innehaben, wie Frau Dr. Dorothea Sattler oder die beiden
Jesuiten Dr. Werner Löser und Dr. Hans-Ludwig Ollig usw.
Nicht zu vergessen sind auch überaus tüchtige Frauen im
kirchlichen Dienst wie Dr. Elisabeth Schieffer, Dr. Gertrud
Pollak, Dr. Barbara Nichtweiß u. a. Es gibt auch Schüler in
Indien, Polen, Afrika usw.

Eine generelle Antwort auf die Frage nach der Beziehung
zu meinen Schülern ist nicht leicht, aber durchaus beschreib-
bar: Ich habe allen Schülerinnen und Schülern, die Arbeiten bei mir machten, möglichst viel Freiheit gelassen. Ich
habe aber auch sehr viel Zeit auf Sprechstunden innerhalb
oder außerhalb der Universität verwendet, um ihnen für
die Studien gute Starthilfen, mögliche Umrisse einer Arbeit

und erste wichtige Literaturangaben zu geben. Ich habe auch von Diplom- und Staatsexamens-Zulassungs-Arbeiten jedes Kapitel selbst durchgelesen und Verbesserungsvorschläge gemacht. Ich habe mich über jede wachsende Selbstständigkeit gefreut und meine Studenten, gleich welchen Grades, nicht zu beeinflussen versucht. Ich habe über die Qualität des jeweiligen Standes der Arbeiten keinen Zweifel gelassen.

Aber ich habe auch nach Abschluss der Arbeiten und der dazugehörenden Feier bei Studien zur Promotion und zur Habilitation deutlich gemacht, dass jetzt meine Führung und Leitung zu Ende ist. Ich habe auch allen geholfen, selbstständig und gut an das Ziel zu kommen. Zugleich habe ich aber auch klar gesagt, dass ich von mir aus nun in die weitere Entwicklung der Einzelnen nicht mehr eingreifen werde. Sie hätten nun das notwendige Ziel erreicht, womit auch eine neue eigene Selbstständigkeit beginne. Alle dürften mich zu jeder Zeit fragen und konsultieren, ich aber hielte mich in jedem Fall zurück.

Dies war für alle wohltuend, aber in diesem Rahmen hat sich auch jeder – wie immer – weiterentwickelt. Am engsten ist die nachfolgende Zusammenarbeit gewesen mit den heutigen Professoren Dr. Albert Raffelt (stellv. Direktor der Universitätsbibliothek in Freiburg) und Dr. Ulrich Ruh (Chefredakteur der Herder-Korrespondenz), die nicht ins akademische Lehramt gingen. Es ist für mich eine große Freude, dass sie beide den Professorentitel bekamen. Über das Verhältnis zu den vielen Einzelnen werde ich mich natürlich nicht en détail äußern. Immerhin sind es gegen fünfzig vor allem Doktoranden und Habilitanden, die ich unter der Verantwortung von Karl Rahner in München und Münster betreut, besonders aber selbst in Mainz und Freiburg zum

Ziel geführt habe. Ich freue mich, wenn ich ihnen da und dort wieder begegne. Zu den Arbeiten, die sie unter meiner Verantwortung und in dieser Zeit gemacht haben, stehe ich nach wie vor.

4. Das Konzil:
eine kopernikanische Wende?

Als junger Theologe wurden Sie vor allem in die theologischen Fragen des Konzils und seiner Folgen hineingeworfen.

Mir war von Anfang an klar, dass ein Konzil dieser Art, mit seiner Präsenz in Kirche und Welt und mit seiner »pastoralen« Dringlichkeit, in einem längeren Prozess erst noch umgesetzt und in die verschiedenen regionalen Kontexte übertragen werden musste. Das Konzil hatte nicht – wie sonst wohl fast alle Konzilien – Lehrentscheidungen getroffen oder disziplinarische Fragen geregelt, sondern einen ganz neuen grundsätzlichen Ansatz unternommen, der nach einer intensiven Umsetzung verlangte.

Dieses Zweite Vatikanische Konzil, das vor fünfzig Jahren zu Ende ging, gilt als ein historisches Ereignis. Es war sicher eine der bedeutendsten Kirchenversammlungen in der Geschichte und wurde vielfach als eine kopernikanische Wende betrachtet. Was bedeutet das Konzil für Sie?

In der Neuzeit war die Kirche sehr lange um ihres Glaubensgutes willen in eine Verteidigungsstellung gegangen und zu einer vorwiegend abwehrenden und abgrenzenden Instanz geworden. Diese Wagenburgmentalität hatte ambivalente Folgen. Auf der einen Seite wurde so, was man heute leicht übersieht, Profil bewahrt. Dies ist nicht wenig. Aber gerade die Modernismus-Krise am Anfang des letzten Jahrhunderts mit ihren Verurteilungen historisch-kritisch arbeitender Theologen und nichtscholastischer Philosophen und mit einem daraus entstandenen denunziatorischen Klima hat gezeigt, dass die Kirche durch diese Abschottung zu einem Dialog mit den modernen geistigen und gesellschaftlichen Strömungen weitgehend unfähig geworden war.

Johannes XXIII., der ja von Hause aus Kirchenhistoriker war, hat dann deutlich ausgesprochen, dass die Kirche in eine neue Epoche eintreten müsse. Er wollte auch kein Konzil des traditionellen Typs, bei dem über Schwierigkeiten in Lehre und Disziplin entschieden worden wäre. Er ist sehr bewusst von der Mentalität des Abgrenzens abgerückt und hat sich dadurch auch vom nachtridentinischen Katholizismus abgehoben. Er ist sogar noch weiter gegangen und hat gelegentlich betont, man müsse die konstantinische Epoche hinter sich lassen. Mit seiner Vorstellung vom Konzil wollte er deutlich machen, dass es um den dringend notwendigen »Übergang« in eine neue Zeit ging. Weil es die Fenster geöffnet hat, konnte das Konzil in vielen Bereichen Ergebnisse erzielen, die heute geradezu Selbstverständlichkeiten geworden sind.

»Aggiornamento« war das Programmwort für Johannes XXIII. Was bedeutet für Sie dieses Wort?

Wörtlich heißt es »Aktualisierung«, »Umsetzung in das Heute«. »Aggiornamento« meint im Alltagsdeutsch: »Macht die Fenster auf«. Man kann auch sagen: Wir brauchen eine entschiedene Modernisierung! Johannes XXIII. hat die Idee eines Konzils und seine Umsetzung übrigens als einen »Prozess« verstanden. Seine Konzilsidee war ja nicht vorgegeben; vielmehr musste er sie selber schrittweise ausbilden. Ich schätze auch das treffliche Wort vom »Übergang in eine neue Epoche« (»transizione epocale«) des großen Kirchenhistorikers Giuseppe Alberigo, der Johannes XXIII. nahestand.

Gab es dann doch nach dem Beginn so etwas wie einen »Masterplan«?

Es war, wie gesagt, ein Prozess. Das zeigte sich etwa am Beispiel Ökumene: Während des Konzils wurde die ökumenische Akzentsetzung stärker, wie auch der Gedanke, dass man den Blick auf die ganze Menschheit und nicht nur auf die eigene Kirche lenken müsse. Johannes XXIII. war dabei übrigens so etwas wie ein Einzelkämpfer. Er konnte dabei nicht auf die Kurie bauen und im Grunde genommen auch nicht auf den Weltepiskopat. Yves Congar hat einmal geäußert, der Papst habe seine Konzeption des Konzils, für die das Stichwort »Aggiornamento« steht, in einer »großen Einsamkeit gegenüber der kirchlichen Institution« entwickelt. Er war ziemlich allein, auch wenn man dies nicht vermuten würde.

Es gab ja auch eine starke Opposition. Wie stark sie war, zeigen die Vorgänge um Karl Rahner. Dieser gestandene Theologe wurde als künftiger Konzilsberater unter Zensur gestellt.

Es bedurfte einer großen Unterschriftenaktion unter Kardinälen, Wissenschaftlern und sogar namhaften Politikern bis hin zu Bundeskanzler Konrad Adenauer, um den Präfekten des Heiligen Offiziums, Kardinal Ottaviani, dazu zu bewegen, auf die Durchführung einer solchen Maßnahme zu verzichten. Die genauen Zusammenhänge um den Anlass der Maßnahme usw. sind übrigens noch gar nicht ausreichend geklärt. Anlass war offenbar Rahners Rede »Löscht den Geist nicht aus!« im Frühsommer in Salzburg.*

War das ein Symptom für eine kuriale Obstruktion?

Es war wohl eher ein typisches Symptom für die damalige Stimmung. Dafür war auch der Umgang mit zwei herausragenden Exegeten des römischen Bibelinstituts bezeichnend, dem Franzosen Stanislas Lyonnet SJ, damals einer der besten Paulusexegeten, und dem Deutschen Max Zerwick SJ. Ich habe als Student im Germanicum bei beiden verbotenerweise Vorlesungen gehört; wir sind ins Bibelinstitut gegangen, obwohl uns das während der Zeit von Pflichtvorlesungen (wir waren ja im roten Germaniker-Talar rasch identifizierbar!) eigentlich untersagt war. P. Zerwick war übrigens Jahre später Zweitgutachter meiner theologischen Doktorarbeit.

Verbote und Zensuren: Ihr Studium war ein bisschen auch ein Slalom zwischen solchen Verbotsschildern?

Es nimmt sich so aus. In den Jahren 1962–1964 wurden den genannten Exegeten Steine in den Weg gelegt, sie bekamen ein hartes Lehrverbot. Bei Karl Rahner lag die Sache noch etwas anders. Damals erschien eine Neuauflage des *Lexikon für Theologie und Kirche* (die 2. Auflage, 1957–1965), und Karl Rahner war der Hauptherausgeber. Gleichzeitig war er Lückenbüßer für den Fall, dass Artikel nicht abgeliefert wurden. Es konnte nur in jedem Herbst ein weiterer Band des

---

* Jetzt in: Karl Rahner, *Das Zweite Vatikanum,* Sämtliche Werke 21/1. Freiburg i. Br. 2013, S. 23–33 und als Neuausgabe Freiburg i. Br. 2012 mit einer Hinführung von Karl Kardinal Lehmann.

Lexikons herauskommen, wenn Rahner in letzter Minute die noch fehlenden Artikel schrieb. Die List der Geschichte wollte es, dass der Freiburger Erzbischof Hermann Schäufele, eher ein sehr Konservativer und weniger ein Freund von Karl Rahner, als Protektor des Lexikons bei Johannes XXIII. dafür eintreten musste, dass Rahner ohne Verzögerung wieder publizieren konnte.

Eigentlich kein produktives Großklima.

Es war das Aufbäumen der extrem konservativen Seite in letzter Minute.

Wenn es um das Konzil geht, werden Sie persönlich. Sie haben einmal formuliert: Ohne das Konzil wären Sie das nicht geworden, was Sie sind.

Ich habe mich zum Priestertum schon vor dem Konzil entschlossen, zu der Zeit von Pius XII., als noch niemand an ein Konzil dachte. Mich hat seinerzeit der Glaube selber überzeugt, genauso wie die großen geistigen und spirituellen Kräfte der Kirche. Aber wir hatten doch alle eine tiefe Erwartung, dass sich manches ändern wird und auch ändern muss, zum Beispiel in der Liturgie. Deswegen waren wir ja auch am 28. Oktober 1958 bitter enttäuscht, als die Kardinäle nach dem greisen Pius XII. einen 78-Jährigen zum Papst wählten, dem wir eigentlich nicht zutrauten, diese drängenden und notwendigen Erneuerungen in Angriff zu nehmen.

Umso größer muss dann die Überraschung gewesen sein,
dass da ein Papst kam, der die Fenster sperrangelweit auf-
machte.

Besonders überraschend war, dass alles schon nach wenigen
Wochen geschah. Am 25. Januar 1959, drei Monate nach seiner Wahl, hat Johannes XXIII. das Konzil angekündigt.

Gleichzeitig stellte er schon früher ein neues Kirchenrecht
in Aussicht. Und er hat für sein eigenes Bistum die Römische
Diözesansynode einberufen, die als »Modell« dienen sollte,
dann allerdings mehr oder minder missglückt ist. Aber schon
bei der sogenannten Papstkrönung am 4. November 1958 hat
er einen eigenen Stil durchgesetzt. Ich war im Petersdom
dabei. Unvergesslich war und ist mir eine alte Frau, die aus
den Abruzzen kam. Als alle beim Einzug geradezu frenetisch
jubelten, faltete sie die Hände zum Gebet und sagte: »Tu
poverello!« – »Du Armer!« Hat sie nicht alles besser verstanden? Mir geht diese Reaktion der einfachen Frau bis heute
immer wieder nach.

Wann begannen Sie als Seminarist damals über diesen
alten Mann zu staunen?

Das Umdenken hat nach sechs Wochen begonnen. Dass am
15. Dezember 1958 Franz König und Julius Döpfner zu Kardinälen ernannt wurden, obwohl es nach dem üblichen Fahr-
plan nicht zu erwarten gewesen war, war ein Ausrufezeichen.
Für uns Junge waren die beiden ja große Hoffnungsträger.

Sie schreiben, dass Ereignisse vor dem Konzil für Sie wichtig
waren.

Für mich war die Zeit zwischen der Ankündigung des Konzils (1959) und seinem Beginn (1962) fast so spannend wie das Konzil selber, wenn nicht sogar noch aufregender. Man hat staunend gesehen, dass der Papst ernst macht. Ohne sich aufhalten zu lassen, hat er Gremien eingesetzt, Personen berufen und Strukturen geschaffen. Er hat eine neue Geschäftsordnung mit Statuten und Abläufen installiert.

Das ging wider Erwarten mit großer Eile vor sich.

Man hatte gedacht, die Dinge würden sich wie üblich hinziehen. Aber als es dann wirklich losgehen konnte und die Leute von überallher auch bereit waren, begann eine goldene Zeit für junge Theologen und Priester. Ich erlebte, wie die entscheidenden Personen sowohl im Weltepiskopat als auch in der Theologie in der Vorbereitungszeit mit großem Ernst nach Rom kamen. Wir haben damals sehr viele Vorträge gehört und unendlich viel diskutiert. Allenthalben war eine beeindruckende Dynamik und Reformwilligkeit zu spüren.

Was sind für Sie die wichtigsten Namen im Episkopat aus jenen Jahren?

Ich nenne den Kölner Kardinal Joseph Frings und Kardinal Giacomo Lercaro aus Bologna, Kardinal Franz König aus Wien und Kardinal Léon-Joseph Suenens aus Brüssel sowie Augustin Kardinal Bea. Natürlich gehört in diese Reihe auch Kardinal Döpfner. Zum Teil wurden die Genannten dann auch Moderatoren des Konzils; der Papst hat ihnen diese wichtige Rolle übertragen.

Das war jetzt sozusagen der bischöfliche Hochadel. Dazu
kam aber auch die damalige theologische Elite.

Dazu gehörten einige Theologen, die eigentlich bis zum
Konzil noch Lehrverbot oder andere Zensurauflagen hatten.
Ich denke an führende französische Theologen wie Henri de
Lubac, Yves Congar oder Marie-Dominique Chenu. Dazu
kam auch Karl Rahner. Das Aufregende war, wie sie sich alle,
obwohl sie sich doch auch eigene Projekte vorgenommen
hatten, so total der gemeinsamen Arbeit des Konzils ver-
schrieben. Das ist für mich im Blick auf die kirchliche Bewer-
tung von Theologie sehr wichtig geworden.

Ich habe im November 1962, also wenige Wochen nach
Konzilsbeginn, meine philosophische Doktorarbeit über
Heidegger verteidigt. Normalerweise musste man in Rom
damals bei derartigen Arbeiten ein allgemeines Schlusskapi-
tel schreiben, in dem man zeigen sollte, dass man selber als
Katholik sehr viel klüger als der behandelte Autor war – und
dass man selber die Kritik beherrscht, die daraus abzuleiten
ist. Ich habe dieses urteilende Kapitel nicht geschrieben und
eigentlich damit gerechnet, dass ich nachher dazu verdon-
nert würde, ein solches noch für den Druck anzuhängen.
Aber das ist nicht passiert. Sicher verdanke ich dies meinen
Gutachtern, P. Peter Henrici SJ und P. Johannes B. Lotz SJ. Ich
konnte mir keine veritable Kritik zutrauen; »immanente«
Kritik habe ich durchaus betrieben. Auch daran hat man
gespürt, dass eine neue Freiheit eingezogen war, die es vorher
so nicht gab. Diese Erkenntnis war für mich sehr wichtig. Sie
bestärkte mich auf meinem Weg.

Aufbruch, Freiheit, neue Ideen: das waren die Stichworte,
bei denen seinerzeit auch Joseph Ratzinger ganz vorne mit
zu erwähnen ist. Sie haben ihn dabei kennengelernt.

Das war für mich eine sehr kostbare, gute Erfahrung. Joseph
Ratzinger ist neun Jahre älter als ich, er hatte schon früh
einen kometenhaften Aufstieg. Er hat mich aber, als ich bei
Karl Rahner »Hilfskraft« und später Assistent war, in einer
bereits so kollegialen, um nicht zu sagen brüderlichen Weise
angenommen, dass ich von daher immer ein sehr positives
Verhältnis zu ihm hatte, ganz abgesehen von seinen theologischen Impulsen, die ich bis heute schätze.

Hans Urs von Balthasar hatte schon früh die Schleifung
der Bastionen *veröffentlicht. Ein starker Titel, eine gut*
argumentierende Provokation!

Es war vielleicht einer der größten Fehler, dass man Hans Urs
von Balthasar nicht einmal als Konsultor ins Konzil holte.
Das hätte natürlich einer der Schweizer Bischöfe machen
müssen – aber sein eigener Bischof aus Chur hat ihn nicht
mitgenommen. Von Balthasar hätte früh auch auf manche
Mängel beim Konzil aufmerksam machen können. Dann
hätte er dies nicht erst Jahre später gleichsam von außerhalb
sagen müssen. Die Brunnen der Kommunikation waren später dafür zu vergiftet.

In seiner Schrift hat er damals nichts weniger gefordert, als
dass Vernunft und Glaube, Freiheit und Autorität, Wissen-
schaft und Theologie miteinander vereinbar sein müssten.
Ihm ging es sozusagen um eine denkende Kirche. Ist das
beim Konzil gelungen?

Streckenweise sicher. Aber ein Konzil muss nicht alle Ziele selbst erreichen. Wenn die Gleise eingerichtet sind, die Richtung vorgezeichnet ist, beginnt die Aufgabe der Theologie. Das Lehramt muss nicht einfach alles selber machen. Das wäre auch falsch! Ich bin froh, dass ich Hans Urs von Balthasar persönlich sehr gut kennengelernt habe. Er war ja in Gefahr, in Basel etwas isoliert zu sein. Wir haben in verschiedenen Arbeitsgruppen der Internationalen Theologenkommission eng zusammengearbeitet. Manche Bücher sind gemeinsam erarbeitet worden.

1988 wollte von Balthasar kurz nach seiner bevorstehenden Kardinalserhebung eigentlich wieder zu Besuch nach Mainz kommen, wo er jedes Jahr im Dom einen Vortrag gehalten hatte. Er ist aber dann an dem Sonntagmorgen (26. Juni) vor jenem Dienstag, an dem er in Rom den Kardinalshut in Empfang nehmen sollte, gestorben. Ich war damals gerade beim Papstbesuch in Salzburg, als mich Kardinal König darüber informierte. Wir gingen alle, auch der Papst, verstört in den Gottesdienst im Salzburger Dom.

Ein großer Verlust für die intelligenten Auseinandersetzungen in der Kirche.

Ganz gewiss. Aber er wirkte ja durch seine Bücher. Im Übrigen lag ihm eine Mitarbeit in einem Team nicht so sehr.

Von Balthasar hatte sich übrigens bereits einmal gegen die Ernennung zum Kardinal gewehrt und das Kardinalsbirett abgelehnt. Doch als der Papst noch einmal damit auf ihn zukam (28. Mai 1988), hat Joseph Ratzinger, der mit ihm sehr befreundet war, ihm wohl gesagt, ein zweites Mal könne er nicht ablehnen. Von Balthasar hat daraufhin von Joseph Ratzinger verlangt, seinen roten Kardinalstalar in Rom bei ihm hängen lassen zu dürfen, damit er ihn nicht mit in die Schweiz nehmen müsste.

Karl Rahner sagte am Ende des Konzils, das sei der Anfang des Anfangs gewesen. Die entsprechende Veröffentlichung trug den Titel Das Konzil – ein neuer Beginn. *Was hatte denn neu zu beginnen?*

Für Rahner war sehr klar: Von dem Augenblick an, in dem das Konzil Geschichte war, blieb zunächst einmal nur »Papier« übrig. Deshalb musste ihm zufolge ein neuer Anlauf in der Verwirklichung kommen, wobei er das auch als eine Pflicht jedes Einzelnen gesehen hat. Die Kirchenversammlung war vorbei, jetzt würde es darauf ankommen, dass das Licht in den Herzen der Menschen und in der Begeisterung von Theologen weiterbrennt. Als er mit Kardinal Döpfner am 12. Dezember 1965 aus Rom zurückkam, hat er im voll besetzten Herkulessaal in der Münchner Residenz eine flammende Rede gehalten – eben unter dem Titel *Das Konzil – ein neuer Beginn* –, die eine unglaubliche Resonanz fand. Am anderen Morgen stand in Rahners Büro das Telefon nicht mehr still von begeisterten Anrufen, die um den Redetext baten. Auch Hans-Jochen Vogel, damals Oberbürgermeister von München, hat mich als Assistenten von Rahner angerufen und gesagt: »Wenn das Kirche ist und Kirche so wird, dann ist etwas Unglaubliches gelungen!« Er war Feuer und Flamme, und das galt für viele Leute. Karl Rahner hat instinktiv gespürt, dass in der Realisierung des Konzils nicht ein neues Klein-Klein, nicht ein neues Kompromisslertum dominieren dürfe. Trotz Konsens und klaren Ergebnissen sah er die große Gefahr, dass die Chance vertan werden könnte.

Viele sprechen von der sprichwörtlichen Begeisterung und davon, dass diese Aufbruchstimmung für die Ergebnisse des Konzils ausschlaggebend war. Was machte den viel beschworenen Geist des Konzils aus?

Dieser Geist lässt sich natürlich vom Buchstaben nicht trennen. Es gab einerseits eine Konzilsbegeisterung, die auch über den Buchstaben der Dokumente hinausging und meinte, das Konzil sei eigentlich eine Initialzündung für ganz andere Dinge, etwa für die schnell realisierbare Weihe von Frauen. Dieser Elan war damals durchaus ein wichtiges Element. Ich würde die Mitte des Konzils so verorten, dass es ihm immer um eine Überschreitung der Kirche auf Gott und auf die Menschen hin ging, nicht um eine Zentrierung der Kirche auf sich selbst. Der große Text über die Kirche heißt *Lumen gentium* (»Licht der Völker«). Aber damit ist nicht die Kirche gemeint, wie viele denken, sondern das Licht der Völker ist Jesus Christus. Insofern sind die ersten beiden Worte mit ihrer christozentrischen Position ganz wichtig für das Kirchenverständnis des Konzils und auch für seinen Geist. Es war so viel von Kirche die Rede wie bei keinem Konzil zuvor. Aber das geschieht so, dass sie sich selber immer transzendiert auf Gott und die Menschen hin.

Viele Konzilstexte haben einen Januskopf: Sie blicken nach vorne, beziehen sich aber auch auf die Tradition. Das hat dazu geführt, dass sie in ihrer Uneindeutigkeit wie ein Steinbruch jedem zur Verfügung standen. Jeder wählte sich aus, was ihm passte. Gibt es für Sie eine verbindliche Konzilsinterpretation?

Zunächst muss man sich wirklich um den Buchstaben kümmern. Es ist ja viel um die Texte gerungen worden; man hat bei den Abstimmungen ein hohes Maß an Konsens erzielt, auch bei schwierigen Fragen wie der Religionsfreiheit, der Ökumene, dem Kirchenverständnis oder der Kollegialität der Bischöfe. Man darf dieses Ringen um jedes Komma nicht als Pfennigfuchserei betrachten. Man hat sich nämlich zu einem wirklichen Konsens durchgearbeitet und echte Kompromisse erreicht. Mehr kann ein Konzil nicht; es kann nicht in allem eindeutig sein. Der Konsens hat Elemente, die zunächst auch spannungsvoll und widersprüchlich erscheinen. Das muss dann nachher die Theologie aufarbeiten, was sie leider nicht immer geleistet hat. Das Konzil hinterlässt uns sicher Weisungen – aber doch auch so, dass es die Theologie nicht aus ihrer Verantwortung entlässt. Aber nicht nur die Theologie, auch die Pastoral und das Kirchenrecht.

Welches sind für Sie die wichtigsten Konzilstexte?

Das sind die vier Konstitutionen: Zunächst (1.) die über den Gottesdienst, die ein ganz hohes Maß an Erneuerung in die Liturgie hineingebracht hat. Das wurde nur möglich durch die ungeheuer fleißige Arbeit der Liturgiehistoriker, die entdeckt haben, was alles im Lauf der Zeit den Gottesdiensten an Riten angewachsen ist und so manchmal zu einer Überlagerung und Verdunkelung der elementaren Vollzüge geführt hat. Dann (2.) die wichtige Konstitution über die Offenbarung und die Bibel. Es handelt sich um das umfangreichste Dokument über die Heilige Schrift, das es überhaupt in der Kirche gibt.

Eine katholische Besinnung auf das »Wort«?

Mit der Kernaussage, dass sich Gott selbst zur Welt und zu den Menschen durch sein schöpferisches und Heil schaffendes Wort äußert und damit auch der Kirche den Auftrag gibt, dieses Wort in jeder Zeit und an allen Orten auszulegen und zu aktualisieren. Dabei hat man bei einigen großen Streitfragen, etwa der der Irrtumslosigkeit der Schrift, einen Konsens gefunden.

Dann (3.) die Konstitution *Gaudium et spes* über die Kirche in der Welt von heute: Das war eigentlich die sensationellste neue Lehräußerung, weil sie über den bisherigen Begriff einer Konstitution hinausgeht und das Leben der Kirche von heute beschreibt. Die Kernfrage ist hier: Aus welchen Quellen und nach welchen Kriterien lassen sich Verpflichtungen für das Leben der Gläubigen von heute begründen? Es gab ja einen sehr langen Streit um die neue Art dieses Dokuments, bis man kurz vor Ende des Konzils das Wort Pastoralkonstitution gefunden hat, das freilich in sich ein wenig widersprüchlich ist.

Schließlich die Kirchenkonstitution *Lumen gentium* (4.). Sie enthält zum Beispiel ein Kapitel, das viel zu sehr in Vergessenheit geraten ist. In ihm ist zum ersten Mal in einem Konzilstext sehr ausführlich und ernsthaft von der bedeutenden Rolle der Laien in der Kirche die Rede. In Reaktion auf die Reformation hatte die katholische Kirche eine Überbetonung des priesterlichen Amtes entwickelt; jetzt aber wurden ganz neue Türen für das Verständnis des Laien geöffnet. Es geht in *Lumen gentium* auch um den Priester, der nicht von der Hierarchie, sondern vom Priestertum Jesu Christi her gedacht wird, in dieser Zuspitzung zum ersten Mal. Auch im Blick auf die Bedeutung des Ordensstandes wurden durch das Konzil ganz neue Perspektiven eröffnet. Wichtig sind zudem das Dekret über die missionarische

Tätigkeit der Kirche und natürlich die Erklärung über Religionsfreiheit und Toleranz. Es gibt großartige Texte, die wir noch gar nicht genügend ausgeschöpft haben. Und es gibt missratene Dokumente wie jenes über die Medien, die nach dem Konzil allerdings bald ersetzt wurden (z. B. durch die Pastoralinstruktion *Communio et progressio* von 1971).

Für kirchenfernere Beobachter bleibt der Gesamteindruck, dass es seit dem Konzil für die katholische Kirche nicht mehr tolerierbar ist, antidemokratisch und antimodernistisch zu sein.

Ich würde es so formulieren: Die offene Einsatzbereitschaft für das Evangelium in den Streitigkeiten und Pluralismen der Welt gehört unabdingbar zum Christen von heute; die notwendige Auseinandersetzung erfolgt im Dialog bzw. Disput und durch das lebendige Zeugnis bzw. den Dienst.

Es schien, als wären mit dem Konzil zum ersten Mal Offenheit und seriöser Dialog angesagt gewesen. Es ist sogar heftig gestritten worden. Das geht so weit, dass von richtigen Schlachten zwischen Konservativen und Progressiven die Rede war. Was kennzeichnete diesen neuen Stil der Offenheit und des Disputs?

Gestritten wurde natürlich auch in früheren Jahrhunderten, selbst auf den Konzilien. In der Antike hat man sich bei christologischen Streitigkeiten manchmal die Bärte ausgerissen, sei es in Nizäa, Ephesus oder Konstantinopel. Aber die Auseinandersetzung auf dem Zweiten Vatikanischen Konzil war sehr produktiv und offen. Man hat sich nicht nur da und dort geeinigt, wenn man bedenkt, dass es meist etwa 2400 Ja-

Stimmen und nur wenige Nein-Stimmen oder Enthaltungen gab. Solche Ergebnisse waren die Frucht eines zähen Ringens miteinander auch in den Kommissionen bei verschlossenen Türen, nicht nur im Plenum der Petersbasilika. Es wurden manchmal acht bis zehn verschiedene Fassungen beraten, bis man am Ende jeweils eine große Einigkeit erreicht hat, die keine Scheineinheit war. Für die Bischöfe damals waren die Diskussionen auf dem Konzil übrigens eine wunderbare Gelegenheit zur Fortbildung. Sie haben noch einmal Theologie studieren müssen und haben sich auf neue Fragestellungen eingelassen. Ich denke mit Erstaunen an manche Bischöfe, auch an meinen eigenen Erzbischof Hermann Schäufele, der ganz überzeugt war von seiner römischen Schultheologie aus den 20er und 30er Jahren. Er ließ sich aber durch das Konzil etwas sagen, was ihm gewiss nicht leicht fiel. Ähnliches gilt für Erzbischof Josef Schneider (Bamberg). Es gab eine wahre Umkehrbereitschaft zur Reform.

Dennoch blieb Kritik am Konzil nicht aus, und sie war bisweilen sehr heftig. Joseph Ratzinger formulierte später, das Konzil habe sich in einem Anfall von Euphorie und Optimismus der Moderne geöffnet. Das war doch schon ein Generalangriff.

Die Stärke von Joseph Ratzinger, auch beim Konzil, bestand nicht zuletzt darin, dass er ein unbestreitbarer Zeuge der großen Tradition in der Kirche war, die er eindrucksvoll neu zur Sprache bringen konnte. Er hatte ja über Augustinus und Bonaventura gearbeitet. Mit der Neuzeit und den Aussagen der Theologie im 19. und 20. Jahrhundert war er dagegen nicht im selben Maß »von innen her« vertraut, auch wenn er sie natürlich kannte. Auf jeden Fall musste man immer auf ihn hören. Gegen Ende des Konzils ist im Streit über die letzte Fassung der Pastoralkonstitution die bis dahin relativ geschlossene Front der »Reformer« auseinandergebrochen. Einerseits war man nach vier Jahren sehr müde geworden, auch im Blick auf das Streiten müde. Andererseits haben sich damals auch Theologen wie Rahner und Ratzinger leicht voneinander wegbewegt, von Hans Küng einmal ganz abgesehen. Es bereitete sich ein Stück weit der Streit vor, der nachher im Blick auf die Auslegung des Konzils Wirklichkeit wurde. Dazu kommt, dass man durch die Art und Weise, mit der vor dem Konzil die Theologie diszipliniert wurde, hilflos geworden war. Auch war man im Gebrauch der neuen Freiheit wenig geübt. Mancher hat dabei über die Stränge geschlagen, einerseits durch einen übertriebenen Konservatismus, andererseits durch einen unverantwortlichen Fortschrittsglauben. Es war nicht leicht, dazwischen einen Weg zu finden, der ja durch das Konzil selber nicht kerzengerade vorgezeichnet sein konnte. Den musste man sich erarbeiten. Der von Joseph Ratzinger zitierte Satz stammt aus dieser schwierigen späteren Zeit.

Woran zeigte sich das, was Sie einen unverantwortlichen Fortschrittsglauben nennen?

Hauptsächlich im Verhältnis zur Verbindlichkeit des Leitungsamtes in der Kirche, sei es das des Papstes oder das der Bischöfe. Oder auch daran, dass man etwa forderte, im Gottesdienst eine Lesung aus der Heiligen Schrift durch einen profanen Text zu ersetzen. Es gab eine gewisse Unbeherrschtheit oder Willkür bei der Verwirklichung konkreter Vorschriften. Man hat auch einiges übersehen: Das Konzil hat beispielsweise nicht das Latein als Sprache der Liturgie abschaffen wollen, auch nicht die lateinischen Hochämter. Die Art und Weise, mit der man manches einfach von der Tenne fegte, war nicht im Sinn des Konzils. Es gab auch in der Gestaltung von Kirchenräumen barbarische Akte. Insgesamt waren die Jahre zwischen 1968 und 1974 recht schwierig. Ich habe seinerzeit langsam zu einem eigenen Kurs gefunden. Karl Rahner hatte Anfang 1972 in den Stimmen der Zeit einen scharfen Leitartikel mit dem Titel *Marsch ins Getto?* geschrieben*. Darin erhebt er den Vorwurf, dass sich in vielen Einzelerscheinungen des kirchlichen Lebens ein Geist geltend mache, der das Rad der Reformen zurückdrehen wolle und der ein Verrat am Geist des Konzils sei. Ich war nicht der Meinung, dass man diesen Vorwurf so pauschal erheben könne. Wir haben aber trotzdem – wie schon erwähnt – miteinander 1973 ein Buch zum Thema »Marsch ins Getto?« herausgegeben. Ich hatte inzwischen andere Erfahrungen, weitere Erkenntnisse in Theologie, Kirche und Universität. Ich blieb jedoch Karl Rahner fundamental verbunden. Er hatte damals während der Gemeinsamen Synode eine schwierige, überkritische Phase – vielleicht nicht ohne Grund. Ich stand mitten in der Vermittlungsaufgabe der Synode.

Dieser eigene Kurs bedeutete ja auch eine gewisse Distanzierung von Karl Rahner. Inwiefern gingen denn Rahners Position und Ihre eigene auseinander?

Rahner hat mit einer größeren Ungeduld auf mehr Freiheit und »Fortschrittlichkeit« in der Theologie gesetzt. Aber so,

---

* Jg. 190, S. 1–2. Jetzt in Karl Rahner: *Das Konzil in der Ortskirche*, Bd. 2. *Sämtliche Werke* 24/2. Freiburg 2011, S. 793–794.

wie auch seine durch viele erbitterte Kämpfe sturmerprobte Generation wusste, dass der wirkliche Fortschritt nicht immer im Sturm, sondern auch auf Taubenfüßen daherkommt, so war für mich klar, dass der »Fortschritt« langsam erarbeitet werden muss, wenn er auch gediegen sein soll. »Distanzierung« wäre jedoch zu stark formuliert. Ich fand eben meinen eigenen Weg.

Ein Beispiel: Wir haben damals aus der Glaubenskommission der Deutschen Bischofskonferenz heraus 1970 ein Memorandum zur Zölibatsdiskussion verfasst, die ja durch die Frage der »Viri probati« virulent war, die Frage also, ob auch in ihrem Beruf, in ihrer Ehe und der Gemeinde »bewährte Männer« unter den Laien unter gewissen Bedingungen zu Priestern geweiht werden könnten.

Übrigens war die Behandlung des Themas teilweise auf den römischen Bischofssynoden verboten! Ich habe dies mehrfach erfahren. Bei dem genannten Memorandum waren Karl Rahner und ich geschäftsführend. Wir schlugen vor, die Bischöfe sollten einmal, ohne sich gleich eine feste Meinung zu bilden, »sine ira et studio« in Ruhe über die ganzen Fragen diskutieren. Wir haben also nicht einfach einen bestimmten Kurs unterstützt. Dafür haben wir eine ganze Menge Prügel bezogen. Rahner selber war wütend, weil auf unser Schreiben an die mehr als fünfzig Bischöfe, die alle einzeln angeschrieben worden waren, außer zweien keiner reagierte. Wir selbst haben den Text nicht veröffentlicht, aber P. Ludwig Kaufmann SJ hat ihn dann ohne unser Wissen und erst recht ohne unsere Zustimmung in der *Orientierung* publiziert.

Immerhin standen hinter diesem Memorandum von 1970 neun Theologen der von den Bischöfen selbst eingesetzten Glaubenskommission der deutschen Bischöfe (unter ihnen übrigens auch Walter Kasper und Joseph Ratzinger), also eine sehr große Majorität dieser Konsultoren. Rahner hat bitter von der Unhöflichkeit und von einem feudalistischen Paternalismus des Episkopats gesprochen. In seiner Rede zur Verleihung des Guardini-Preises an ihn hat er dies auch öffentlich geäußert. Ich fand das damals zu plakativ. Wir waren vielleicht auch etwas naiv. Das Grundanliegen ist aber heute noch richtig.

Das waren schon aufregende Zeiten! Meiner Meinung nach hat sich aus den damaligen Streitigkeiten doch ein vernünftigeres Verhältnis zwischen Theologie und Lehramt und ein entsprechender Umgang miteinander herausgemausert. Es war jedenfalls nützlich, diese ganzen Widersprüchlichkeiten im Sammelbecken einer künftigen Synode zu filtern und weiter zu diskutieren.

Welche waren die schwierigsten Probleme in der Umsetzungsphase des Konzils? Es gab seinerzeit doch viele Baustellen.

Zunächst: Es ist ja vieles gelungen. Ich denke über den »Weltkatechismus« hinaus etwa an die beiden Bände des Erwachsenenkatechismus der Deutschen Bischofskonferenz über die Glaubens- und Sittenlehre der Kirche (1985/1995). Man konnte dadurch vieles auffangen und kam durchaus auch zu guten Formulierungen. Die Schwierigkeiten waren gar nicht mehr im Konzil selber und seinen Texten begründet, sondern oft im erneuten Aufgreifen von schon früher ungelösten Problemen. Wir haben auf der Synode beispielsweise die Diskussion über die Frage nachgeholt, ob die Kirche die Arbeiterschaft verloren hat. Eine andere Sache war das ewig ungelöste Problem der Ökumene, mit den Fragen der gemeinsamen Gottesdienste, des gemeinsamen Abendmahls oder der Pastoral der »Mischehen«. Dazu kam die ganze, bis heute nicht geklärte Diskussion über das Diakonat der Frau, nachdem das Ständige Diakonat des Mannes mit gutem Erfolg wieder eingeführt worden war und sich respektable Leute für diesen Dienst zur Verfügung stellten. Die Frage der Geschiedenenpastoral will ich nur nennen.

Bei einigen Fragen, wie etwa der der Empfängnisregelung, sind wir auch in den letzten Jahren nicht wirklich weitergekommen.

Die Kritik am Konzil war vielfach grundsätzlicher Art. Der generelle Vorwurf lautet, das Konzil sei Auslöser der Krise und kein Mittel für deren Lösung gewesen.

Diese Analyse, wenn sie eine solche sein wollte, ist schlicht falsch. Viele Dinge, die man als Folgen des Konzils interpretierte, waren bei näherem Zusehen schon vor dem Konzil und in seinem Verlauf wahrnehmbar. Ich nenne beispielsweise den Rückgang beim Gottesdienstbesuch, auch bei den Berufungen, die Erosion bei den katholischen Verbänden und den Bedeutungsverlust katholischer Medien. All das war schon im Gange; wer weiß, wie die Entwicklung verlaufen wäre, wenn es das Konzil nicht gegeben hätte! Insofern verwechselt diese Konzilskritik Ursache und Wirkung.

Die Traditionalisten beklagen, es habe eine progressive Mehrheit beim Konzil gegeben, die die Tradition unterdrückt habe.

Dies war natürlich auch die Folge davon, dass manche bis zum Konzil und auch nachher noch glaubten, geistige Prozesse und Probleme weitgehend durch Verbote klären zu können. Manche Werke kamen schnell auf den Index verbotener Bücher, ohne dass der Autor Gelegenheit zur Stellungnahme bekam. Auch die betreffenden Bischöfe wurden nicht verständigt. Deswegen kam es ja auch schon in den ersten Konzilsmonaten im Herbst 1962 zu einem großen Knall, als sich Kardinal Frings gegen diese Praktiken des Heiligen Offiziums wandte. Er hatte zu Hause in Bonn selber Professoren, die unter diesen Praktiken zu leiden hatten, zum Teil frühere Studienkollegen von ihm. Ich habe selber noch erlebt, dass zur allgemeinen Überraschung während der Konzilszeit auf Seite 1 des *Osservatore Romano*, der Tageszeitung des Vatikans, Indizierungen ausgesprochen wurden, mit Lehrverboten und den entsprechenden kirchenrechtlichen Konsequenzen. Ein anonymer Drei-Sterne-Artikel versuchte eine Begründung. Das hat aber dann nach und nach aufgehört. Hier hat sich viel geändert, auch wenn es noch nicht ideal ist.

Die Beschwerden der traditionalistischen Kreise gegen die von Ihnen so genannte Fehlentwicklung des Konzils gehen weiter.

Manche Anfragen waren durchaus berechtigt, nicht aber die daraus abgeleitete Verweigerung gegenüber dem Konzil. Das Konzil hat beispielsweise im Blick auf das Verhältnis von Religionsfreiheit und Toleranz eine ganz neue Seite aufgeschlagen. Die daraus eigentlich von selbst folgende Frage, wie zum Beispiel der Wahrheitsanspruch der Kirche noch gelten kann, wenn es echte Religionsfreiheit gibt, hat das Konzil nicht mehr behandelt. Hier musste man nachher weiterarbeiten. Oder denken Sie an die Frage, wie die Heilsnotwendigkeit der katholischen Kirche zu verstehen ist, wenn den protestantischen Kirchen ein realer Anteil am Kirche-Sein zugesprochen wird. Das Konzil hat solche Fragen nicht lösen können. Deswegen waren die Anfragen von konservativer Seite ein Stück weit verständlich. Aber mit der Verweigerung gegenüber dem Konzil und der Ablehnung seiner Grundorientierungen ist nichts gewonnen. Vieles war Aufgabe der Theologie nach dem Konzil. Hat sie das Wichtigste in genügender Weise aufgegriffen?

Für mich war interessant, dass zum fünfzigjährigen Konzilsjubiläum die traditionalistische Polemik wieder stark zugenommen hat. Ausgerechnet im modernsten Medium, dem Internet, gibt es einen Sturm der Traditionalisten gegen das Konzil.

Es ist ein Zeichen dafür, dass wir die Texte des Konzils und das, was es wirklich wollte, oft einfach nicht mehr kennen.

Deswegen waren die Jahre des Jubiläums (2012–2015) auch eine günstige Gelegenheit, das Konzil in einer »Relecture« wieder kennenzulernen und für unsere Zeit neu auszulegen. Dass dies nur begrenzt gelungen ist, belegt auch, dass man sich oft in die Behaglichkeit einer Geistesverfassung zurückträumt, die es einfach nicht mehr gibt und auch nicht mehr geben kann. Man musste sich viel stärker in die Widersprüche des gesellschaftlichen Wandels und den damit verbundenen Pluralismus hineinbegeben und mitstreiten. Dabei erlebt man allerdings auch die eigenen Grenzen, die eigene Verwundbarkeit. Man muss sich dennoch auch ganz neu um das Unbekannte, Fremde kümmern. Wir können für meine Begriffe noch viel zu wenig mit den sozialen Medien umgehen, auch mit dem, was sie unter Umständen an neuem Fluch hervorbringen, von der Unbeherrschbarkeit der Polemik bis zur problematischen Anonymität. Ich spüre es selbst an der Menge täglicher Mails.

Sie sagen, vieles von dem, was im Konzil gelungen ist, sei wie ein Wunder des Heiligen Geistes.

Der Geist weht bekanntlich, wo er will. Fassen kann man ihn nicht. Manchmal bläst er auch aus einer Gegend, wo man es nicht vermutet. Er ist schlechterdings nicht zu fixieren, man kann vor allem nie endgültig den Geist für sich reklamieren. Das ist gut so.

In der Geschichte der Kirche gab es in unregelmäßigen Abständen Konzilien, manchmal in großem Abstand, manchmal in kürzerer Abfolge. Braucht die katholische Kirche nach dem Zweiten ein Drittes Vatikanisches Konzil?

Ich weiß es schlicht nicht. Aber die Frage ist auch nicht vordringlich. Mir ist in den letzten Monaten ganz wichtig geworden, dass Papst Franziskus in seiner Ansprache aus Anlass des fünfzigjährigen Jubiläums der Einführung der Bischofssynode durch Paul VI. (am 15. September 1965, also noch in der Konzilszeit) mit unüberhörbarer Deutlichkeit sagte, die Kirche müsse auf allen Ebenen synodaler werden. Beim letzten Gespräch der deutschen Bischöfe mit dem Papst im November 2015 habe ich mich bei ihm dafür bedankt, dass er der Familiensynode die dringend benötigte Freiheit gegeben und kein Thema verboten hat. Er hat mit denkwürdiger Klarheit geantwortet, eine Synode müsse frei sein und dürfe keiner Zensur unterliegen; sonst sei es keine Synode. Auch die Organismen der Teilkirchen, also die Synoden in Ländern oder Sprachgemeinschaften, sollten mehr Kompetenz bekommen. Eine solche Haltung öffnet eine wichtigere Tür als ein neues Konzil. Ein Konzil kann notwendig sein, um bestimmte Fragen zu entscheiden. Es gibt ja unterhalb der römischen Bischofssynoden heute schon viele Typen von Synoden, die zum Beispiel ganze Kontinente, aber auch Länder (den Libanon, die Niederlande) betreffen.

Ich denke etwa an Fragen wie die nach den »Viri probati« oder nach dem Diakonat der Frau. Sie könnten unter Umständen Gegenstand eines Konzils mit und unter dem Papst sein. Aber der überzogene Zentralismus der Kurie – der vom Konzil zurückgedrängt wurde, aber danach streckenweise wieder erstarkte – ist durch den synodalen Weg des gegenwärtigen Papstes eindeutig zurückgenommen. Die römische Kirche wird dezentraler. Vieles wird auf den künftigen Weg ankommen. Die richtig verstandene Einheit wird dann noch wichtiger. Auch der Primat des Papstes.

Die Dinge können sich rascher ändern, als man denkt. Dies gilt auch für die Wege zu weiteren Klärungen. So hat im Blick auf das eben angesprochene Thema »Diakonat der Frau« Papst Franziskus bei einem Empfang und Gespräch mit Ordensoberinnen am 12. Mai 2016 auf die Frage nach dem Diakonat der Frau die Überlegung ausgesprochen, dass man zu dieser Frage eine »Studienkommission« einsetzen könnte. Man wird sehen, wie ernst dieser Vorschlag von ihm selbst und von den römischen Behörden genommen wird.

5. Gemeinsame Synode: Hoffnung und Aufbruch

Die »Gemeinsame Synode der deutschen Bistümer in der Bundesrepublik Deutschland« von 1971 bis 1975 hatte sich vorgenommen, das Konzil nach Deutschland zu bringen, es in die deutschen Verhältnisse hinein zu konkretisieren. Vor vierzig Jahren gab es die Schlagzeile: »Die Synode – eine Sternstunde des deutschen Katholizismus«. Heute ist von dem Glanz nicht mehr allzu viel zu spüren.

Das konnte man auch nicht erwarten. Die Synode sollte in der Tat über konkrete Themen beschließen und eventuell Voten nach Rom geben, wenn wir für einige dieser Themen keine eigene Kompetenz hatten. Es sind dann auch Voten nach Rom gegangen, aber diese sind fast alle nicht beantwortet worden. Das ist sehr bedauerlich. Manche Themen der Synode betrafen aktuelle Problemfelder, wie das Konzept des Religionsunterrichts. Manche Themen sind bis heute noch wichtig und sehr gefragt, etwa das Grundsatzdokument *Unsere Hoffnung*. Das ist ein Text, der sich auch sprachlich noch erstaunlich gut liest. Es gab durchaus wegweisende Beschlüsse, etwa den Ökumene-Text. Vieles hat man auch realisieren können: die Struktur der pastoralen Berufe etwa, mit den Ständigen Diakonen, den Gemeindereferenten und Pastoralreferenten. Seitdem sind die grundlegenden Konzepte dazu gültig. Auch was zu den pastoralen Strukturen in den Diözesen, angefangen vom Ordinariat bis zu den pastoralen Räumen, vorgeschlagen wurde, ist weitgehend verwirklicht. Deswegen wird gar nicht mehr viel davon geredet. Es ist Wirklichkeit geworden – eigentlich in einer ganz erstaunlichen Weise. Dann gab es auch einige Texte, die – weil man nicht übermäßig viele Vorlagen als Beschlüsse im Plenum durchbringen konnte – als sogenannte »Arbeitspapiere« klassifiziert wurden. Sie sind veröffentlicht worden, aber nicht mit derselben Dignität. Aber auch da gab es einiges Aufregende, zum Beispiel die Aussagen zum Verständnis der Sexualität, zur Katechese im Leben der Kirche usw.

Auch für heute noch lesenswerte Texte?

Durchaus. Das gilt auch für das Papier »Ehe und Familie«, das mit ganz wenigen Stimmen Mehrheit durchkam. Nicht nur weil es die Stimmung von damals wiedergibt, sondern weil im Grunde genommen vieles auch heute noch aktuell ist, etwa das Ringen um die Stellung wiederverheirateter Geschiedener in der Kirche, aber auch das Problem der Empfängnisregelung. Die Umfragen zur Vorbereitung der römischen Familiensynoden (2014–2015) haben jetzt einigen Wirbel gemacht. Aber das galt ja schon für die demoskopischen Untersuchungen von Gerhard Schmidtchen und des Instituts für Demoskopie in Allensbach im Kontext der Würzburger Synode.

Eine große Rolle spielte für das, was schließlich gelungen ist, Kardinal Döpfner. Er war der Mittel- und Ausgangspunkt der Diskussion. Er selbst wirkte in der Art seines Präsidierens unangefochten, souverän, gelassen. Wie wichtig war er aus Ihrer Sicht für den »Spirit« der Synode?

Er hat dafür gesorgt, dass die Bischofskonferenz in dieser bedrängenden Zeit – es war das Jahr '68, es tobte der Vietnamkrieg, und kirchlich kam *Humanae Vitae* – sehr schnell die Synode als ein Instrument für die Lösung der pastoralen Probleme angesehen hat. Im Juli 1968 wurde *Humanae Vitae* veröffentlicht, im September war der Essener Katholikentag, im Februar 1969 hat die Bischofskonferenz unter Döpfners Führung bereits eine Gemeinsame Synode beschlossen. Man hat gesehen, dass das bisherige Instrument der Diözesansynoden, wie sie zum Beispiel in Hildesheim, Meißen und Wien durchgeführt wurden, einfach nicht mehr trägt, weil unsere Pastoralräume größer geworden sind und die anstehenden Probleme über die Bistumsgrenzen weit hinausgehen. Wir haben auch im Bereich eines Bistums nicht mehr alle Leute zur Verfügung, die man zur Befassung mit den entsprechenden Themen braucht. Es gab ja vorher schon die niederländische Pastoralsynode, die mit ganz erheblichen Konflikten im Blick auf Rom beendet wurde, aber auch die Synoden in der Schweiz und in Österreich. Insofern war schon ein gewisser Vorlauf da.*

Dass die Synode in Würzburg mit dem Rücken- und Gegenwind dieser internationalen Vorbilder zurechtkam …

… das war vor allen Dingen auch der Glaubwürdigkeit Döpfners geschuldet, der gerade bei schwierigen Themen die Leute erfolgreich um Geduld bat. Er hat gesagt: »Wir können das jetzt nicht lösen, wir gehen aber dran, wir lassen das nicht

---

* Vgl. meine Einführung in: *Gemeinsame Synode der Bistümer in der Bundesrepublik Deutschland, Offizielle Gesamtausgabe*, Neuausgabe, Freiburg i. Br. 2012, S. 21ff. u. ö.

liegen, ihr könnt auch vertrauen, dass ich nicht nachlasse.«
Das ist zum Beispiel bei den wiederverheirateten Geschiedenen geschehen. Es wurde eine »Internationale Studienkommission« eingesetzt, deren geschäftsführender Moderator
ich wurde. Kardinal Volk war Vorsitzender.

Ein Jahr nach der Synode ist Döpfner gestorben.

Weniger als ein Jahr. Die Synode war im November zu Ende,
und am 24. Juli 1976 ist er gestorben.

*Wäre Döpfner länger am Leben gewesen, wäre dann das,
was die Synode von Rom erwarten durfte, nachhaltiger eingefordert worden?*

Er hat es ja an einem Punkt versucht, nämlich bei der Laienpredigt. Dabei ging es vor allen Dingen um die Laienpredigt
in der Messe, was ja später vom neuen Kirchenrecht (1983)
auch nicht gestützt worden ist. Er hat mich zweimal nach
Rom mitgenommen, weil ich auf der Synode bei diesem
Thema federführend war. Es handelte sich um die erste Vor-
lage überhaupt, die durchberaten worden ist, und sie führte
zum ersten Konflikt mit Rom, der direkt zum Platzen kam.
Döpfner hätte mit Sicherheit die Dinge etwas weiter voran-
zutreiben versucht, aber hinsichtlich der Erfolgsaussichten
habe ich gewisse Zweifel, und zwar einfach, weil die Antwort
von Rom klar war, dass man alle diese ungelösten Probleme
im Zusammenhang der Erarbeitung des neuen Kirchenrechts behandeln würde. Wir haben geglaubt, dass das
Thema dort tatsächlich gut aufgehoben sein könnte.

Das war nicht realistisch.

Das war mindestens eine falsche Hoffnung. Es war aber vielleicht auch eine naive Hoffnung, dass aus dem Riesentopf an Vorschlägen für das neue Kirchenrecht ausgerechnet unsere Synodenvorschläge sich durchsetzen könnten.

Es gab von der Synode einen Vorstoß zum Diakonat der Frau. Thematisch ein Klassiker! Es wurde ein Votum nach Rom gerichtet, das bis heute – über vierzig Jahre ist es her – nicht beantwortet ist. Bestätigt dies die alte Erfahrung, dass eine Organisation in wichtigen Fragen erst dann ihre Strukturen ändert, wenn die Angst vor dem Untergang größer ist als die Furcht vor der Veränderung? In der Frage nach dem Amt der Frau in der Kirche gibt es schon sehr lange Zeit dringlichen Entscheidungsbedarf.

Als die Synode sich damit befasste, hatte sie ein paar Gutachten machen lassen, zum Beispiel von Yves Congar, von Herbert Vorgrimler und von Peter Hünermann. Aber es gab seinerzeit doch nicht so viele Diskussions- und Forschungsergebnisse. In den Jahren danach ist dann viel deutlicher geworden, dass das, was in der Alten Kirche »Diakonat« hieß, wenigstens für die Frauen, keine klare Struktur hatte, es damals keine festgelegte Sakramentenzahl und ein anderes Verständnis der Ämter und Dienste gab. Die Franzosen hatten teilweise mehr Forschungen angestellt, leider aber die eine oder andere mit einer systematischen Voreinstellung gegen ein Diakonat der Frau (z. B. Aimé-Georges Martimort). Ich habe ja dann selber eine ganze Reihe von Studien gefördert, die auch veröffentlicht wurden, etwa die von Dorothea Reininger, alle mit einem eigentlich positiven Votum. In Rom hat man sich dann damit herausgeredet, man wisse nicht so genau, welche Instanz darüber weiter beraten solle. Eine Ausrede. Vieles blieb ärgerlich lange und unfruchtbar liegen. Freilich war die Frage in der Weltkirche noch nicht so reif, wie wir dachten. Aber wenigstens eine vorläufige Antwort hätten wir verdient.

Rom hatte offenbar vor der Frauenfrage Angst. Es dauert ohnehin in vielen Institutionen insgesamt zu lange, bis die Frauen zu ihren Rechten kommen. In der Kirche aber dauert alles noch viel länger. Für eine Lösung der Frauenfrage in der Kirche, sagt ein abwägender Mann wie Erwin Teufel, könnte es bald zu spät sein!

Das ist in manchem richtig. Eine kleine Ergänzung ist allerdings notwendig. Die jungen Frauen von heute, gerade auch die, die in der Kirche mitmachen oder Theologie studieren, sind in diesen Dingen etwas unbefangener als die älteren, die auch zum Teil manche persönliche Verletzung und Behinderungen hinnehmen mussten. Ich habe immer und immer wieder gesagt: Die Frage nach dem Diakonat der Frau muss verbindlich entschieden werden. Ich glaube, das wäre ein Thema für eine Bischofssynode! Allerdings muss man sich auch klar sein, dass viele Fragen, die für uns an vorderster Linie stehen, für weite Teile der Weltkirche (noch) nicht dringlich sind. Insofern könnte vielleicht eine Beratung an ungünstiger Stelle und zum falschen Zeitpunkt auch zu negativen Ergebnissen und fatalen Konsequenzen führen. Man hat dies gerade auch beim Thema der wiederverheirateten Geschiedenen bei der Bischofssynode gesehen. Da haben Bischöfe aus den Ländern der Dritten Welt verwundert geäußert: Was habt denn ihr für Probleme! Bis sie am Schluss dann zugeben mussten: Ja, so etwas Ähnliches haben wir ja auch mit der »sukzessiven Polygamie«. Ich bin traurig, dass das so lange nicht entschieden wird, aber vielleicht ist für die Gesamtkirche die Zeit einfach noch nicht reif genug. Das ist keine Ausrede, sondern hat mit Bewusstseinsbildung auch theologischer Art zu tun. Eine solche Bewusstseinsbildung hat in anderen Ortskirchen noch nicht stattgefunden. Eine mehr synodale Struktur hat da wirklich Sinn.

Die Bewusstseinsbildung der Kirche kann allerdings bisweilen auch zu lange dauern.

Ja, aber nehmen Sie den Erfolg der Wiedereinführung des Ständigen Diakonates des Mannes! Da gab es ja auch viele Einwände; es wurde im Konzil breit darüber diskutiert. Aber ganz wichtig war, dass es Gruppen von Laien gab, etwa aus Fulda, aus Freiburg und in Köln, die ein ganz konkretes Berufsbild für das Ständige Diakonat entworfen hatten. Was kann der Diakon machen? Was darf er machen, neben dem Priester, mit dem Priester, anstelle des Priesters? Wenn diese Zukunftsbeschreibung praktischer Art gefehlt hätte, wäre das neue Amt damals wahrscheinlich auch nicht positiv entschieden worden, und es wäre nichts realisiert worden. Ich kannte diese Leute: Landgerichtsdirektoren, Germanistikprofessoren, hochbegabte Laien aus vielen Berufen, die sich nicht zu schade waren, auch konkrete Vorstellungen und Strukturen zu erarbeiten. Dazu kam das große, von Karl Rahner und Herbert Vorgrimler herausgegebene Werk *Diaconia in Christo*[*]. Solche Anstrengungen habe ich immer auch eingefordert für das Diakonat der Frau. Was kann die Diakonin machen, was nicht jeder Laie, der getauft ist, auch machen kann? Da ist von den interessierten Kreisen leider nie eine richtige Antwort

---

[*] Freiburg i. Br. 1962.

gekommen. Das hat mir eigentlich wehgetan. Ich sage dies ungern, weil es leicht den Anschein hat, als ob man dies alles vorschiebt. Es ist aber bis heute ein Versäumnis.

Ich habe den Eindruck, dass man heute dafür nicht mehr dasselbe Interesse zeigt wie früher.

Das muss man leider auch sagen. Es wäre notwendig, dieses Thema einfach konsequent wiederaufzugreifen. Ich meine, unser Wissen über das, was ein Diakonat früher war, haben wir inzwischen auch tatsächlich sehr erweitert. Aber bei den praktischen Fragen gibt es noch viele ungelöste Probleme. Leider hält sich hier die Theologie ziemlich zurück.

Kommt die kirchliche Öffnung in der Frauenfrage nicht zu spät?

Wir haben nach wie vor viele wunderbar engagierte Frauen, z. B auch als Vorsitzende von Räten auf allen Ebenen. Ich habe gerade einen Brief bekommen in einer delikaten Situation, in einer Gemeinde, wo ich nicht selbst weiterkam, und nun einfach sagen muss: Gott sei Dank haben wir imponierende Frauen vor Ort, die hier einen positiven Einsatz leisten. Diese Erfahrung bleibt ein Motor für die Frage nach der Stellung der Frau in der Kirche. Und da wird sich dann einiges ändern müssen.

Ich war an dem Punkt immer für Ehrlichkeit, auch bei der Frage einer Weihe der Frau zum Priestertum. Hier hat das höchste Lehramt gesagt, dass es definitiv keine positive Lösung gebe. Ich kann verstehen, dass man angesichts der konkreten Entscheidungen nicht akzeptieren will, dass die Tür damit zugeschlagen wäre. Letzten Endes gibt es aber auch Beispiele, wo man in der Kirche lange glaubte, dass eine Entscheidung endgültig getroffen worden sei, und wo doch über Nacht die Tür wieder aufging. Ob das hier ähnlich wäre? Ich weiß nicht. Als dogmatischer Theologe habe ich in dieser Hinsicht gewisse Zweifel. Es gibt auch noch viele wichtige Grundfragen zu bedenken, von denen wir hier später noch sprechen werden.

Die Bischofskonferenz ist vor zwei Jahren an einem anderen Drehpunkt weitergegangen und hat für gehobene Positionen in der Kirchenverwaltung eine sehr viel stärkere Besetzung mit Frauen gefordert. Wir werden nach fünf Jahren selbstkritisch prüfen, was daraus geworden ist. Da hat sich inzwischen schon einiges getan. Wir haben zum Beispiel im Bistum Mainz an der Stelle, wo früher ein Domkapitular die Aufsicht über alle Schularten hatte, seit Langem eine Frau. Wir haben führende Theologinnen an den Universitäten. Es gibt kaum mehr eine Fakultät ohne mindestens eine ordentliche Professorin. Der Vatikan hat zu der UNO-Frauenkonferenz nach Peking keinen Kardinal geschickt, sondern eine amerikanische Historikerin und Diplomatin, die dann das katholische Frauenbild vertreten hat. Es gibt hier in Mainz unser Katholisches Krankenhaus mit mehreren Chefärztinnen; das ist in Krankenhäusern bis heute eher eine Seltenheit, auch in unserer Umgebung Rhein-Main. So rückständig sind wir also nicht.

Aber das wird in der Welt von heute längst als selbstverständlich angesehen.

Man muss aber gerecht bleiben: Auch die Medien sind nicht gerade ein tolles Beispiel, genauso wenig wie die Krankenhäuser und die Unternehmensführungen. Ist es dort viel besser?

Im Journalismus gibt es unter dem Nachwuchs längst mehr Frauen als Männer, die ihren Lebensweg im Journalismus sehen, und auch bei den Medizinern sind die Studentinnen in der deutlichen Überzahl, weil sie gerne Ärztinnen werden wollen. Sie sind oft die Besten des Jahrgangs. Welche grundsätzliche Chance haben Frauen im Kernbereich der Amtskirche?

Für mich ist da noch ein Kapitel dazwischen, das noch nicht genügend Beachtung findet, weil es zum Teil sehr ideologisch besetzt ist. Ich meine die ganze Gender-Debatte. Es geht grundlegend um das Verhältnis von Mann und Frau, und dabei gilt zuerst die einfache Feststellung, dass eine Ebenbürtigkeit vorherrschen muss. Gleiche Rechte, gleiche, entsprechende Bezahlung sind für mich selbstverständlich. Aber Ebenbürtigkeit auch in der Menschenwürde heißt nicht einfach Gleichheit in jeder Hinsicht. Es wird zu wenig bedacht, wie weit Ebenbürtigkeit doch auch eine Verschiedenheit in der Ausprägung des Menschseins bringen könnte. Da muss noch mehr gearbeitet werden. Ich bin in diesen Diskussionen sehr viel unterwegs. Da ist anthropologisch manches noch unklar. Wir müssen uns gegen billige Lösungen wehren, selbst wenn es altmodisch aussieht.*

Aber Ihre Sorge will ich gar nicht bestreiten, dass es in der Kirche zu spät sein kann, weil sie eher als beständiges Hindernis angesehen wird für einen wirklichen Schritt nach vorn. Ich muss aber auch aus meiner eigenen Erfahrung

---

* Vgl. meine Studie zum Genderproblem: Karl Lehmann, *Anthropologische Perspektiven zur Geschlechtergleichheit. Ein Beitrag aus Sicht katholischer Theologie,* in: Karl Kardinal Lehmann, *Auslotungen. Lebensgestaltung aus dem Glauben heute,* Freiburg i. Br. 2016, S. 84–102.

sagen: Ich hatte unter etwa fünfzig Promovierten und Habilitierten in meinen neunzehn Jahren Universität fünf Frauen mit dem Prädikatsabschluss »summa cum laude«. Davon habe ich immerhin drei bis vier nicht bewegen können, eine größere Verantwortung zu übernehmen. Sie sagen mir zum Beispiel: Ich mache gerne meine Sacharbeit, aber ich will mit dem Personalkram, der mir dabei aufgeladen wird, nichts zu tun haben. Diese Haltung ist in einer nicht unerheblichen Breite vorhanden, und es sind herausragende Frauen darunter, die so denken. Ich kämpfe oft vergeblich dafür, dass zu unserer modernen Welt und einer größeren Verantwortung auch Verwaltung gehört, auch differenzierte, qualifizierte Verwaltung. Aber das ist vielleicht ja auch ein Zeichen, dass sich auf der Ebene der Verwaltung und besonders der Personalführung etwas ändern könnte und muss.

Ich gebe Ihnen aber sonst mit der Dringlichkeit dieser Sorge recht.

Zu den ungelösten Sachproblemen der Synode gehören natürlich auch das Thema »Viri probati« und das Zölibat. Gibt es eine Entwicklung?

Ich war die ganze Zeit meines theologischen Engagements mit dieser Frage konfrontiert, auch aktiv gefordert, angefangen mit dem schon erwähnten Memorandum von Mitgliedern der Glaubenskommission der Deutschen Bischofskonferenz von 1970, das auch Walter Kasper und Joseph Ratzinger unterschrieben haben. Damals ist – was es ja auch in anderen Fällen gibt – ein günstiger Moment, ein Kairos, verpasst worden. Man hätte ja nicht gleich einen ganzen »Stamm«, einen ganzen Stand ins Leben rufen müssen, sondern auf einzelne Leute zugehen sollen, die die notwendigen

Voraussetzungen erfüllten. Es gab damals noch keine Pastoralreferenten. Die Situation war offen. Es mit wenigen Einzelnen zu probieren und sie zum Priester zu weihen, wäre ein gutes Vorgehen gewesen. Das wäre, wenn es dann gescheitert wäre, auch nicht schlimmer gewesen, als wenn ein Priester weggeht und heiratet. Das hat man damals – wie gesagt – im Grunde genommen verpasst.

Ich war das erste Mal 1970/71 als Berater in der Deutschen Bischofskonferenz, als dort im Zusammenhang mit der Bischofssynode 1971 über die »Viri probati« diskutiert wurde. Bei den »Viri probati« ließ Döpfner abstimmen. Immerhin haben sich vierzig Prozent der Bischöfe damals dafür engagiert, dass diese Frage bei der Synode diskutiert werden soll. Aber dann ist es doch verboten worden, darüber zu reden.

Heute sage ich aus der Erfahrung des Bischofsamtes: Wir haben ein solches Problem mit der geringeren Zahl von Priestern, bei der konkreten Seelsorgestruktur, auch mit den Gottesdiensten am Sonntag, dass diese Veränderungen der pastoralen Strukturen an den Nerv des katholischen Lebens gehen. Diese Riesengemeinden XXL, das ist nicht unser Ding. Leibhaftigkeit, Personalität und Präsenz vor Ort gehören eigentlich gerade zur katholischen Kirche. Wo Menschen geboren sind, wo sie den Bund fürs Leben geschlossen haben, wo sie ihre Eltern betrauert haben, das ist ein Ort, der kann nicht ersetzt werden. Wenn man es dennoch tut und diesen Lebensraum künstlich erweitert und in weitere Räume verlagert, verliert man ungeheuer viel. Und es ist schon viel verloren gegangen. Die Not ist so bedrängend, dass es mich sehr besorgt macht, dass wir darüber in den Bischofskonferenzen zu wenig reden und diskutieren. Darüber können wir nicht einfach hinweggehen und hinwegsehen. Was da geschieht, möchte ich nicht als naturgegeben sehen. Aus der pastoralen Erfahrung heraus würde ich z. B. in unserem Bistum auf Anhieb eine Reihe von Ständigen Diakonen ausfindig machen können, die theologisch ausreichend gebildet, auch in ihrer Ehe und in ihren Familien gefestigt und in ihren Gemeinden verwurzelt sind. Sie machen fast alles, außer der Eucharistiefeier. Warum sollte man diese Leute nicht im Einzelfall weihen können! Das wäre besser, als einfach von einer Ausbildung an der Universität her, sozusagen im Abstrakten, einen neuen Stand zu kreieren.

Dann würde man erste Erfahrungen machen, und ich glaube, man würde, wenn ich so in die Welt schaue, recht gute Erfahrungen machen. Ich meine manchmal, mit aller Vorsicht gesagt, Anzeichen zu sehen, dass Papst Franziskus mindestens für die Diskussion und vielleicht auch für ein begrenztes Experiment eine gewisse Offenheit hat, vielleicht sogar auf Anträge wartet. Was Bischof Erwin Kräutler aus Xingu (Brasilien) von seinen jüngsten Gesprächen mit dem Papst berichtet, lässt wenigstens aufhorchen.

Was bedeutet das für das Pflichtzölibat?

Ich mag das Wort »Pflichtzölibat« nicht. Wenn das Zölibat nicht von innen kommt und wenn es nicht auch vom Herzen her angenommen werden kann, dann verfehlt ein Zölibat von Grund auf seinen Sinn. Ich bin in den 33 Jahren meines Bischofsamtes jedem Priester, der weggegangen ist, persönlich zur Seite gestanden. Ich habe dies nie delegiert, ich habe immer mit den entsprechenden Mitbrüdern geredet. Das waren über dreißig, mit ganz unterschiedlichen Hintergründen. Manche sagen: Ich habe nicht gewusst, dass ich doch nicht einfach allein leben kann. Dies gibt ein anderes Verständnis für die Wertung solcher lebensgeschichtlicher Erfahrungen. Ich denke, es wäre dabei völlig falsch, wenn man jetzt nur auf die Sexualität und die Intimität schauen würde. Leider wird in der öffentlichen Diskussion fast alles darauf reduziert. Es geht darum, mit einem Partner bzw. einer Partnerin einen Austausch zu pflegen, dabei auch geistige und spirituelle Erfahrungen zu machen, die man allein nicht haben kann. Bei der gleichzeitigen Übersexualisierung im öffentlichen Leben kann man in Zukunft auch kaum größere Zahlen von Kandidaten für ein eheloses Priestertum erwarten. Das geht vielleicht noch in einer Volkskirche, wenn man sehr stark auch durch eine Gemeinde getragen wird. Aber ob man das in einer großen Breite vielen zumuten kann?

In dieser Hinsicht bin ich skeptischer geworden, als ich es früher war. Ich selbst bin mit einer Begeisterung für die Theologie und die Kirche Priester geworden. Dass ich auch »Ja« sagen konnte zum Zölibat, war für mich immer selbstverständlich, weil ich begeistert war für den Grund, um den es geht: die Nachfolge Jesu Christi, dafür ganz verfügbar zu sein. Aber aufgrund der Erfahrungen später mit Mitbrüdern und auch im Blick auf einen selber muss man doch sagen: Es ist gut, wenn manches in der kirchlichen und pastoralen Praxis immer wieder auch mit den Augen und dem Empfinden von Frauen angesehen und beurteilt wird, nicht allein von Männern. Ich selbst bin dadurch jedenfalls klüger geworden, auch in pastoralen und manchmal auch in ethischen und theologischen Fragen.

Man muss sich auch fragen, ob es nicht unterschiedliche Verwirklichungsmodelle von Priestertum gibt, so wie sie die Ostkirchen ja auf ihre Weise haben. Ich kann mir eigentlich nicht mehr vorstellen, dass man angesichts der pastoralen

Nöte bei uns sogar vor der Diskussion, die man doch mit offenen Augen und wachem Geist führen muss, immer noch flieht. Das lässt sich für die Zukunft nicht mehr verantworten. Ich wehre mich allerdings dagegen, dass man damit die zölibatäre Lebensform negativ qualifizieren oder gar abschaffen würde. Sie gehört zur Kirche. Aber die Freiheit, einzuüben, dass auch andere Lebensformen in der Kirche angenommen werden, wäre eine gewaltige Arbeit. Warum haben wir nicht so viel Kraft – auch gegen einen öffentlichen Strom – unser ureigenes Problem unvoreingenommen zu diskutieren? Wie lange geht das schon so?

Sie fordern eine mentale Revolution?

Durchaus. Aber es gibt größere und schwierigere Revolutionen. Es müsste eigentlich möglich sein, wenigstens ohne Scheuklappen darüber zu reden und zu sehen, was wirklich ist. Das fehlt. Dies ist für mich seit fast fünfzig Jahren eine niederschmetternde Erfahrung, dass man über diese Fragen nicht unbefangen und gelassen diskutieren kann.

Freilich, unsere evangelischen Schwesterkirchen können uns dazu nicht viel Mut machen, wenn ich an die hohe Zahl der Scheidungen und das Thema »Homosexualität im Pfarrhaus« denke. Hier fehlt uns auch noch der redliche Austausch. Die säkularen Plausibilitäten und »Selbstverständlichkeiten« helfen uns schon gar nicht.

Brauchen wir für solche Fragen eine neue Synode?

Besser wäre eine europäische Synode, wenigstens eine im deutschen Sprachgebiet. Die Situationen sind allerdings sehr unterschiedlich: Um das zu erkennen, reicht schon der Blick über den Rhein nach Frankreich oder auch auf unseren östlichen Nachbarn Polen. Aber ohne Duldung dieser Verschiedenheiten und das Lernen voneinander wird es in Zukunft sowieso nicht gehen. Deshalb muss man damit einmal anfangen. Ich war ja zehn Jahre Vizepräsident des CCEE (Consilium Conferentiarum Episcoporum Europae), des Rates der Europäischen Bischofskonferenzen. Es war immer enttäuschend, wenn ein wirklicher Austausch nicht zustande kam, aus sehr unterschiedlichen Gründen – auch weil die einen gar nicht akzeptieren, dass es bei den anderen spezifische Probleme gibt! Andere hatten den Eindruck, sie würden in Rom schlecht angesehen, wenn sie überhaupt darüber diskutieren.

Eine seltsame Furcht.

Eine falsche Furcht. Die Kirche unseres Landes kann aus der Erfahrung mit Medien und Wissenschaft und gesellschaftlichen Diskussionen vor allem dies lernen, dass diese Angst und Furcht sich nicht auszahlen. Wie heißt es im Kontext meines Leitwortes: »Seid wachsam, steht fest im Glauben, seid stark, seid mutig.«

Diesen Mut gegenüber Rom gab es nicht häufig.

Ja, aber es braucht ihn. Dieser Papst – hoffentlich lebt er lang – ist ja mutig genug, um auch genügend Konsequenzen zu ziehen. Es braucht den Mut. Ich sehe uns sonst langfristig zurückfallen in eine Sekte. Jedenfalls wäre es immer schwieriger, dann gesellschaftlich mitzureden, auch bei anderen Fragen.

6. Die Synode in Rom: Alte Fragen, neue Wege

Kommen wir zu diesem Papst und seiner Familiensynode 2014/2015. Es gab ja seit dem Konzil eine ganze Reihe von Bischofssynoden.

Ich war bei insgesamt zehn Synoden dabei.

Deren Ernte, heißt es, war nicht immer nur prächtig.

Es war sehr unterschiedlich. Am Anfang – Döpfner hatte mich als Berater mitgenommen – hat die Synode noch selber die Ergebnisdokumente verfasst und am letzten Tag auch veröffentlicht, also 1971. Die Texte über das Priestertum und die Gerechtigkeit waren nicht besonders gut. Dies ist in drei oder vier Wochen auch kaum hinzubringen! Papst Paul VI. hatte nach den nächsten Synoden, als es um die missionarische Dimension der Kirche und um die Weitergabe des Glaubens ging, zwei Dokumente veröffentlicht, *Evangelii nuntiandi* (1975), sehr oft zitiert von Papst Franziskus, und *Catechesi tradendae* (1979). Dies sind bis heute hervorragende Texte, die der Papst, dem man jeweils alle Materialien der Synode übergeben hat, nach den Synodenvollversammlungen in seiner Autorität ausgearbeitet hat. Es gab dann weitere päpstliche nachsynodale Dokumente etwa über das Priestertum und über Ehe und Familie, über die Laien, in denen leider längst nicht alles aufgenommen wurde, was wirklich in den Synoden diskutiert worden ist. Manche »heißen Eisen« blieben außen vor. Insofern war es eine unglaublich kühne Initiative von Papst Franziskus, dass er vor den Bischofssynoden alle Katholiken befragen ließ, wie sie mit der Lehre der Kirche zu Familie und Sexualität umgehen.

Das Ergebnis war ja für die kirchliche Moral doch schon ein Desaster. Zwischen kirchlicher Vorgabe und gelebter Realität in Familien- und Sexualfragen klafft bei Katholiken eine riesige Differenz.

Aber diese Differenz ist an den Tag gekommen, und sie lässt sich ab jetzt von niemandem mehr leugnen. Das ist alleine schon ein großes Plus, bei dem es freilich nicht allein bleiben kann.

Viele waren von der Synode ja enttäuscht. Sie dagegen sagen: Da ist eine Tür aufgemacht und ein wichtiger Konsens erreicht worden.

Der Abschlussbericht der Synode 2015 musste angesichts der Unterschiedlichkeiten in der Weltkirche und der Komplexität der zu behandelnden Fragen unvermeidlich relativ abstrakt bleiben. Aber bei dem großen Durcheinander, das in der Welt und auch in unserer Gesellschaft im Blick auf Sexualität, Ehe und Familie besteht, ist die Tatsache, dass man sich bei einer Weltkirche zu achtzig Prozent in den allerwichtigsten Fragen gleichsam auf Anhieb einig ist, ein kostbarer Schatz. Man muss freilich damit etwas anfangen, mit diesem Pfund wuchern. Dann kann sich auch zeigen, wo Mängel und Lücken sind. Insofern bin ich nicht sehr enttäuscht. Ich wäre das nur, wenn daraus jetzt nichts folgen würde. Ich habe schon einige Male erlebt, dass man in solchen Fragen schon nahe dran war

– und das Thema dennoch nicht erfolgreich geklärt hat. Es kommt jetzt auf diesen Papst an. Ich werde ihn zu ermutigen suchen, auch wenn ich nicht mehr im Amt bin. Dies weiß er.

Dass das Thema wiederverheiratete Geschiedene dann doch in aller Vorsicht wieder aufgenommen wurde, muss für Sie eine Genugtuung sein. Sie haben das Thema seit Ihrem ersten Seminar als Professor in Freiburg traktiert, dann in dem Hirtenwort zusammen mit den beiden Bischofskollegen Walter Kasper und Oskar Saier unter dem sachlichen Titel Zur seelsorglichen Begleitung von Menschen aus zerbrochenen Ehen, Geschiedenen und wiederverheirateten Geschiedenen *(1993) behandelt. Sie haben damals aus Rom eine harsche Abfuhr bekommen. Jetzt bekommt das Thema eine Perspektive.*

Diese Abfuhr empfinde ich als eine der größten Enttäuschungen meiner gesamten Bischofszeit. Wenn uns damals, als wir von Rom zu einem Gespräch über unseren Text eingeladen waren, gesagt worden wäre: »Wir sind nicht mit allem einverstanden; manches ist auch noch unklar, manches müssen wir vielleicht sogar ablehnen. Aber wir laden euch ein, dass wir, gewiss auch angereichert durch andere, auf dieser Basis weiterarbeiten« – dann wäre dies nach meinem Empfinden und Urteil eine Sternstunde für die Kirche gewesen. Stattdessen wurden wir abgekanzelt, wie es für uns als Theologen und als Bischöfe nicht angemessen war. Es war auch der Sache nicht angemessen, weil unsere Gesprächspartner ja gestehen mussten, dass ein Problem vorliegt, sie aber keine Lösung hatten. Mir hat damals ein inzwischen verstorbener Kardinal, der ein hervorragender Kanonist war, sozusagen ins Ohr geflüstert: »Wir wissen doch alle, dass wir etwas unternehmen müssen.« Aber öffentlich oder halböffentlich hat er das nicht gesagt.

Die Enttäuschung hat für mich – dies muss ich einmal sagen – noch zusätzlich eine bittere Note. Joseph Ratzinger und ich waren 1969/70 in der Münchener Akademie zu diesem Thema eingeladen. Er hat einen Text »Zur Frage nach der Unauflöslichkeit der Ehe« vorgetragen, der uns damals Mut machte; Joseph Ratzinger war ja für uns ein Leitstern und ein Vorbild. In seinem Vortrag*, in dem er eine weitgehende Öffnung der Kirche in dieser Frage gefordert hat, belegte er mit einigen klug ausgewählten Texten aus der frühen Kirche sein Plädoyer für eine deutliche Wende im Verhalten der Kirche. Ein schönes Beispiel: In seiner Auslegung des Matthäus-Evangeliums sagt Origenes: In meiner Kirche, in der weiten Umgebung von Alexandrien, lassen Bischöfe eine zweite Hochzeit zu. Das ist zwar »gegen die Schrift, aber nicht unvernünftig« (»ouk alogos« im griechischen Original). Und Origenes sagt dies vor allem im Hinblick auf »die Vermeidung von größerem Schaden«. Ich habe mich immer gefragt: Was macht Joseph Ratzinger, Benedikt XVI., wenn er in seinen *Gesammelten Schriften* diesen Aufsatz wieder veröffentlicht? Lässt er ihn weg, interpretiert er ihn, oder was macht er? Jetzt ist der Band da,** und was machte Joseph Ratzinger? Er lässt neunzig Prozent des Aufsatzes stehen, also mit der Argumentation für seine früher dargelegten praktischen Konsequenzen, schreibt aber jetzt das Schluss-

---

* Seinerzeit gedruckt in: Franz Henrich / Volker Eid (Hrsg.), *Ehe und Ehescheidung. Diskussion unter Christen*, München 1972, S. 35–56.

** Joseph Ratzinger, *Zur Frage nach der Unauflöslichkeit der Ehe*, in: *Gesammelte Schriften*, Bd. 4: *Einführung in das Christentum: Bekenntnis – Taufe – Nachfolge*, Freiburg i. Br. 2014, S. 600–621.

kapitel völlig um, ohne in der Argumentation vorher etwas zu ändern. Er nimmt sozusagen alle seine weiterführenden Vorschläge von früher heraus. Im Grunde genommen hätte Benedikt XVI., Papa emeritus, sagen können: Ich lasse diesen Aufsatz weg, ich habe jetzt nicht die Zeit und die Kraft für eine Neubearbeitung, ich denke heute auch etwas anders. – Aber diese Art, mit einem neuen Schluss die ganze Argumentation stehen zu lassen, hat mich enttäuscht.

Wenn man damals nach unserem Hirtenwort 1993 diese Sache neu und eigens ausgearbeitet hätte – auch wenn es vielleicht noch ein paar Jahre gebraucht hätte –, wären wir nicht in die Klemme gekommen, in der wir heute sind. Es wird ja fast in jeder Gemeinde etwas anderes gemacht. Das ist keine gute Situation und auch theologisch nicht zu verantworten. Solche Dinge dürften uns eigentlich nicht passieren. Es geht schließlich um Lebensfragen für die Menschen.

Neu bei der Synode 2015 war neben der Tonalität in der Frage der »wiederverheirateten Geschiedenen« auch, wie erwähnt, der dezentrale »Spirit«. Der Zentralismus der Papstkirche scheint reduziert, wenn der Papst sagt: Der synodale Weg ist unser Weg der Zukunft.

Ganz klar, er zitiert ja auch in seinen eigenen Veröffentlichungen, *Laudato Si* und *Evangelii Gaudium*, häufiger Bischofskonferenzen als die Päpste und auch nicht dauernd nur sich. Ein deutlicher Hinweis.

Nicht mehr die Superzentrale Rom wird also alles entscheiden, auch die Bischöfe vor Ort und die nationalen Bischofskonferenzen erhalten neue Verantwortungen. Wollen sie dies?

Die Bischofskonferenzen müssen den Mut haben, die ihnen zugewiesene Verantwortung auch zu wollen – und sich ihr zu stellen. Wir könnten ja in vielem mutiger sein und reden uns dauernd heraus, dass wir das wegen »Rom« nicht könnten. Wir probieren aber auch viel zu selten, ob wir die Rechte, die wir eigentlich haben, produktiv nützen. Das betrifft beispielsweise die Liturgie, wo uns durch das Konzil regionale Kompetenzen zugewiesen wurden. Dass uns vieles davon »via facti« durch Eingriffe in den letzten fünfzig Jahren wieder genommen worden ist, ist beschämend. Wie oft habe ich etwa bei der Ausarbeitung des neuen Gebet- und Gesangbuchs *Gotteslob* gesagt: Wir lassen uns das doch nicht einfach gefallen. Unsere deutschsprachigen Bischofskonferenzen mit ihren ca. hundert Bischöfen dürfen sich doch nicht von zwei oder drei Referenten in Rom sagen lassen, welche Kirchenlieder für uns die richtigen sind oder welches unsrer Lieder nicht akzeptiert werden kann. Aber leider wissen wir nicht immer, wo die Entscheidungen wirklich fallen.

Sie haben sich durchgesetzt?

Ja, nach heftigen, zeitraubenden Auseinandersetzungen haben wir uns in wichtigen Fragen durchgesetzt. Ich war dabei allerdings nicht maßgebend beteiligt.

Die Synode 2015, die von Ihnen in diesem Sinne positiv bewertet wird, hat einige der »heißen Eisen« weitgehend ausgespart. Ein Thema, das in der medialen Öffentlichkeit eine besondere Bedeutung hat, Homosexualität, ist nicht ausführlich behandelt worden. Bleibt Homosexualität oder das Leben in homosexuellen Partnerschaften eine Sünde?

In Wirklichkeit denkt doch auch unter Verantwortlichen niemand mehr so simpel, aber die manchmal schamlose und rücksichtslose Werbung in der Öffentlichkeit halte ich für bedenklich. Für mich ist wichtig, wie jemand mit seiner Veranlagung umgeht, zum Beispiel öffentlich oder im öffentlichen Raum, oder wie er damit lebt. Man muss nüchtern davon ausgehen, dass wir auch heute noch wenig über Homosexualität wissen. Ich will also in der Beurteilung höchst vorsichtig bleiben, aber auf jeden Fall jedem gegenüber Respekt und Achtung haben. Aber ich erwarte auch eine entsprechende Haltung von den Betroffenen. Ich beurteile übrigens die Aussagen der Synoden zur Homosexualität etwas günstiger, auch den Weltkatechismus und den deutschen Erwachsenenkatechismus. Da hat sich schon etwas getan, auch im Arbeitsrecht.

Was heißt das für die Praxis?

Wir haben ein neues kirchliches Arbeitsrecht. Es gibt keine automatische Entlassung mehr, auch nicht im Fall einer »Verpartnerung«. Es gibt keine absoluten Gründe für eine Entlassung. Bei allen Betroffenen muss die persönliche Situation mit den Umständen einbezogen werden. Alle »friedlichen« Maßnahmen zur Konfliktbereinigung müssen beachtet werden. Jetzt hoffen wir, dass uns dies besser gelingt. Man soll aber auch die Provokationen nicht vergessen. Ich habe selbst erlebt, wie im Fuldaer Dom splitternackte Homosexuelle während des Gottesdienstes in den Altarraum stürzen wollten.

Aus der Sicht der Betroffenen ein kleiner Schritt ...

... ein kleiner Schritt, aber ein Einstieg, der im Übrigen nicht so ganz leicht war, weil das Verfassungsgericht im November

2014 ein Urteil ergehen ließ, das doppelt überraschend war. Es war eine Überraschung, dass und in welch hohem Maß der Kirche ein Selbstbestimmungsrecht zugesprochen bleibt, aber auch keine absoluten Kündigungsgründe existieren.

Eine neue, alte Baustelle: das kirchliche Arbeitsrecht.

Wir hatten eigentlich vor dem ganz unerwarteten Urteil des Bundesverfassungsgerichts vom Spätherbst 2014 gedacht, dass manche alte Stütze, vor allen Dingen das berühmte Böckenförde-Urteil von 1985 mit der Vorstellung eines eigenen kirchlichen Arbeitsrechts, in dieser Hinsicht eher angekratzt wird. Aber Karlsruhe hat uns zunächst eher unterstützt und hat die Arbeitsgerichte aller Stufen bis zum Bundesarbeitsgericht gerügt, dass sie dieses Selbstbestimmungsrecht der Kirche manchmal nicht beachten. Natürlich haben daraufhin die Hardliner gejubelt nach dem Motto: Jetzt brauchen wir wohl auch nichts zu ändern! Aber in der zweiten Hälfte des Urteils wird mit aller Klarheit gesagt: Es gibt kein automatisches Kündigungsrecht. Jeder einzelne Fall mit allen persönlichen Umständen muss im Einzelfall abgearbeitet werden, es muss auch geprüft werden, ob eventuell andere Maßnahmen helfen, zum Beispiel eine Versetzung oder Abmahnung. Es steht nicht von vornherein irgendwo fest, dass es ein Vergehen geben könnte, das automatisch eine Entlassung, eine Kündigung nach sich zieht. Das haben wir jetzt umgesetzt. Wir waren selbst auf diesem Weg. Wer das Selbstbestimmungsrecht will, der kann das nur um den Preis haben, dass es eben keine absoluten Kündigungsgründe mehr gibt. Auf dem Gebiet des kirchlichen Arbeitsrechts hat man letzten Endes so mehr für wiederverheiratete Geschiedene getan als auf dem Weg der Theologie und des Kirchenrechts allein.

Um auf die Synode 2015 zurückzukommen: Die deutsch-
sprachige Gruppe hat hier wichtige Vorarbeit geleistet für
den Konsens zum Schlussdokument. Ist das eine neue Rolle?

Ich freue mich sehr, dass die deutsche Sprachgruppe, die
kleiner ist als früher – nicht mehr so viele Osteuropäer reden
Deutsch – so hilfreich war. Immerhin waren in dieser Gruppe
die Kardinäle Gerhard Ludwig Müller, Walter Kasper, Christoph
von Schönborn und Reinhard Marx. Da ist Konsens
nicht selbstverständlich. Das Konsensergebnis in der Arbeitsgruppe
ist schon sehr beachtet worden. Das tut auch der Theologengruppe
gut, dass sie sich doch zusammengerauft hat.
Wie weit das dann konkret zu Veränderungen führt, weiß man
nicht, aber es lohnt sich jedenfalls, dass man sich weiterhin um
eine eigene Meinung kümmert und die auch mutig vertritt,
aber offen bleibt für eine grundlegende Gemeinsamkeit.

Welche Richtung diese grundsätzliche Gemeinsamkeit fin-
det, sollte das nachsynodale Schreiben von Papst Franziskus
konkretisieren. Die Erwartungshaltung an dieses päpstliche
Papier war außerordentlich groß, ganz nach dem Motto:
Jetzt werden Wegweiser beschriftet.

Ich freue mich, dass Papst Franziskus so rasch nach den
beiden Synoden 2014/2015 einen ersten Ertrag formulieren
konnte. Der Zusammenhang mit den synodalen Ereignissen
ist so eng wie noch bei keinem anderen nachsynodalen
Dokument. Schon dies ist ein großes Geschenk. Der Text
gehört auch zum Jahr der Barmherzigkeit, das Papst Franziskus
für 2016 zum Konzilsgedenken ausgerufen hatte. Mit
302 Seiten in der offiziellen Ausgabe, unterzeichnet am 19.
März 2016, ist der Text überraschend umfangreich.

Was sind für Sie die wichtigsten inhaltlichen Akzente, was bleibt offen?

Zunächst ist erstaunlich, wie Franziskus den Text mit den Aussagen der beiden Synoden, seiner Vorgänger und der Tradition, besonders auch Thomas von Aquin, verklammert. Der Papst lässt keinen Zweifel, dass er die Lehre über die unwiderrufliche Treue in der Ehe eindeutig stützt. In den neun Kapiteln wird in 325 Abschnitten dies stets unter Berücksichtigung der heutigen Situation der Familie entfaltet: die Ehevorbereitung, die Begleitung in den ersten Jahren, die Herausforderung in Krisen, komplexe Situationen, Brüche und Scheidungen, Erziehung der Kinder, Sexualerziehung. Auch das Kapitel über die Pastoral Wiederverheirateter Geschiedener zeigt schon in der Überschrift ein umfassendes Vorgehen: »*Die Zerbrechlichkeit begleiten, unterscheiden und eingliedern*«. Manche sind gewiss enttäuscht und haben einen Katalog von Zulassungsbedingungen, vor allem zur Kommunion, erwartet. Franziskus kommt es jedoch auf den dynamischen Weg der Kirche mit den Menschen an, indem man die verschiedenen Situationen achtet. Allgemeine Normen können unmöglich alle Sondersituationen umfassen. Dies gilt auch für die Feststellung von Schuld. Der Papst achtet auf das dem Menschen in seiner Situation jeweils mögliche Gute. Voraussetzung ist ein neues Mitgehen in und mit der Kirche. Für weitere Schritte, auch für einen Zutritt zur Eucharistie, sind das einzelne Gewissen und der Rat des Seelsorgers wichtig. Diese Sicht eröffnet neue Wege, nimmt vieles aus der bisherigen Diskussion vertieft auf. Es wird nicht leicht sein, dies alles in Herz und Sinn aller zu bringen, der Seelsorger und der Betroffenen: ein neues Denken.

7. Ökumene: die Glut unter der Asche

Bei der großen offiziellen Pressekonferenz anlässlich Ihrer
Kardinalserhebung saßen Sie sehr einvernehmlich gemein-
sam auf einem Zweiersofa mit dem damaligen Ratsvorsit-
zenden der Evangelischen Kirche in Deutschland, Manfred
Kock. Sie beide wirkten wie die Personifizierung der Ver-
söhnung der Kirchen. Es war ein sehr starkes ökumenisches
Zeichen und für mich das perfekte Symbol einer gelebten
Ökumene. Woher rührt Ihr eigenes ökumenisches Feuer?

Es ist eigentlich seltsam, weil ich aus einer Familie und aus
einer Umgebung komme, die fast lückenlos katholisch war.
Wir hätten damals in den Dörfern, wo mein Vater Lehrer
war, einen Protestanten wie eine Stecknadel im Heuhaufen
suchen müssen. Es gab in diesem geschlossenen katholischen Milieu einfach sehr wenige evangelische Mitchristen.
Aber ich erinnere mich an die ersten Begegnungen mit Leuten aus (wie man früher sagte) Mischehen – heute sagt man
bekenntnisverbindenden Ehen –, denen man damals kir-
chenrechtlich und pastoral mit einer gewissen Härte begeg-
nete. Schon damals kam mir immer wieder die Frage, ob wir
nicht etwas mehr Verständnis insbesondere für die Situation
der Kinder haben sollten. Wir konnten diesen Menschen ja
nicht ihre Entscheidung abnehmen, in einer Ehe mit zwei
verschiedenen Konfessionen zu leben, auch wenn das immer
etwas konfliktträchtig sein wird. Kurz: Ich habe mich, noch
bevor ich Theologie studierte, immer wieder auch gefragt:

Wenn Menschen in der intimsten Gemeinschaft an Folgen leiden müssen, die sie selber überhaupt nicht zu verantworten haben, dürfen wir dann wirklich die theologischen und konfessionellen Probleme in der traditionellen Härte bis in diese Gemeinschaft hinein verlängern? Dieser menschliche Aspekt hat mich berührt. Als Thema der Theologie lag mir die Problematik zunächst nicht sonderlich nahe. Sie ist auch im Studium nicht sehr angesprochen worden. Aber als ich dann anfing, vor allem im Zusammenhang mit meiner Arbeit über Heidegger, auch in die evangelische Theologie hineinzulesen – es gab ja in Marburg eine intensive Gemeinschaft von evangelischen Theologen wie Rudolf Bultmann mit Martin Heidegger –, begann ich, mich auch damit intensiver zu beschäftigen. Aber der praktische Antrieb und Auftrieb kam doch immer wieder von der konkreten Not der »Mischehe«.

Woher kommt die Ökumene? Wohin will die Ökumene?

Die ökumenische Bewegung – auch auf der evangelischen Seite, die dann 1948 zur Gründung des Ökumenischen Rates der Kirchen geführt hat – kommt hauptsächlich von drei Ecken her. Man könnte auch von den drei Säulen sprechen, auf denen sich im 20. Jahrhundert die ökumenische Bewegung entwickelt hat: Das eine ist die Erfahrung der Studenten, auch von Theologiestudenten, dass sie an den Universitäten als Christen immer wieder die konfessionelle Trennung rechtfertigen mussten. Das Zweite ist die Mission, die sich schwer tat, zu legitimieren, warum man, wenn man das Christentum bringen will, dies in verschiedenen rivalisierenden Gemeinschaften tun muss. Das Dritte ist schließlich die Theologie selbst, weil eben dort nachgefragt worden ist, ob sich die Differenzen nicht aufarbeiten ließen. Dazu kam, als ein weiterer Aspekt, die Frage des gelebten, praktischen Christentums. Sie ist vor allem zugespitzt worden durch die Erfahrung der Schrecken des Ersten Weltkriegs und die Friedensbewegungen, die im und nach dem Ersten Weltkrieg entstanden sind. Es gab damals im Spektrum des Pazifismus auch starke katholische Friedensbewegungen. Diese verschiedenen Bewegungen sind dann nach dem Zweiten Weltkrieg unter dem erneuten Eindruck, dass auch die Christen diese Katastrophe nicht hatten verhindern können, in der Gründung des Ökumenischen Rates der Kirchen (ÖRK) am 23. August 1948 in Amsterdam – nicht nur organisatorisch – zusammengeführt worden. Die katholische Kirche ist im ÖRK erst mit dem Zweiten Vatikanischen Konzil voll unterstützend eingestiegen, aber nicht Mitglied geworden. Wir sind jedoch mit vollen Rechten Mitglied bei »Glauben und Kirchenverfassung«, der Theologischen Kommission des Ökumenischen Rates. Wir wollen mit vielen Kirchen eine »sichtbare Einheit«, ohne dass man dabei an eine institutionelle Verschmelzung denken muss.

Es gab in den Zeiten nach dem Weltkrieg große Wellenbewegungen der Ökumene, viele Erfolge, aber auch viel Stillstand samt Rückwärtsgang.

Das kann man auch anders sehen. Es ging sehr intensiv weiter in der Theologie. Wir hatten den Beginn der ökumenischen Gespräche, katholisch – lutherisch, bereits während des Konzils. Das heißt, dass wir seit fünfzig Jahren diese Gespräche führen. Da ist eine ganze Menge von sehr guten Texten entstanden – auch aus der Arbeit unseres Ökumenischen Arbeitskreises evangelischer und katholischer Theologen, der 1946 auf den Trümmern unseres Landes entstanden ist. Ich arbeite dort seit 1969 in verantwortlichen Positionen mit, als wissenschaftlicher Leiter und bis heute als Vorsitzender von katholischer Seite.

Aber hier tut sich auch ein großes Problem auf, das mich immer hart getroffen hat, gleichsam doppelt. Was die Theologie erarbeitet hat, muss ja, wenn es fruchtbar werden soll, auch vom verantwortlichen Amt in der Kirche aufgenommen, natürlich auch noch einmal überprüft und kritisch durchgesehen werden. Da ist aber viel theologisch vorgearbeitet worden, was nachher einfach brach liegen blieb. Es gibt Impulse, die hätte man in der Folge von Amts wegen aufgreifen müssen. Man hätte sagen müssen: Macht doch an der Stelle weiter, das ist wichtig genug. Es gibt Dinge, wo wir uns richtig abgeplagt haben, etwa zum Verständnis der Eucharistie oder was die genaue Rolle und die Problematik des Amtes angeht. Vieles ist theologisch aufbereitet, aber irgendwo wie in einem Silo liegen geblieben. Dazu kommt noch etwas: Man muss auch der Theologie vorwerfen, dass sich außer den theologischen Experten in diesen Fragen, den Ökumenikern – und es gibt ja nur ganz wenige Lehrstühle, die ausschließlich der Ökumene gewidmet sind –, relativ wenige Kollegen um die Ergebnisse der ökumenischen Gespräche geschert haben. Auf unserer genauso wie auf der evangelischen Seite. Und geradezu skandalös ist etwas anderes: Gegen die Feststellung, dass wir uns in den Grundwahrheiten der Rechtfertigungslehre einig sind – unsere Einigung vom 31. Oktober 1999 in Augsburg –, sind heute noch auf evangelischer Seite harte Widerstände unter den bestallten Theologieprofessoren lebendig. Als ich nach zehn Jahren eine Bilanzierung versuchen sollte (2009), war das Ergebnis insgesamt mager und beklagenswert. Ich hoffe, dass das Gedenkjahr 2017 zu einer

Gelegenheit wird, das Thema wiederaufzugreifen und die erreichte Einigung neu fruchtbar zu machen. Es gab auch in gewisser Weise eine Verschlechterung der Situation, und zwar aus folgendem Grund: Wenn man als evangelischer Christ mit unterschreibt, dass es in den Grundwahrheiten des zentralen Konfliktes, der die konfessionelle Spaltung auslöste, nämlich im Verständnis der Rechtfertigung, keine kirchentrennenden Differenzen mehr gibt, dann muss man sich natürlich fragen: Warum sind wir dann noch evangelisch oder katholisch? Dazu kommt ein anderes Problem: Die gemeinsame Verabredung, die gemeinsame Übersetzung des Neuen Testaments und der Psalmen (»Einheitsübersetzung«) für ökumenische Gottesdienste zu verwenden, ist einfach einseitig aufgekündigt worden.

... von welcher Seite?

Von der evangelischen Seite. Wir mussten dann die geplante Revision der »Einheitsübersetzung« allein erarbeiten. Es ist dann, was ja vielleicht nötig war, eine moderate Überarbeitung auch der Lutherübersetzung in Gang gekommen, aber diesmal nur einseitig – als Projekt der evangelischen Kirche. Dann kam, ein weiterer Rückschlag, ein eigenes Dokument aus Rom, das der evangelischen Kirche letztlich absprach, eine Kirche zu sein. Das war *Dominus Jesus*, am 6. August 2000, von Kardinal Ratzinger und von Johannes Paul II. bestätigt.

Es las sich wie eine bewusste Störaktion.

Ich würde sagen: Zumindest eine äußerst unglückliche Aktion in einer schwierigen Zeit. Es war aber nicht eine direkt unökumenische Aktion. Ich bleibe bei meinem Stichwort »Betriebsunfall«, auch wenn ich gelegentlich wegen dieses Wortes gerügt worden bin.

Es gibt ohnehin den schwerwiegenden Vorwurf, dass vonseiten Roms diese ökumenische Annäherung immer mit einem Superioritätsgefühl, mit einem Bewusstsein: Wir sind der überlegene Partner, verknüpft worden ist.

Das ist ein echtes Problem. Auf der anderen Seite gibt es evangelischerseits auch viele, die deutlich sagen: Wir wollen nicht Kirche sein, wie die Katholiken Kirche sind. Man schüttelt auch anderes ab – schon seit dem 19. Jahrhundert, wenn ich daran denke, was bei Adolf von Harnack das Prädikat »katholisch« eigentlich bedeutet! Die Reinheit des Evangeliums gibt es demnach nur in der evangelischen Kirche. Selbstverständlich bräuchten wir Katholiken etwas mehr Sensibilität, etwa auch dafür, dass die erwähnte Einigung über die Rechtfertigung in Augsburg 1999 zunächst nur mit den Lutheranern zustande gekommen war und von einer ganzen Reihe anderer evangelischer Konfessionen nicht mitgetragen wurde. Auch wenn die Methodisten einige Jahre später mit unterschrieben haben – es bleibt doch eine schwierige Sache. Deswegen muss man auch Verständnis haben, wenn in der Folge die Frage nach der eigenen Identität und der eigenen Selbstwahrnehmung in den Vordergrund trat. Es musste stärker ventiliert werden: Wer sind wir noch? Das ist auch der Hintergrund dafür, dass die Diskussion über das eigene evangelische Profil entstand. Darauf hätte man katholischerseits viel positiver und vor allem sensibler antworten können, aufgrund der Aussagen des Konzils und der ökumenischen Diskussion danach.

Was hier unsererseits versäumt worden ist, das geht in das Mark der Sache. Wenn man im gegenseitigen Verstehen eine gewisse Einigkeit hätte, könnte man auch viel stärker zusammenstehen. Ich bin froh, dass ich hier mit Bischof Wolfgang Huber – er war Ratsvorsitzender und so mein Pendant – ein sehr gutes Einvernehmen gefunden hatte.

Es ist von außen schwierig zu verstehen: Was trennt?

Eine wesentliche Unterscheidung ist für die Theologie hier in der Tat zu treffen: Sind Differenzen wirklich kirchentrennend? Wenn das so ist, dann muss man darüber reden, wie weit man im Dialog noch kommt. Dann kann es aber durchaus sein, dass man zu einem Teilkonsens kommt. Es kann aber auch sein, dass man feststellen muss: Es gibt tatsächlich noch keinen Konsens. Aber es gibt auch Differenzen und Verschiedenheiten, die eher positiv sind, weil sie eine gewisse Farbigkeit und Pluralität, eine belebende Verschiedenheit in das christliche Miteinander bringen. Dann erst kann man die einzelnen Trennungen und ihren theologischen Ausdruck gewichten und »einordnen«.

Ich komme notwendigerweise etwas ausführlicher auf die mehr inhaltliche Seite. Was trennt noch? Dies ist nicht leicht zu sagen. Sichtbare Unterscheidungen sind der Papst, die Heiligen- und Marienverehrung, die Zahl der Sakramente usw. Über all dies wird jedoch intensiv gesprochen. Die Amtsfrage ist noch nicht ausreichend geklärt. Aber sie darf nicht isoliert werden. Man muss sie zusammen mit den ungelösten Problemen um die Kirche neu angehen. An dieser Stelle sind wohl noch die härtesten Nüsse zu knacken. Hier geht es gewiss auch um das Verhältnis Kirche – Eucharistie, aber auch um den inneren Zusammenhang von Offenbarung und Geschichte, von Menschwerdung Jesu Christi und theologischem Ort von Kirche. Diese Perspektiven sind bisher noch zu wenig gemeinsam untersucht worden. Einige evangelische Theologen haben im Gefolge von Gerhard Ebeling zwischen den getrennten Kirchen eine »theologische Grunddifferenz« angenommen; in jüngster Zeit ist die Zustimmung dazu gemindert. Ich halte die Zeugnisse namhafter Theologen, die katholisch geworden sind, in dieser Hinsicht für wichtig und habe nicht zuletzt die Studien meiner Mitarbeiter Werner Löser zu Heinrich Schlier und besonders von Barbara Nichtweiß zu Erik Peterson (mit der Herausgabe seiner *Ausgewählten Schriften*) angeregt und nachhaltig unterstützt sowie im Falle von Schlier selbst mitediert.

Es gibt immer wieder Denkfiguren wie jüngst die von Kardinal Müller vorgetragene, wonach etwa die Anerkennung des Papsttums eine konstitutive Voraussetzung einer sinnvollen Ökumene sei – Denkfiguren, die den erklärten Willen zur Ökumene in Zweifel ziehen.

Das ist eigentlich eine überholte Fragestellung. Es kann durchaus viele Gründe für das Papstamt geben: dass es zumindest sinnvoll ist, einen Sprecher der einen Christenheit zu haben, wie die einen sagen, oder eben doch so etwas wie einen Nachfolger Petri. Mehrere Päpste, vor allem Paul VI. und Johannes Paul II., haben zu verstehen gegeben, dass sie sich bewusst sind, mit ihrem Amt das größte Hindernis für die Ökumene, für die Einheit zu sein.

Deswegen hat Johannes Paul II. selber dazu eingeladen, darüber auch im Vatikan zu reden. Das ist auch passiert. Insofern geht es nicht mehr um die Frage: Wer ist für oder gegen das Papstamt? Die Frage ist: Welche Gestalt muss das

Papsttum haben, wenn es – in welcher Form immer – auch von den anderen anerkannt werden soll? Das ist ja auch eine Frage im Gespräch mit den Orthodoxen, weil sich die andere Seite diesen universalen Primat des Papstes eigentlich nicht vorstellen kann. Aber darüber gibt es ja, Gott sei Dank, eine ganze Menge von ernsthaften Gesprächen, zuletzt in einer Gruppe, die sich nach einer italienischen Abtei Farfa Sabina nennt und auch bis in die Gegenwart Dokumente publiziert. Diese Dinge sind kaum allgemein bekannt geworden, auch nicht durch die theologienahen Medien. Konstatieren muss ich also: Es stockt vieles. Und das schafft auch bei den Theologen viel Verdruss, wenn man merkt: man arbeitet jahrelang über etwas, und für das Resultat interessiert sich eigentlich außer den engeren Fachgenossen niemand.

Die Gruppe von Farfa Sabina sagt: Es lohnt sich, in Unge-duld zu leben. Es bleibt aber der Eindruck in der Öffentlich-keit, es gebe eine ökumenische Eiszeit.

Das ist falsch. Gegen diesen Eindruck habe ich mich immer gewehrt, weil man nicht genügend zur Kenntnis nimmt, was im Hintergrund tatsächlich geschieht und was eigentlich auch als Einigungsgrundlage bereitliegt. Ich bin ja Kummer ge-wohnt, nicht nur seit ich Bischof bin, weil ich seit 1968 und bis heute im Ökumenischen Arbeitskreis evangelischer und katholischer Theologen nicht nur mitarbeite, sondern lange Jahre als wissenschaftlicher Leiter und als Vorsitzender von katholischer Seite sozusagen auch als Prellbock zwischen den Fronten stehe. Auf der einen Seite arbeiten wir intensiv. Auf der anderen Seite kommt die Frage, warum dies und jenes nicht weitergeführt hat. Als Johannes Paul II. 1980 zum ersten Mal in Deutschland war, hat man sich beraten und gefragt, wie wir denn eigentlich weiterkommen. Eine gemeinsame Eucharistiefeier geht ja noch nicht. Dann ist die Frage entstanden, ob man nicht ein neues Projekt bearbeiten soll über die Frage: »Treffen die Lehrverurteilungen des 16. Jahrhunderts noch den heutigen Partner?« Ob die Verurteilungen des 16. Jahrhunderts falsch waren oder nicht, das kann man nicht immer ganz beurteilen – aber doch, ob sie den heutigen Partner noch treffen. Deshalb haben wir mit sechzig Leuten von 1980 bis 1986/88 diese Fragen behandelt und einen penibel abgestimmten, gemeinsamen Text mit fast 200 Seiten erarbeitet mit dem ersten Kapitel »Rechtfertigung«, dem zweiten Kapitel »Sakramente« und dem dritten Kapitel »Amt«. Zwei Kommentarbände dazu erläutern die Ergebnisse.

Leider wurde nur das erste Kapitel über die Rechtfertigung unter Hinzufügung anderer internationaler Ergebnisse, vor allem aus den USA, umgesetzt und in dem Augsburger Beschluss von 1999 zur offiziellen Geltung gebracht. Die anderen zu den Themen Eucharistie und Amt erarbeiteten Ergebnisse sind liegen geblieben.

Warum?

Darüber gab es auch schon andere Texte. Es gab Ermüdungserscheinungen. Es gibt ja nicht so viele Leute, die für solche zeitraubenden Unternehmungen geeignet sind.

Gibt es dennoch Hoffnung?

Ja, es geht weiter. Wir haben 2016 eine Tagung, auf der wir in unserem schon genannten Ökumenischen Arbeitskreis noch einmal über die Gemeinsamkeit in der Eucharistie beraten. Zwischendurch muss man allerdings auch einfach wieder sagen: Wer heute in der Ökumenischen Theologie von den Jüngeren dazukommt, hat oft wenig Ahnung von dem, was bisher erarbeitet worden ist – wenn er nicht von der Forschung zu uns kommt.

In der Öffentlichkeit bleibt der Eindruck einer Lähmungsphase.

Es gibt – grob gesagt – vor allem zwei Welten: die Öffentlichkeit, die von den ökumenischen Bemühungen wenig oder nichts mitbekommt; und die Welt der Ökumeniker, wo es mit langem Atem, wenngleich auch mit manchem Verdruss weitergeht. Für beide gab es einen guten Vorschlag, wie man einen Schritt weiterkommen könnte. Man macht eine »Zwischenbilanz« und fragt: Was ist bisher erreicht worden, wo hängt es noch, wie und wo muss man weiterarbeiten? Dieser Gedanke stammt von dem evangelischen Theologen Harding Meyer und ist, ganz offiziell, von Walter Kasper, dem ehemaligen Präsidenten des römischen Einheitsrates, aufgegriffen worden. *Harvesting the fruits* (»Die Früchte ernten«) ist der Titel des Buchs aus dem Jahr 2010 von Kardinal Kasper, mit dem der Päpstliche Rat für die Förderung der Einheit der Christen eine Bilanz der bisherigen Gespräche zwischen der katholischen Kirche und den Kirchen der Reformation zieht. Als Zusammenfassung ist dies der Versuch, genau darzustellen: Wo sind wir einig, und wo sind die Differenzen?

Aber nachdem diese Ergebnissicherung erschienen war, nachdem man diese Aufgabe erfüllt hatte, ging es eigentlich nicht richtig weiter. Ich darf jedoch auf ein gemeinsames Dokument hinweisen von unserem Ökumenischen Arbeitskreis, das einige ermutigende Impulse enthält: *Reformation*

1517–2017: Ökumenische Perspektiven (2014). Das öffentliche Echo ist bisher leider schwach.

Der ökumenische Impuls kann eines Tages auch »verpufft« sein?

»Verpufft« würde ich nicht sagen. Es ist noch Glut unter der Asche.

Wer entfacht das Feuer?

Die Glut kann jederzeit wieder zum Glühen gebracht werden. Es sind ja auch immer wieder neue Versuche unternommen worden. Denken Sie nur zum Beispiel an die Ökumenischen Kirchentage. Ich bin jetzt auch ein bisschen – wie soll ich sagen – versöhnter im Blick auf die ökumenischen Vorbereitungen für das Jahr 2017. Lange Zeit war klar, dass wir Katholiken nicht einfach eitel Freude empfinden können in der Erinnerung an die Trennung durch die Jahrhunderte hindurch. Es gab auch viele Zerstörungen und mörderische Kriege. Aber wir sind jetzt doch so weit, dass wir – verkürzt gesagt – ein gemeinsames Christusfest feiern, dass man, auch dies ein Akt der Versöhnung, eine Art Schuldbekenntnis ins Auge fasst und andere Dinge. Dies muss alles noch im Einzelnen vorbereitet werden.

Nur: Der große Schritt fehlt. Es fehlt aber darüber hinaus – auch das muss man sagen, wenngleich man es von katholischer Seite nicht offensiv als Argument benutzen sollte – die Einigkeit auf Seiten unserer Partner.

Diese sind durch die Geschichte der Konfessionsbildung recht unterschiedlich. Es gibt die lutherischen und die reformierten Kirchen und in Deutschland zusätzlich noch die Unionskirchen, die im 19. Jahrhundert weitgehend auf Initiative des preußischen Königs entstanden sind, entweder als Verwaltungsunion von Lutheranern und Reformierten oder als Bekenntnisunion wie zum Beispiel in Baden oder in der Pfalz.

Das sind die Strukturprobleme der evangelischen Seite, die dort zu lösen sind.

Da ist viel versucht worden. Es ist auch manches erreicht worden in der sogenannten Leuenberger Konkordie von 1973, wo lutherische, reformierte und unierte Kirchen Europas eine Abendmahls- und Kanzelgemeinschaft vereinbart haben. Die Kirchen, die da zusammenfanden, sind in der Zwischenzeit auch im Bekenntnis, nicht bloß in der äußeren Organisation, zusammengewachsen. Sie suchen weitere Gemeinsamkeiten. Davon profitierte auch die »Gemeinschaft Evangelischer Kirchen« auf europäischer Ebene (GEK).

Unabhängig von diesen Differenzierungsnotwendigkeiten – im Hinblick auf die große 500-Jahr-Feier, der Feier des Reformationsbeginns: Sind Sie hoffnungsvoll, dass sich hierbei die Ökumene profilieren kann?

Es wird in beiden Kirchen bei einem weiteren Vorangehen natürlich auch Opposition geben, das ist ganz klar. Andrerseits ist im Augenblick nicht so recht absehbar, wie aus den Kirchen selbst Leute hervorgehen sollen, die mehr Gemeinsamkeit suchen: unnachgiebig und ausdauernd, am Ende überzeugend und segensreich. Wir werden im Übrigen aber noch ein größeres gemeinsames Dokument bis 2017 fertigstellen.

Sie suchen nach unnachgiebigen und ausdauernden Quer-
denkern? Gibt es noch den ökumenischen Kairos?

Ich habe den Eindruck, dass sich zwar keine Eiszeit ausbrei-
tet, aber sich eine große Gleichgültigkeit breitgemacht hat.
Eine Gleichgültigkeit, die ich auf der einen Seite als Müdig-
keit nachvollziehen kann, auf der anderen Seite aber dort
nicht verstehe, wo sie Unlust am differenzierten theologischen Arbeiten bedeutet. Und da spielt Ihr Stichwort Kairos
eine wichtige Rolle. Ich glaube, dass es letztlich ein Geschenk
des Gottesgeistes ist – und das sagen wir heute auch als
Katholiken –, dass im 20. Jahrhundert aus der Vielfalt der
Christenheit heraus die Ökumenische Bewegung entstanden
ist. Wir haben nicht immer und zu jeder Zeit die Chance,
dass wir die Trennung, die über 400 Jahre trotz aller Unions-
versuche zementiert war, überwinden können. Deshalb
haben wir heute eine besondere Gunst und eine besondere
Verpflichtung, eben einen Kairos. Aber natürlich können wir
den auch verspielen. Es ist nicht so sicher, dass man diesen
Kairos jederzeit wieder hervorrufen kann. Es ist zum Beispiel
heute gar nicht so leicht, in der Breite und in der Theologie
beider Kirchen, über einige wenige Spezialisten hinaus, gute
Luther-Kenner zu gewinnen. Da wird viel verwaltet, auch die
Ökumene – aber nicht unbedingt so, dass sie die Herzen ent-
zündet und das Feuer der Begeisterung weiterbrennt.

Zum Reformationsjubiläum: Gibt es aufseiten der katholi-
schen Kirche ein neues Lutherbild?

Das gab es eigentlich schon seit den Forschungen von Joseph
Lortz, der nach dem Zweiten Weltkrieg hier in Mainz mit
Fritz Kern das Institut für Europäische Geschichte mitauf-

162

gebaut hat und dessen beide Bände zur Reformation in Deutschland* bahnbrechend gewesen sind, auch für das Lutherbild. Aber auch sonst sind von Mainz aus durch Forscher wie Peter Manns oder Rolf Decot von unserer Seite viele Initiativen ausgegangen. Man hat hier ja zusammen mit der evangelischen Seite über hundert Leute in Ökumenischer Theologie ausgebildet. Von Finnland und Polen bis Neapel und die USA ist dadurch viel in Gang gekommen und auf den Weg gebracht worden. Aber trotzdem ist man froh, wenn man heute etwas Neues in der Lutherforschung entdeckt.

Nur ein Beispiel: Luther hat in den letzten Jahren seines Lebens lange Zeit eine Vorlesung gehalten über die Auslegung des ersten Buches in der Bibel, der Genesis. Im Mittelalter und danach war ja derjenige ein theologischer Lehrer in seiner höchsten Entfaltung, der die Bibel auslegt. Nicht Dogmatik im luftleeren Raum, sondern die vieldimensionale Auslegung der Schrift war entscheidend. Es gibt nicht so viele Leute, die zum Beispiel diese überaus lange Vorlesung Luthers über das erste Buch der Bibel wirklich kennen. Ich kenne sie auch nur auszugsweise und würde gerne mehr darüber wissen. Da gibt es also noch viel zu tun. Aber auch etwas anderes ist wichtig: Es gibt in der Forschung einen grundsätzlichen Wandel, indem man nicht nur auf Luther allein schaut, sondern auf die Reformation insgesamt. Deshalb haben die evangelischen Kollegen auch das Motto der Vorbereitung auf 2017 geändert. Anfangs war es als ein Lutherfest gedacht. Heute ist klar, dass man auch die anderen Reformatoren mit einbeziehen muss. Es geht nicht zuletzt um die Bedingungen in der Kirche, die zur Reformation geführt haben, auch hier in unserer Gegend

---

* Joseph Lortz, *Die Reformation in Deutschland*, 2 Bde., Freiburg i. Br. 1939/1940.

am Rhein. Es geht so um viel mehr als »nur« das Lutherbild. Dies ist eine Chance.

Das Mainzer Dom-Museum hat hier einen bemerkenswer- ten eigenen Beitrag zur Reformationsgeschichte beigesteu- ert, zuletzt über das Leben am Mittelrhein am Vorabend der Reformation. Eine ökumenische Frucht?

Theologisch geht es natürlich nur weiter, wenn wir gemein- sam an der Sache arbeiten und gemeinsam am Ball bleiben. Da gibt es immer wieder aufregende Erkenntnisse. Wir sehen zum Beispiel heute viel deutlicher, dass die Reformation und Luther nicht einfach vom Himmel gefallen sind. Vieles, was er vertreten hat, haben damals auch geistliche Bewegungen, die nicht nur auf die Klöster konzentriert waren, vertreten. Die spätmittelalterliche Theologie, der Ockhamismus, war nicht so blutleer, wie man das sehr lange Zeit auf unserer Seite ge- lehrt hat. Das Mönchtum ist nach wie vor bei Luther ein mächtiger Motor. Die Mystik darf nicht vergessen werden. Das Spätmittelalter war nicht einfach so verkommen, wie es oft dargestellt wird. Aber es gab natürlich massive Missstände, die auch innerhalb der sogenannten alten Kirche Widerstände hervorgerufen haben. Da kann man viele Reformansätze ent- decken. Es ist immerhin eine schöne Frucht der letzten Jahr- zehnte, dass man gemeinsam diese Herkunft der Reformation besser kennt und anerkennt, ohne die Originalität Luthers zu leugnen. Aber er steht nicht mehr allein da. Damit haben je- doch manche auf evangelischer Seite ihre Schwierigkeiten. Außerdem: Was war denn eigentlich vor 1517, was war denn in den 1500 Jahren vorher? Insofern wird man also auch die Kontinuität der Geschichte auf evangelischer Seite neu in den Blick nehmen. Es ist dazu gerade von Volker Leppin im Blick auf das Verhältnis Luther – Mystik ein bahnbrechendes Werk erschienen: *Die fremde Reformation**. Auf dieser Schiene erwarte ich in nächster Zeit auch theologisch viele produktive Einsichten. Es ist manches vorbereitet in dieser Richtung. Dies kann uns auch ökumenisch weiterbringen.

Wird die große Feier zu 1517 eher eine Feier, die die Gemeinsamkeit bestärkt, oder wird es ein Ereignis, das die eine Seite von der anderen Seite trennt?

Die Gefahr besteht durchaus, auch was die Öffentlichkeit betrifft, dass man doch wieder in einen eigentlich überholten Wettbewerb zurückfällt.

Profilkonkurrenz?

Profilkonkurrenz ist auf verschiedenen Ebenen wieder zu spüren. Doch wir haben auch Ansätze, dass sie zugunsten einer echten Gemeinsamkeit überwunden wird. Nur: Das Reformationsjubiläum 2017 wird ein Fest sein, und das Fest wird dann wieder zu Ende sein. Wenn man also die wichtigen Impulse, die es heute schon längst gibt und die man weiter vorantreiben muss, nicht mitnimmt, wenn man nicht zugleich in die Zukunft schaut, dann wird das nur ein schönes Fest, vielleicht sogar erbaulich, aber eher folgenlos. Es sollte aber mehr werden. Da gibt es schon in der Ökumenischen Theologie doch sehr viele gemeinsame Ansätze, wenn auch nicht in allen wichtigen Fragen. Im Übrigen: Ein Wettbewerb um seriöse Einsichten und Wahrheit ist ökumenisch nicht nur schlecht.

---

* Volker Leppin, *Die fremde Reformation. Luthers mystische Wurzeln*, München 2016. Vgl. auch Walter Kasper, *Martin Luther*, Ostfildern 2016

Wenn man sich eine vollendete Ökumene vorstellen könnte,
wie sähe die dann aus?

Welche Zielvorstellungen gibt es für die Ökumene? Man darf
nicht ins Blaue hineinarbeiten und sich konzeptlos nach
vorne wursteln, ohne zu wissen, was man eigentlich will.
Man muss sich, denke ich, die Vorstellung abschminken,
dass die gesuchte Einheit eine lückenlose, strukturelle gemeinsame Organisation sein muss. Es wird die Anerkennung eines Anderen sein. Davon bin ich überzeugt: Es wird
zwischen uns keine wirklich kirchentrennenden Differenzen
mehr geben, wenn wir eines Tages gemeinsame Gottesdienste feiern können, zumal das Herrenmahl. Wenn dann
die Abendmahlszulassung kein echtes Problem mehr dar-
stellt, gibt es keinen Grund mehr, auf einer bloß förmlichen
Anerkennung zu beharren. Man hat dann so viel Einheit, wie
nötig ist, und so viel Buntheit und Verschiedenheit wie möglich, wie sie eben existiert. Ich habe grundsätzlich den Eindruck, dass der Weg dahin gar nicht so hoffnungslos und so
utopisch ist. Es kommt mir manchmal so vor: Wir sind beim
Bergsteigen, sind kurz vor dem 8000er-Gipfel, haben aber
noch eine Steilwand vor uns. Es ist nicht mehr sehr weit nach
oben, aber jetzt braucht man besonders viel Kraft und muss
sich ungewöhnlich anstrengen. Da ist dann auch mit Rück-
schlägen zu rechnen. Der Bergsteiger weiß, dass er notfalls
vielleicht wieder ein Stück zurück muss, wenn Steinschlag
droht oder sich ein Wettersturz abzeichnet. Da wird es kritischer. Ich glaube, an einem solchen Punkt sind wir. Es ist
über Generationen so viel geleistet worden, dass man jetzt
auch die Kraft haben muss, voll durchzusteigen. Aber dafür
muss man natürlich auch einige mutige Entscheidungen treffen. Es geht zum Beispiel um das Verständnis von Kirche und

die Gemeinsamkeit in der Ethik. In der Bioethik müssen wir wieder enger zusammenfinden. Ehe und Familie sind ein großes Thema, das man gerne meidet – auch von evangelischer Seite, weil man erhebliche Differenzen vor sich hat.

Am 15. November 2015, bei seinem Besuch in der lutherischen Kirche in Rom, überreicht der Papst dem dortigen evangelischen Pfarrer einen Kelch. Ist das ein Zeichen für das »Durchsteigen«?

Dieses Zeichen ist im Verhältnis der Kirchen untereinander schon ein Stück weit Tradition, besonders im Blick auf die Ostkirchen, wo immer mal wieder ein Austausch mit einem Kelch geschehen ist. Natürlich: Das ist zunächst einmal ein Symbol. Aber Karl Rahner hat das Wort vom Realsymbol geprägt. Es ist nicht einfach nur ein schönes Bild. Es ist auch nicht einfach nur eine Imagination ästhetischer Art. Sondern es bedeutet schon eine klare Zielangabe und weist dahin, wohin wir einmal kommen wollen. Es ist eine Art Verheißung und Hoffnung. Dass wir aus *einem* Kelch trinken, ist ja auch ein Hinweis darauf, dass wir doch Elemente haben, die auf diese Gemeinsamkeit hinführen. Die einen, hauptsächlich auf der evangelischen Seite (aber nicht nur), sagen: Wir können durch Antizipation auch heute schon diese Einheit realisieren, unter Umständen in einem produktiven Ungehorsam den amtlichen Kirchen gegenüber. Die anderen, meist unsere Leute, sagen: Nein, da müssen wir zuvor noch einige inhaltliche Entscheidungen klären, die zu einer echten Gemeinsamkeit führen. Die Gemeinsamkeit im Herrenmahl und im Gottesdienst, die sogenannte Interkommunion, steht bei uns doch eher am Ende des Prozesses. Insofern ist, was da in der evangelischen Christuskirche in Rom passierte, ein Symbol,

das uns antreibt und unsere Kräfte auf dem letzten Weg-
abschnitt stärkt.

*Unabhängig von solchen Symbolen und abgesehen von all
den differenzierten theologischen Bemühungen gibt es ja
im Alltag vieler Gläubiger Ökumene bereits als eine prakti-
zierte Selbstverständlichkeit. Es ist so etwas wie ein antizi-
patorischer Ungehorsam, der sagt: Wir warten nicht mehr
auf Regelungen von oben, wir gehen unseren eigenen Weg.*

Darüber darf man sich, wenn man ein Amt in der Kirche hat,
nicht zu viel aufregen. Die Menschen meinen etwas Richtiges, und sie sind auch in einem guten Sinne ungeduldig. Es
gibt eine echte, durchaus ökumenische Ungeduld. Es ist ja
nicht leicht, wenn man Laien und Nichtexperten erklären
soll, warum dies alles so lange geht und warum man sich
noch einmal in unendliche Feinheiten hineindenkt, die sonst
eigentlich niemand interessieren. Und insofern ist diese ökumenische Ungeduld, wenn sie nicht einfach nur über die
Stränge schlägt, ökumenisch auch schöpferisch. Sie zwingt
einen als Amtsträger und Theologen zur Gewissenserfor-
schung, ob man zur rechten Zeit all das tut, was jetzt möglich
ist, oder ob man sich hinter neu aufgespürten Differenzen
versteckt. Diese Haltung gibt es natürlich auf beiden Seiten.
Leute mit einer solchen Haltung haben aber, glaube ich, nicht
die Oberhand. Denn das ist doch klar: Wenn wir etwas
gemeinsam tun, sind wir, auch was das öffentliche Echo
angeht, wesentlich stärker. Und wenn wir uns wegen sekun-
därer Dinge verzanken, dann versteht das im Grunde niemand mehr. Vielleicht denkt auch Papst Franziskus ähnlich.

8. Meine acht Päpste

Der Papst und Rom, immer wieder Rom und der Vatikan. Wenn auch nicht alle Wege, so führen doch viele Ihrer grundsätzlichen Beratungen und Tätigkeiten, Entscheidungen und Überlegungen immer wieder in die Stadt am Tiber. Der Vatikan bleibt in Ihrem Leben das Zentrum römisch-katholischen Kirchenverständnisses. Der Papst, der Bischof von Rom, ist der alles überragende Referenzpunkt des katholischen Amtsverständnisses. In Ihren achtzig Lebensjahren gab es acht Päpste.

Wobei allerdings Pius XI., der Papst meiner frühesten Kindheit, von mir nicht bewusst wahrgenommen wurde. Er starb, als ich drei Jahre alt war. Er war für die Generation meiner Eltern ein sehr präsenter Papst, ist aus meiner Sicht aber heute unterbewertet. Er steht zu sehr im Schatten von Pius XII.

Dieser Eugenio Pacelli war ja lange Jahre als Nuntius in Deutschland gewesen und den Deutschen besonders verbunden. Als Pius XII. war er der Papst Ihrer römischen Studienzeit. Dieser Heilige Vater war eine ebenso asketische wie aristokratische Erscheinung.

Ich habe ihn natürlich wie viele, die von seiner Persönlichkeit fasziniert waren, aus der Ferne verehrt. Schließlich hat er, davon waren wir sehr überzeugt, die Kirche gut durch die

Gefahren des Zweiten Weltkrieges hindurchgeführt. Erst später kamen die Fragen.

Sie haben ihn dann persönlich in seinem Todesjahr kennengelernt.

Als ich ab 1957 zum Studium nach Rom kam, habe ich ihn in der Tat noch ein Jahr lang persönlich erleben können, zweimal ganz nahe. Trotz seiner damals schon sehr kränklichen Erscheinung war ich von seiner Hoheit und seiner Souveränität sehr beeindruckt. Aber gerade in dieser letzten Zeit gab es auch erkennbare Schatten. Er wurde immer einsamer, war abgekapselt und hat gerade so seinen autoritären Führungsstil noch verstärkt. Die Unnahbarkeit des »engelgleichen Papstes« (Papa angelicus), die während seines Pontifikats für viele noch eine große Faszination ausmachte, nahm ab. Der spätere Versuch einer Demontage durch Rolf Hochhuths kontroverses Schauspiel *Der Stellvertreter* (1963), das die Haltung des Vatikans und des Papstes selbst zum Holocaust thematisiert, rückte näher.

Sie hatten im Germanicum Totenwache für den verstorbenen Pius XII. gehalten. Und Sie waren am 28. Oktober 1958 auf dem Petersplatz, als mit der traditionellen Proklamation »Habemus papam« Johannes XXIII. vorgestellt wurde. Sie haben schon angedeutet, dass da zunächst eine gewisse Enttäuschung vorherrschend war: Wieder ein alter Mann von 78 Jahren.

In der Tat waren wir nach der Wahl bitter enttäuscht, dass die Kardinäle nach dem greisen Pius XII. mit Angelo Giuseppe Roncalli einen Mann zum Nachfolger gewählt haben, der kaum jünger war als der eben Verstorbene. Innerhalb weniger Wochen mussten wir umdenken. Höhepunkt war weniger als drei Monate nach seiner Wahl am 28. Oktober 1958 die Ankündigung des Zweiten Vatikanischen Konzils am 25. Januar 1959 in St. Paul. Immer mehr hat mich dieser Mann in der Folgezeit gefesselt.

Sie haben die ganze Zeit seines Pontifikats, von der Wahl bis zur Beerdigung, erleben können. Seine kurze Amtszeit hinterließ mit dem Konzil erheblichste Spuren. Man nennt ihn den »guten Papst«. Wie haben Sie diesen Johannes XXIII. erlebt?

Er war ein wahrer Hirte. Ein Mensch mit ungekünstelter Schlichtheit. Mich hat jedenfalls die Kombination verschiedener Seiten in seiner Person außerordentlich beeindruckt: der weise Kirchenhistoriker und zugleich der weltkundige Diplomat, der Bauernschläue und jovialen Humor wie kein anderer verbinden konnte. Und nicht zuletzt: Dieser Papst war unerwartet mutig bei den Entscheidungen, die im Kontext des Konzils zu treffen waren.

Wie sehr hat Sie selber diese Zeit geprägt?

Die Welt stand für mich still, als er am 3. Juni 1963 nach längerem Leiden starb. Ich erinnere mich an den damals auch in der Nacht dicht gefüllten Petersplatz, auf dem die Menschen für den Papst beteten. Ich war mehrere Nächte dabei. Viele Ereignisse dieser Jahre sind mir noch sehr deutlich vor Augen. Ich konnte ihm einige Male näherkommen. Gegen Ende seiner knappen Regierungszeit konnte ich meine Studien und Prüfungen zum Dr. phil. abschließen. Ich wurde

1963 zum Diakon und zum Priester geweiht. Diese Jahre seines Pontifikats haben mich außerordentlich geprägt.

Sein Nachfolger, Paul VI., verzichtete auf die Sänfte, schaffte die Tiara und den Index ab. Er wurde zu einem wichtigen Erneuerer des kirchlichen Rechts. Sie selbst nennen ihn den ersten modernen Papst.

Ich habe Paul VI. weit mehr geschätzt, als die Menschen der Kirche das heute im Durchschnitt tun. Sein Hauptverdienst besteht darin, dass er das Zweite Vatikanische Konzil nach dem Tod von Johannes XXIII. mutig, energisch und nachhaltig fortgesetzt hat. Er hat die Reformaufträge des Konzils entschieden verwirklicht. Er hat sich bei einzelnen Reformentwürfen selbst engagiert. Er hat sich auch sehr intensiv mit den Fragen zum Beispiel der Liturgie beschäftigt und die Konflikte, die dort im Rahmen der Reform entstanden sind, mutig ausgetragen. Er hat allerdings auch viel unter den Spannungen und Widersprüchen gelitten. Alles in allem sage ich, zusammen mit vielen Italienern: Dieser Montini-Papst war der erste moderne Mensch auf dem Papstthron.

Und trotzdem bleibt ein Schatten in der kollektiven Erinnerung zurück. Als er im symbolträchtigen Jahr 1968 für die Katholiken die Pille als moralisch verwerflich verbot, war er nicht nur bei den empörten 68ern bloß noch der »Pillen-Paul«.

Ja, er ist leider für die meisten nur als ein Bremser in der Pillen-Frage im Gedächtnis geblieben. Die deutschen Bischöfe haben unter Kardinal Döpfner, wie ich schon sagte, in der »Königsteiner Erklärung« eine sehr ausgewogene und kluge

Reaktion gezeigt. Paul VI. hat auch auf diese Erklärung nur zögerlich reagiert. Sein Wirken konnte in der Tat manchmal zwiespältig erscheinen, ein wenig – so sagte bereits Johannes XXIII. über Montini – wie Hamlet. Ich verehre ihn trotzdem als differenzierten Charakter und bin froh, dass Jörg Ernesti sein Wirken in seiner 2012 erschienenen und mehrfach neu aufgelegten großen Biographie *Paul VI. Der vergessene Papst* überzeugend nachgezeichnet hat. Ich habe Jörg Ernesti dazu lange ermutigt und auch ein Vorwort beigesteuert.

> *Paul VI. bleibt für viele ein strikter, zurückgenommener Intellektueller, ohne Talent für mediale Präsenz und Darstellung. Das bekannteste Foto zeigt einen sehr fragilen Papst mit gesenktem Blick und mit schüchterner segnender Hand. Die Kardinäle haben nach seinem Tod wieder einen Papst gewählt, Johannes Paul I., der mit schwächlicher Konstitution in das Amt ging und der dann schon nach wenigen Tagen verstorben ist.*

Er ist »der Papst der 33 Tage«. Darum konnte ich ihn als einzigen unter den Nachfolgern Petri in meiner Zeit auch nicht persönlich sehen oder erleben. Dieser frühere Patriarch von Venedig, der wahrscheinlich der erste Papst war, der nachweislich aus einer Arbeiterfamilie stammte, hat durch sein freundliches Lächeln die Menschen geradezu weltweit bezaubert. Er war wie ein Komet, der aufleuchtete. Bewusst hat man ihn wohl gewählt, weil er ein Italiener war, aber auch als jemand galt, der sich die Kurie in einer gewissen Distanz gehalten hatte. Er war, und das hatte wohl auch für ihn gesprochen, nie ein Mitglied der Kurie gewesen. Sein Name, zusammengefügt aus denen von Johannes XXIII. und Paul VI., sollte sein Regierungsprogramm anzeigen.

Karol Wojtyła, als Johannes Paul II. sein Nachfolger, war
von Kraft, Statur und Wille der gänzlich andere Charakter.
Mehr als ein Vierteljahrhundert dominierte dieser Papst
aus Polen eine in ihrer Weite neu verstandene Weltkirche
mit eiserner Hand und strenger Zentralautorität.

Die 27 Jahre bilden die längste Regierungszeit, die ich unter
den Päpsten meiner Lebenszeit erlebt habe. Ich persönlich
bin ihm besonders verbunden, da er es gewesen ist – wie
schon erwähnt –, der mich 1983 zum Bischof von Mainz
ernannte und 2001 in das Kardinalskollegium aufnahm. Ich
kannte ihn schon, bevor ich Bischof wurde, durch Gespräche
im Zusammenhang mit der polnischen Ausgabe einer theologischen Zeitschrift (Communio).

Er gilt als der Papst, der zum Fall des Eisernen Vorhangs
maßgeblich beigetragen hat. Er besaß Ausstrahlung und
Charisma, zeigte neben gewinnender Freundlichkeit aber
auch Härte. Wie haben Sie ihn persönlich erlebt?

Da ich in seiner Regierungszeit achtzehn Jahre Vorsitzender
der Deutschen Bischofskonferenz war, bin ich ihm sehr oft
persönlich und auch unter vier Augen begegnet. Auch wenn
es dabei schwierige Konflikte gab, wie die Entscheidung in
den Fragen der Schwangerschaftskonfliktberatung oder das
Ringen um die »Königsteiner Erklärung«, so habe ich ihn
nicht nur wegen seiner Lebensgeschichte im kommunisti-
schen Polen geschätzt. Mich hat vor allem sein philosophi-
sches Lebenswerk überzeugt, seine im Umkreis der Phäno-
menologie geschriebenen Arbeiten zur Anthropologie und
Ethik. Und auch ich war von seiner imponierenden Persönlichkeit fasziniert, vor allem wegen einer radikalen Offenheit

174

und Unbefangenheit im Gespräch, die durchaus auch listig sein konnten.

Mit Ihnen und der deutschen Kirche hat er sich besonders auseinandergesetzt. Nach außen wurden die Konflikte mit einem barschen Machtwort aus Rom beendet.

Nach außen ist in der Tat dann dieser Eindruck von der Entscheidung in den Konfliktsituationen fixiert worden. Ich habe ihn jedoch überaus geschätzt, und dies nicht nur, weil ich – ich sagte es schon – weiß, dass meine Kardinalserhebung, die ja durch nichts geboten war, allein auf seine Entscheidung hin gegen manchen Widerstand in der Kurie zustande kam. Ich bin von seiner Persönlichkeit bleibend sehr beeindruckt. Zudem: Als erster Papst, der nach Jahrhunderten ein Nicht-Italiener war, hat er schon darum Geschichte geschrieben.

Auffällig und bemerkenswert war sein öffentliches Sterben. Selten war die Weltöffentlichkeit so im Banne der Geschehnisse aus Rom. Und selten waren die Fernsehanstalten der ganzen Welt so häufig auf Sendung mit Themen aus dem Vatikan. Wie haben Sie das Sterben und die Rituale um den Tod und die Beerdigung erlebt?

So verschieden die einzelnen Päpste sind, so verschieden sind auch die Stile des Leidens und des Sterbens. Es ist zum Beispiel signifikant, dass Stanisław Dziwisz, der jahrzehntelange Sekretär von Johannes Paul II. und jetzige Erzbischof in Krakau, Benedikt XVI. vorgeworfen hat, sein Rücktritt sei falsch. Er hätte bis zum letzten Atemzug in seinem Amt bleiben und auch als Sterbender Zeugnis geben sollen. Ich bin nicht dieser Ansicht. Es ist klar, dass es je nach Ausprägung der Persönlichkeit unterschiedliche Stile der Verabschiedung geben muss. Ich bin in Rom gewesen in der Zeit von Johannes XXIII. und habe damals auch das Sterben vom Petersplatz aus mitbekommen. Wir waren dort nachts mit Zehntausenden von Menschen und haben hochgeschaut zum Zimmer des Papstes. Das war das einzige Licht, das in der Nacht dort oben brannte. Das war sehr eindrucksvoll und hatte keinen Hauch von Inszenierung. Wenn ein Sterben instrumentalisiert wird, muss ich dies ablehnen.

Geht es heute in der medialisierten Welt ohne den Blick auf die Wirkung, ohne dass etwas für die Kameras in Szene gesetzt wird?

Wahrscheinlich nicht mehr. Aber vielleicht ist jemand, der ein so großes öffentliches Amt hat, ja auch bis in seinen Tod der Öffentlichkeit ausgesetzt. Er ist nicht mehr nur eine Privatperson. Aber es gibt Grenzen. Die Papstwahl-Gesetze nach seinem Tod haben versucht, diese zu präzisieren: Wer darf zum Beispiel im Sterbezimmer bleiben und wer muss es verlassen? Dies war aber immer schon ein Problem.

Das Sterben von Johannes Paul II. war ein universales Erlebnis, ein Ereignis, das von der ganzen Welt mitverfolgt wurde.

Das hatte es ja auch schon bei Pius XII. gegeben. Damals wurde über die Presse ein tägliches Bulletin mit den aktuellen Dossiers und den Meldungen über die Verschlechterung der Gesundheitssituation kommuniziert. Dies führte damals übrigens auch zu einer Falschmeldung: Ein Extra-Blatt verkündete einen Tag zu früh, dass der Papst gestorben sei. Ein großes Drama in Rom. Dieses Extra-Blatt habe ich mir aufgehoben. Ich glaube aber, dass das Sterben der Päpste vor Johannes Paul II. insgesamt in einer noch größeren Diskretheit und Verhülltheit stattgefunden hat. Insofern war der Rückzug von Benedikt XVI. für mich ein Hinweis, dass auch dem Papst noch ein Lebensabschnitt zusteht, in dem er verborgen und in einer eigenen, selbstbestimmten Privatheit seine ihm verbleibende Zeit verbringen kann. Es würde meiner Meinung nach seiner Art entsprechen, dass er aus dieser Erfahrung mit Johannes Paul II. heraus seinen eigenen Akzent setzen wollte. Ich glaube, dass Benedikt in dieser Entscheidung zudem sehr mutig war, weil er beim Abschätzen der anstehenden Aufgaben gemerkt hat, dass er nicht mehr über die notwendigen Kräfte verfügte, um diese gewaltigen Probleme kraftvoll anzugehen.

Der Rücktritt von Benedikt XVI. wurde zu einem hochdiskutierten globalen Medienereignis. Die schnelle Wahl von Joseph Ratzinger zum Papst Benedikt XVI. war dagegen quasi eine große Selbstverständlichkeit gewesen. Er ging als Favorit in das Konklave hinein und kam auch als Papst heraus. Wie haben Sie die Wahl von Joseph Ratzinger aufgenommen?

Ich kannte Joseph Ratzinger als auch von mir immer verehrten Theologen seit der Konzilszeit, also zum Zeitpunkt seiner Wahl länger als vierzig Jahre. Obwohl er neun Jahre älter war, hat er mich immer sehr brüderlich angenommen und gefördert. Wir haben, bis zur Papstwahl, in Deutschland und auch in Rom viel miteinander theologisch gearbeitet und diskutiert. Das hat sich zum Beispiel in einem gemeinsamen Buch

*Mit der Kirche leben**, in der Zusammenarbeit bei Tagungen und bei anderen Buchprojekten niedergeschlagen, vor allem auch in der Internationalen Theologenkommission beim Heiligen Stuhl.

Er gilt als ein strenger, bisweilen allzu strenger Hüter der kirchlichen Tradition.

In einigen pastoralen Grundfragen wie der Schwangerschaftskonfliktberatung oder der großen Frage der wiederverheirateten Geschiedenen tat ich mich mit seinen Positionen schwerer, ebenso in manchen Fragen der Personalpolitik. Aber unabhängig davon, dass er Papst war, habe ich ihn trotz dieser unterschiedlichen Akzente bis heute verehrt und das auch öfter öffentlich zum Ausdruck gebracht.**

Benedikt XVI. ist der erste deutsche Papst seit Jahrhunderten. Die Schlagzeile des Boulevards »Wir sind Papst« hat in einem bisher für Deutschland unbekannten Ausmaß das Interesse an Rom und am Vatikan zum Ausdruck gebracht.

Diese Schlagzeile »Wir sind Papst!« hat mich von Anfang an geärgert, auch wenn sie witzig war. Man kann nicht von einer Nation aus den Papst für sich buchen. Angesichts der weltweiten Verantwortung des Amtes wird die Papstwahl für

---

* Joseph Ratzinger/Karl Lehmann, *Mit der Kirche leben*, Freiburg i. Br. 1977.

** Vgl. mein Hirtenwort im Frühjahr 2013, jetzt in: Karl Lehmann, *Was im Wandel bleibt. Christsein in der Kirche heute*, Freiburg i. Br. 2016.

seine Person eher eine Enteignung von nationalen Besonderheiten. Die nationale Überschwänglichkeit ging mir gegen den Strich, auch wenn ich weiß, dass dieser Slogan unter journalistischen Fachleuten als genial gefeiert wird. Der Papst gehört nun einmal der ganzen Welt und nicht einfach nur uns. Als Benedikt dann gegen Ende seines Pontifikats stärker Kritik erleben musste, da habe ich mich immer wieder an dieses dann für mich eigentlich verlogen gewordene Wort erinnert. Plötzlich wollten viele von diesem Papst nicht mehr so viel wissen, und man hat ihn in manchen Schwierigkeiten seiner späteren Amtszeit ziemlich alleingelassen.

Diese Schwierigkeiten häuften sich vor allen Dingen am Schluss seiner Amtszeit. Nicht wenige sagen, dass sein Verzicht auf das Amt mit der Zuspitzung der vatikaninternen Probleme zusammenhängt.

Auch ich schließe nicht aus, dass es hier einen Zusammenhang gibt. Gegen Ende der Amtszeit, im Dezember 2012, haben ihm die drei von ihm auserwählten Kardinäle das Ergebnis einer Untersuchung über eine Reihe von Missständen im Vatikan vorgelegt. Das Ausmaß und die Dimension dieser Missstände haben dann wohl bei Benedikt die Frage nach der verbleibenden Kraft aufkommen lassen. Er hat sich wohl gefragt, inwieweit sie noch ausreicht, diese turmhoch aufgelaufenen Probleme zu lösen. Seine Kraft war nicht mehr in der Weise vorhanden, dass er all das hätte leisten können, was da zu tun war. Er wollte lieber Platz machen für jemand anderen.

Kennt man das Dokument der drei Kardinäle?

Nein. Es ist wohl auch bisher unter gutem Verschluss. Natürlich dürfte es der neue Papst kennen. Aber ich glaube nicht, dass es auch die engste Umgebung kennt.

Gibt es von Ihnen einen persönlichen Abschied von Benedikt XVI., der für Sie ein verehrter Papst, ein Widerpart in seiner Funktion als Chef der Glaubenskongregation und ein ehemaliger Kollege im Professorenamt war?

Ich habe ihn vor einem guten Jahr besucht. Er hatte mich eingeladen. Wir waren eine gute Stunde zusammen. Ich habe ihn als geistig ungeheuer präsent erlebt. Ihn hat natürlich die Theologie und der Stand der Theologie vor allem in Deutschland interessiert, bis in konkrete Details hinein. Ich fand ihn auch sehr gelassen. Ich finde übrigens inzwischen, dass es ein Fehler war, dass wir beim Besuch der deutschen Bischöfe in der zweiten Novemberhälfte 2015 nicht gemeinsam auch ihm einen Besuch abgestattet oder ihn zu einer Begegnung eingeladen haben.

Als Zeichen einer besonderen Verbundenheit?

Ja, ich denke, dass es ihm Freude gemacht hätte, mit uns zu reden. Ich weiß von Freunden und von Menschen, denen er lebenslang nahesteht, dass sie immer noch Post von ihm bekommen, und sei es ein Gruß zum Namenstag oder Geburtstag. Er nimmt immer noch starken Anteil an dem, was sich in der deutschen Kirche abspielt. Und ich bin sicher, dass er auch viel mehr Kontakt mit seinem Nachfolger hat, als wir wissen und man gemeinhin denkt. Er hält sich dabei öffentlich außerordentlich zurück. Es sind ganz seltene Momente, wo er in einer gewissen Öffentlichkeit erscheint, dabei aber ungewöhnlich zurückhaltend und bescheiden. Ich habe es 2014 und 2015 bei zwei Feiern von Kardinalserhebungen erlebt, bei denen jeweils Priester aus der Diözese Mainz unter den Geehrten waren (Kardinal Gerhard Ludwig Müller und Kardinal Karl Josef Rauber).

Ist die Gemeinsamkeit mit seinem Nachfolger, einem Mann eines ganz anderen theologischen Typs und einer ganz anderen Ausrichtung, nicht überraschend?

Ja, aber Franziskus hat nie einen Zweifel daran gelassen, dass er Benedikt als einen großen Theologen verehrt. Es ist vielleicht auch etwas zu wenig beachtet worden: Franziskus hat 2013 in der Enzyklika *Lumen Fidei* über den Glauben, die Benedikt noch nicht ganz fertiggestellt hatte, sich dessen Theologie zu eigen gemacht. Auch wenn dieses Dokument nach dem Rücktritt Benedikts unter dem Namen von Papst Franziskus erschienen ist, wird im Text auf die Vorarbeit Benedikts hingewiesen. Dies ist ein ganz dichtes Zeichen der Gemeinsamkeit.

Auch Franziskus wird außerordentlich schnell gewählt. Schon im fünften Wahlgang steigt weißer Rauch auf. Das ging sogar für einen Vatikanspezialisten wie Kardinal Meisner zu schnell. Er sagte damals: »Ich war überrascht über Bergoglio. Er stand nicht auf meinem Zettel!«

Er stand am Anfang gewiss nicht auf vielen Zetteln, weil er eben in einer Weise Erzbischof für seine Diözese Buenos Aires gewesen ist, dass er sich nicht viel um internationale Netzwerke und Beziehungen gekümmert hat. Er hat sich verzehrt für die ihm anvertrauten Menschen am Ort. Immer wieder liest man, wie oft er am Sonntagmorgen allein und inkognito in die Slums gegangen ist und dort die heilige Messe zelebriert hat.

So blieb er eher unbekannt.

Er hat zwar an der Jesuitenhochschule Sankt Georgen in Frankfurt angefangen, eine Dissertation über Romano Guardini zu erarbeiten. Er hat hier am Rhein, in Boppard, eine Weile Deutsch gelernt, ist dann aber – wie das in Ordensgemeinschaften nicht ungewöhnlich ist – abrupt für ein wichtiges Amt abberufen worden. Eine Fertigstellung der Doktorarbeit war damit nicht mehr möglich. Ich glaube aber, dass er sehr geprägt ist durch Romano Guardini. Das sieht man zum Beispiel an seiner Enzyklika *Laudato Si*, in der der Name Guardini fünfmal in den Anmerkungen vorkommt. Das ist ungewöhnlich, weil es in solchen päpstlichen Dokumenten Usus ist, keine Privatpersonen, also auch keine Theologieprofessoren, zu zitieren.

Er war im gleichen Jahr wie Sie zum Kardinal ernannt worden, ist also so etwas wie ein Jahrgangskollege. Gab es über das gemeinsame Interesse an Guardini, den Sie schon als Jugendlicher gelesen haben, hinaus weitere Gemeinsamkeiten zwischen Ihnen?

Es gab nie eine Zeit, eine Gelegenheit oder einen Anlass zum größeren Austausch. Ich kannte ihn von Person zu Person wenig, außer dass man sich durchaus mal die Hand gegeben hat. Die akademische Welt war für ihn auch rasch in den Hintergrund getreten. Das war Vergangenheit. Im Vordergrund stand für ihn die ganz konkrete Not der Menschen in seinem Umfeld. Ich habe erwähnt, dass er aber bei seinen ganz wenigen öffentlichen Auftritten in der Weltkirche der Kurie sehr deutlich zu verstehen gegeben hat, dass er bei seiner Vorstellung von der »Option für die Armen« bleiben werde. Und das hat er auch öffentlich dargelegt. Aber auch andere europäische Kardinäle kannten ihn nicht sehr, umso mehr die mittel- und südamerikanischen Kollegen.

Es gibt bei Kardinal Bergoglio gewissermaßen drei Zäsuren in der üblichen Kontinuität des Papsttums: Er ist Jesuit. Er kommt aus Lateinamerika. Und er wählt als Erster ganz bewusst den Namen Franziskus.

Ja, das sind drei sehr kennzeichnende Merkmale. Als Jesuit verfügt er über eine sehr gezielte, auch spirituelle Ausbildung, bestimmt von der Unterscheidung der Geister und einer Betonung der Gelassenheit. Dies ist bei ihm deutlich zu erkennen. Seine Mitgliedschaft im weltweiten Jesuitenorden weist weit über seine Person hinaus auf einen weltkirchlichen Bezug. Man darf vermuten, dass ihn auch einige Leute aus dem Orden diskret theologisch beraten. Damit ist er auch zugleich europäisch und lateinamerikanisch gebildet und orientiert. Theologisch ist er durch die eigene Spielart der Theologie der Befreiung in Argentinien geprägt, namentlich durch Lucio Gera und Juan Carlos Scannone SJ.

Was Lateinamerika angeht: Er scheint von dort vieles an aktuellen Erfahrungen mitzubringen, was wir nur noch aus Lehrbüchern kennen: den Begriff des Manchester-Kapitalismus etwa oder die brutale Unterdrückung von Menschen durch Menschen – sodass er sehr pointierte Aussagen macht, die man, wenn man sie isoliert, auch missverstehen kann. Ein Beispiel: »Diese Wirtschaft tötet.« Aber er führt uns diese

Teile der Welt und ihre Realität so leibhaftig vor Augen, dass wir nicht mehr ausweichen und diese Wirklichkeit verdrängen können. Ich denke, der Schock der Flüchtlingskrise hat auch damit zu tun, dass uns plötzlich im eigenen Land eine Visualisierung von Not aus aller Welt begegnet, dass uns also eine Wahrheit vor Augen geführt wird, der wir sonst noch nie so direkt begegnet sind. Papst Franziskus war ganz früh in Lampedusa, wo die Flüchtlinge ankommen, die die Flucht über das Meer überleben. Er ist derjenige, der auf diese Zusammenhänge aufmerksam gemacht hat. Die Bilder gingen um die ganze Welt.

Zu seiner Namenswahl, Franziskus: Es war durchaus mutig und gewagt, sich unter ein solches Vorbild zu stellen – mit den vielen Optionen, die damit assoziiert werden: der Option für die Reform der Kirche, der Option für die Armen, für den Frieden, für die ökologische Zukunft. Aber das zeigt auch seine tiefe Überzeugung, dass das, was er mehr »theoretisch« über sein Verständnis von Kirche sagt, exemplarisch konkret wird. Aus einem solchen Verständnis heraus ist er ja auch bald nach Assisi gefahren. Kein Wunder, dass er in seiner Enzyklika *Laudato Si* zehnmal den hl. Franz von Assisi anführt.

Papst Franziskus ist ein Mann der Symbolsprache. Sie sprachen bereits von »Realsymbolen«: Lampedusa, der Kelch als Gastgeschenk für eine evangelische Gemeinde, sein gebrauchter Kleinwagen, sein gebrauchtes Schuhwerk, die Weigerung, im Palast zu wohnen. Wann werden aus Worten und Gesten greifbare Fakten und Daten?

Er lebt mit einer gewissen Selbstverständlichkeit, auch in diesen Gesten. Das ist nicht gesucht und sicher kein Marketingtrick. Das ist sein Leben, und dies ist auch die Art und Weise, wie er authentisch der Welt begegnet. Und ich glaube, dass er damit in einer ganz überraschenden Weise die Wirkung erzielt, über die wir gesprochen haben. Sein Besuch in Lampedusa hat mit Sicherheit die Gewissen noch mehr geöffnet als die täglichen Schlagzeilen, die seither in mehr oder weniger großen Lettern über das berichtet haben, was vor unserer Haustür passiert. Und er weiß natürlich als guter Seelsorger, dass Bilder und Gesten oft mehr sagen als Worte. Man kann nicht allen Menschen nur theologische Subtilitäten vortragen. Wenn der Papst der lutherischen Kirche Roms einen Kelch schenkt, spüren die Menschen: Er hat damit eine große Aussage gemacht über die zu erreichende Einheit.

Im Zusammenhang mit der Überreichung des Kelchs wird berichtet, dass ihn eine protestantische Pfarrgemeinderätin in dieser römischen Gemeinde angesprochen hat, die seit dreißig Jahren mit einem Katholiken verheiratet ist. Sie fragte ihn, wann sie gemeinsam mit ihrem Mann zur Kommunion gehen könne. Der Papst soll ihr gesagt haben: »Wenn Sie geklärt haben, dass Sie denselben Glauben haben und Ihr Gewissen die gemeinsame Teilnahme an der Kommunion gestattet, dann ...« Mehr nicht. Und der Papst hat die Frau angelächelt.

Er hat natürlich auch gesagt, dass er nicht an diesem Platz sei, um die Bestimmungen der Kirche auszuhebeln. Er sei auch kein Fachtheologe. Er hat in diesem Zusammenhang zudem darauf verwiesen, dass er an dieser Stelle eines pastoralen Gesprächs als Seelsorger unterwegs war. Im Gespräch mit uns, beim Besuch im November 2015, hat er diese Begegnung auch noch einmal aufgegriffen und gesagt: »Ich bin der Frau begegnet als Seelsorger und nicht als Theologe.« Und als Seelsorger habe er nach den Motiven gefragt: Was hat sie eigentlich für ein Interesse, hat sie eine wirkliche Sehnsucht danach? Und dann hat er – ich fand das ungeheuer klug – die letzte Antwort eigentlich der Frau und ihrer eigenen Gewissensentscheidung überlassen. Aber er hat auch betont, sie soll das vorher mit ihrem Mann vor Gott bedenken. Dies ist doch etwas ganz anderes als die pauschale Dauerforderung nach Kommunionzulassung der wiederverheirateten Geschiedenen.

Manchmal hat man den Eindruck, dass die daraus entstehenden temporären Unklarheiten oder gar das mögliche theologische Durcheinander ihn nicht besonders stören. So, als wünsche er eine bunte, kreative, neue Zeit.

Das kann man annehmen. Er ist dennoch, sicher mehr als man vermutet, auch ein Mann der Ordnung. Aber die wache, spirituelle Reaktion bei ihm selbst und die, die er sich für die Christen wünscht, haben gewissermaßen die Oberhand gegenüber der Subtilität und Stringenz von Theorien. Es gibt dabei immer auch ein verschmitztes Lächeln. Offensichtlich traut er dem Menschen zu, dass er selber das Richtige findet – wenn er ehrlich sucht und echten Hunger hat.

Dort, wo er für Ordnung steht, hat er eine Herkules-Aufgabe. Er hat sich vorgenommen, Ordnung in die Kurie zu bringen. Das ist sicher eine der schwierigsten Aufgaben mit absehbaren und gravierenden Folgen für die Kultur des Vatikans. Schafft er das?

Er schafft es, wenn er eine gewisse Zeit hat, seines Amtes zu walten, und wir ihm vielfach helfen. Weil das weitgehend ohne neue Personalentscheidungen nicht möglich ist, braucht er Zeit, wichtige Positionen nach seiner Art zu besetzen. Er muss zwar auch immer Rücksicht walten lassen, was Nationalitäten, Kulturräume, Sprach- und Ordensgemeinschaften, Traditionen und Kontinente angeht. Aber ich glaube, wenn er überzeugt ist, dass jemand all dies selbstlos macht, dann spielt das alles für ihn keine so besonders große Rolle. Das ist dann sein Mann, seine Frau. Dann entscheidet er sich für diese Person. Er hat auch schon ein paarmal bewiesen, dass ein Wechsel und Austausch von Personen für ihn kein Problem ist.

Franziskus sagt, und das ist eine seiner Kernbotschaften: »Gerechtigkeit ohne Barmherzigkeit ist grausam!« Seine kritischen Beobachter fragen dagegen: Wie viel Gerechtigkeit braucht aber Barmherzigkeit?

Das ist sicher eine der entscheidenden Fragen in diesem außerordentlichen Heiligen Jahr, das er ausgerufen hat. Die großen Theologen waren sich der Spannung und der notwendigen Balance zwischen der Barmherzigkeit und der Gerechtigkeit immer bewusst. Thomas von Aquin ist ein Beispiel dafür. Wie schon gesagt: Die neuere Theologie im Verlauf der zweiten Hälfte des letzten Jahrhunderts ist mit dem Thema Barmherzigkeit eher etwas simpel und nachlässig umgegangen. Barmherzigkeit war *eine* unter vielen anderen Eigenschaften Gottes. Franziskus dagegen stellt die Barmherzigkeit radikal in die Mitte des Gottesbildes. Dass Gerechtigkeit ohne Barmherzigkeit grausam ist, gehört zum Verständnis biblischer und kirchlicher Barmherzigkeit. Aber auch Gerechtigkeit ist wichtig. Im Maße des Möglichen muss bei Vergehen auch Wiedergutmachung geschehen. Aber man kann nicht alles wiedergutmachen. Wiedergutmachung hat ihre Grenzen. Und deshalb muss es den Überschuss der Barmherzigkeit geben – über eine formale Gerechtigkeit hinaus. Dies gehört im Übrigen auch durchaus zum Verständnis der letzten Päpste. Nicht zu vergessen: Johannes Paul II. hatte bereits seine zweite Enzyklika 1980 diesem Thema gewidmet: *Dives in misericordia* (»Über das göttliche Erbarmen«). Ich habe damals, 1981, die deutsche Übersetzung revidiert und einen langen Kommentar für die deutsche Ausgabe geschrieben. Aber das Anliegen des polnischen Papstes ist nicht genügend gehört und wahrgenommen worden. Ich bin sicher, dass Franziskus auch in dieser Hinsicht in einer ganz besonderen Weise die Kontinuität zu seinen Vorgängern deutlich macht, auch wenn er das Thema ganz neu akzentuiert. Es ist auf eine glückliche Weise geradezu vorbildlich, wie dieser Papst persönlich verkörpert, was schon das Zweite Vatikanum in diesen Fragen zum Ausdruck bringen wollte.

Sie nennen ihn schon früh einen Glücksfall für die Kirche.

Ja, auf jeden Fall. Schon am Abend nach der Wahl. Auch wenn das natürlich jetzt nicht alle so sehen und anerkennen. Aber ich halte nicht so viel von der »Opposition«, von der jetzt öfter gesprochen wird. Sie hätte angesichts des Charismas von Franziskus, das er weltweit ausstrahlt, auch keine große Wirkung. Zudem hat dieser Papst wie jeder vor ihm auch die Mittel und die Maßnahmen, wenn er sich wehren muss, um etwas durchzusetzen, als Papst ohnehin und erst recht durch seine Person. Und diese Durchsetzungsfähigkeit sollte man nicht unterschätzen. Das ist auch seine politische Seite, über die man noch viel sagen könnte. Über seine spirituelle Seite habe ich schon viel geredet. Denn: Die Frage nach den wesentlichen Dingen des Glaubens steht bei ihm ohne jeden Zweifel im Zentrum seiner Vorstellung von Kirche. Wie die Mexiko-Reise zu Beginn des Jahres 2016 zeigte, ist Papst Franziskus auf unpolitische Weise ein eminent politischer Papst, wenigstens in seiner Wirkung.

9. Das Wesentliche: Grundsatzfragen des Glaubens

Kommen wir zu den wesentlichen Fragen: zum Glauben. Ihr bischöflicher Wahlspruch »Steht fest im Glauben« spricht von diesem Glauben. Was ist das Gottesbild dahinter?

Da muss ich etwas ausholen. Dieses »Gottesbild« hat viele Dimensionen und Stufungen. Zuerst geht es mir darum, dass die Welt sich nicht über unseren Köpfen schließt, offen ist, aber nicht nur in das Blaue hinein, die Farbe der Unendlichkeit. »Gott« kann nur gefunden werden, wenn man erst einmal alles Endliche/Einzelne übersteigt und hinter sich lässt. Dies ist die notwendige Transzendenzbewegung, wohl die wichtigste Voraussetzung für den Glauben an Gott.

Aber diese Bewegung des menschlichen Geistes endet nicht im Nichts. Gewiss gibt es Wanderer, die alles verlassen und nirgends ankommen. Es muss aber nicht bei dieser »leeren« Transzendenz allein bleiben. Menschen verbleiben oft in diesem Bereich, der frei sein soll von irdischen Interessen und Bedürfnissen. Es ist die Welt der Ideale und idealer Zielvorstellungen. Dafür leisten Menschen oft jeden Einsatz, geben alles dafür: für Gerechtigkeit schlechthin, in sich und für alle; für Wahrheit ohne Lug und Trug; für Liebe pur, ohne die geringste Spur von Abneigung und Hass. Dies sind gleichsam Vornamen Gottes.

Ist dieser »Gott« am Ende jedoch eine Wirklichkeit oder Einbildung, ja Projektion, schöner Schein? Viele mögen sich mit bloßen Idealen zufriedengeben. Für mich ist Gott jedoch Person, hat einen Namen, kann angerufen werden. Hat ein Antlitz. Spricht.

»Gottesbild und Glauben«, dies hängt natürlich eng zusammen. Mein Gottesbild ist von der Bibel her geprägt. Das Besondere am christlichen Gottesbild: Dieser Gott ist nicht ein Hinterweltler, der umso göttlicher wäre, je mehr er sich der Welt und den Menschen sowie der Geschichte entzieht. Sondern dies ist der Gott, der von der ersten Seite der Bibel, vom ersten Moment der biblischen Religion an sich der Welt und der Geschichte und vor allem den Menschen zuwendet. Während viele Götter dadurch Götter sind, dass sie schweigen und sich immer mehr in ihre Transzendenz zurückziehen, spricht dieser Gott und geht gemeinsam mit den Menschen. Deswegen ist sein Name von Anfang an: Emmanuel, Gott-mit-uns. Er geht mit ihnen durch sein Sprechen, sein Wort, er geht mit ihnen durch von ihm erwählte Führer seines Volkes, durch die Propheten, er geht mit ihnen dann schließlich in Jesus Christus selber. Das sind Indizien für dieses Gottesbild. Keine Frage, dass dieses Gottesbild auch verschiedene Ausprägungen hat. Da ist die Mystik, da ist auch das caritative Tun, also die soziale Dimension.

»Es ist Zeit, an Gott zu denken«, so heißt der Titel eines Ihrer Bücher. Wie ist heute die Rede von Gott möglich?

Diese Gottesrede muss sicher sehr verschieden sein. Und man darf sie um Gottes willen nicht nur in der Theologie suchen. Meines Erachtens ist sie etwa auch in der Kunst zu finden – bei Chagall und seinen christlich-jüdischen Symbolen etwa. Auch in der Bildhauerei und in der Literatur ist sie da. Ich denke an Barlach, Hrdlicka, Gerhard Richter, Kafka, Ernst

Jünger, Celan, Domin, Ausländer und auch Jüngere. Ich lese gerne in dem von Karl-Josef Kuschel und Helmut Zwanger herausgegebenen Buch *Gottesgedichte. Ein Lesebuch zur deutschen Lyrik nach 1945**. Dann brauche ich aber auch wieder philosophische Kost, wie zum Beispiel Volker Gerhardts Buch *Der Sinn des Sinns***. – Freilich muss man dies oft entdecken, muss es erst mal buchstabieren und dechiffrieren. Dies ist nicht alles evident. Suchen und Finden gehören zusammen.

Wie evident ist die Gottesrede unter Theologen?

Auch theologisch ist die Gottesrede nur in verschiedenen Formen und Fragen möglich. Eine große Rolle spielt heute etwa die Frage: Ist Gott auch im Leid denkbar? Nicht so, dass man Gott getrennt von allem Leid sieht und gerade dadurch definiert, dass er sich davon abschirmt. Die Frage, ob Gott selber leiden kann, ist im Grunde durch Jesus Christus beantwortet, der sich in ganz besonderer Weise um die Leiden der Bedrängten und der Armen kümmert. Das ist im biblischen Gottesbild deutlich angelegt, auch wenn wir das in unserer Schultheologie lange vernachlässigt haben. Papst Franziskus verweist jetzt sehr deutlich auf den Gott der Barmherzigkeit und macht die Barmherzigkeit zum Zentrum seiner Rede von Gott. Es gibt ja mit Recht verschiedene Ausdrucksformen wie den Hymnus, die Klage, das Loblied, das Rätselwort, die Vision und andere Formen der Rede von Gott.

---

* Helmut Zwanger/Karl-Josef Kuschel (Hrsg.), *Gottesgedichte. Ein Lesebuch zur deutschen Lyrik nach 1945*, Tübingen 2011.

** Volker Gerhardt, *Der Sinn des Sinns. Versuch über das Göttliche*, München 2014.

Der barmherzige Gott als Kern des Gottesbildes?

Wenn Gott als Barmherziger, nicht nur als Allmächtiger gesehen wird, dann werden plötzlich auch Brücken sichtbar, etwa zum Koran, wo die Anrufung des barmherzigen Gottes ganz elementar ist. Aber dann gibt es dort freilich auch wieder eine Vorstellung vom Gottesgericht, wo sehr menschliche Gerechtigkeitsvorstellungen dominieren. Und dazu noch eine Allmachtsaussage, die in starker Spannung steht zur Barmherzigkeit.

Zu Ihrer Theologie: Sie reflektieren den Glauben immer auch im Zusammenhang mit dem Wissen von seinen Vorbedingungen.

Das mag so aussehen, wenn man professoral Theologie treibt oder als Bischof lehrt. In Wirklichkeit muss man ja auch selbst erst einmal ein Glaubender sein. Davon dringt einiges an die Öffentlichkeit, wenn man Gottesdienste feiert, wenn man predigt. Persönlich ist man etwa durch einen tödlichen Unfall auch tief erschüttert und ergriffen und mit Anfechtungen durchaus überschüttet. Alle echte, alle große Theologie kommt letzten Endes aus der Erfahrung des Glaubens.

Theologie ist eigentlich nur ein Buchstabieren und ein Ausfalten des Glaubens selbst. Und das kann man in verschiedener Sprache tun. Die Heilige Schrift zeigt es ja in unendlicher Fülle: Das können Sprachbilder, aber auch Visionen sein, das kann in Erzählungen geschehen, und das kann eine abstrakte Reflexion sein. Bei so großen Theologen wie Augustinus, Anselm von Canterbury, Thomas von Aquin, Karl Rahner und Hans Urs von Balthasar kann man immer wieder aufzeigen, wie sehr gerade frische, lebendige

Theologie aus der spirituellen Erfahrung und dem Gebet kommt.

Wie entfalten Sie Ihre Theologie?

Ich würde gar nicht weiterkommen, wenn ich nicht viele Stile der Glaubensäußerung zulassen würde. Ich brauche sie sogar. Nehmen Sie ein bereits erwähntes Beispiel: Ich habe selber viel Nutzen davon gehabt, früher, als ich an der Universität in Freiburg lehrte, dass ich um acht Uhr in meinem Dorf den Kindern der ersten Klassen in der kleinen Dorfkirche gepredigt habe und gleich anschließend um neun Uhr am Katheder in einem großen Hörsaal der Universität vor meinen Studenten stehen musste. Die Abwandlung der Äußerungsmöglichkeiten ist sehr groß. Die hat nicht jeder, es hat sie auch nicht jeder gleich. Da ist man zum Beispiel auch auf bestimmte Dinge spezialisiert oder in verschiedener Hinsicht begabt. Es gibt begnadete Menschen, die sehr gut mit Kranken oder mit Gefangenen, mit Sterbenden oder mit Kindern umgehen können. All das gehört zur Verkündigung, all das gehört in unsere Welt, und erst recht gehört es zur Verkündigung in unserem Gottesdienst. Aber es ist dann auch wieder gut, dass es neben dieser Vielfalt auch eine Gemeinsamkeit gibt. Die drückt sich zum Beispiel für evangelische, katholische und orthodoxe Christen im Glaubensbekenntnis der Kirche aus, dem Credo – ob nun das Apostolische Glaubensbekenntnis oder das große Credo der altkirchlichen Konzilien. Zum Glauben gehört auch das Bekenntnis. Und dieses Bekenntnis hat immer ein Stück weit auch öffentlichen und gemeinschaftlichen Charakter. Es darf nicht einfach nur die private Innerlichkeit des Herzens sein, die wichtig ist und oft die Wurzel ausmacht, aus der der

Glaube kommt. Es muss sich auch ausmünzen in den Lebensfeldern gerade einer modernen Gesellschaft. Dazu gehört die Praxis von Caritas und Diakonie. Noch einmal: Ich bin froh und durchaus stolz drauf, wie zum Beispiel in der Flüchtlingskrise in einer guten Weise der Glaube tätig wird und sich in vielen Gestalten von Liebe äußert.

Bleiben wir bei der Theologie: In welchem Verhältnis steht sie zum Glauben?

Wenn man den Glauben der christlichen Kirchen – man könnte vielleicht sagen: der biblischen Religion insgesamt – genauer verfolgt, dann gibt es hier immer eine besondere Verbindung, geradezu eine Art Ehe zwischen Denken und Glauben. Der Glaube ist auch dadurch ausgezeichnet, dass er denkt, dass er etwas von seinem Inneren her durchsichtig macht und den Menschen vor Aberglauben und Magie schützt. Kulturgeschichtlich ist diese einzigartige Verbindung von Glauben und Denken schon in den biblischen Mustern bezeugt. Das ist vor allem durch den großen evangelischen Theologen Gerhard Ebeling (1912–2001) ins Bewusstsein gebracht worden. Und nicht zu vergessen: Es gibt einen großen Anteil der Theologie an der Wissenschaftsgeschichte, bis hinein in die Logik – nicht bloß im Mittelalter und in der Vergangenheit, sondern durchaus auch in der heutigen Diskussion. Der Glaube braucht dieses Denken, auch um sich selber zu schützen. Theologie muss abwehren, was es an falschen Forderungen und Verführungen gibt. Aber sie muss sich auch bewusst machen, dass sie selber eine dienende Funktion hat. Die Theologie dient dem Glauben in der richtigen Weise, wenn sie ihm neue Wege öffnet und neue Welten erschließt. Sie macht Dialog möglich, wo man es vorher nicht für möglich gehalten hat und wo man miteinander redet. Aber die Theologie kann keinen Glauben schaffen; wohl kann sie ihn korrigieren und vertiefen.

Der Glaube ist weniger komplex als die Theologie.

Als Lebensvollzug auf jeden Fall. Aber er kann viele Tiefenschichten haben, bis hin zu Abgründen, auch das Schweigen und die Anbetung.

Tendiert die Theologie dazu, den Glauben zu oft in ambitionierter Differenziertheit zu verstecken?

Verstecken möchte ich nicht sagen. Theologie muss ja sogar dem Glauben mehrere Wege in die verschiedenen Wirklichkeiten hinein öffnen, damit er sprachfähig wird auch in Feldern, wo er sich gewöhnlich nicht aufhält: zum Beispiel im Gespräch mit den Naturwissenschaften, etwa über Schöpfung und Evolution.

Ist Theologie selbst dabei ausreichend sprachfähig?

Mit Sicherheit nicht. Man hinkt immer hinterher und benutzt auch zu oft eine alte Sprache, die von nachkommenden Generationen nicht mehr verstanden wird. Und Theologen benutzen leider zu oft eine Sprache, die durch eine hohe Spezialisierung bestimmt ist. Manchmal ist es ja gerade das Wunderbare, dass der Glaube in vielen Sprachen spricht, die keine Theologie brauchen. Die Rede eines Kindes mit Gott, das Beten von kranken Menschen, die jubelnde Freude eines Glücklichen, das Gebet eines Sterbenden: Es gibt keine Situation, in der die Erfahrung, von Gott gehalten zu sein, das elementare Bedürfnis, zu Gott auch zu schreien und vor ihm zu klagen, nicht in einer neuen Weise möglich wäre und sich artikulieren könnte, und zwar in einer Sprache, die einmalig bleibt und doch verständlich ist für andere. Die Theologie hinkt diesen realen Möglichkeiten immer ein Stück weit nach. Das schönste Beispiel für die Verschiedenartigkeit des Sprechens vom Glauben sind für mich die Psalmen. Sie kommen aus ganz realen Erfahrungen und Lebenssituationen, wo etwa ein Mensch klagt und sagt: »Ich tue alles Mögliche und mühe mich ab, und dieser Lump in der Nachbarschaft hat viel mehr Glück in seinem Leben. Was ist das für eine Gerechtigkeit!« Also, man darf nicht nur auf das schöne, ästhetisch gefällige Reden von und zu Gott im durch die Tradition geformten Gebet schauen. Dies ist sehr wichtig. Wir brauchen es. Man muss aber auch auf den Schrei des Menschen achten, man muss auch die Klage als Gebet sehen, dann sieht man deutlich den inneren Zusammenhang von Glauben und menschlicher Rede. Das ist eine eigene Wirklichkeit.

Eine andere Wirklichkeit, zu der die Theologie den Zugang hat und sucht, sind die Auseinandersetzungen mit dem, was sich in Bereichen wie den Naturwissenschaften, der Philosophie und den Lebenswissenschaften im Moment ereignet. Wie wissenschaftsorientiert, wie neugierig muss ein Theologe sein?

Er braucht eine allgemeine, zunächst unbegrenzte Neugierde. Aber natürlich auch die Fähigkeit, Blockierungen aufzulösen. Wenn z. B. die Naturwissenschaft die Evolution des Lebendigen und des Menschen betrachtet und dies unvereinbar zu sein scheint mit den biblischen Schöpfungserzählungen – das hat ja jahrhundertelang das Gespräch blockiert (und hemmt es noch!) –, dann hat Theologie auch die Aufgabe, falsche, verfrühte Fixierungen im Glaubensverständnis zu lockern, zu lösen und durch eigene Vorschläge zu ersetzen. Das ist natürlich zunächst einmal ein Verstehensangebot für die Kirche. Es braucht dann den theologischen Disput, der unter Umständen diese Angebote noch einmal reinigt und zu einem Konsens bringt. Man muss auch immer wieder Neuland entdecken. Dies ist alles nicht ungefährlich, denn man kann sich auch im Niemandsland verlaufen.

Sie waren bekannt dafür, dass Sie sich in solche Situationen geradezu systematisch hineingearbeitet haben. Welche Beschäftigungen mit welchen anderen Wissenschaften sind besonders nötig und fruchtbar?

Da ist zunächst mal keine Wissenschaft auszunehmen. Sowohl die Soziologie wie auch die Kulturwissenschaften mit ihren spezifischen Problemstellungen oder auch die medizinischen und naturwissenschaftlichen Themen sind in diesem Zusammenhang wichtig. Und natürlich sind die Lebenswissenschaften ein besonders explosives Gebiet. Dringende Frage ist hier, vor allem im Blick auf den Menschen: Darf man alles, was man kann? Eine elementare Frage bleibt doch bei allem Forschen und Experimentieren: Ist da bei all dem Tun noch genügend Respekt gegenüber der Eigenwirklichkeit des Menschen und des Lebens? Um hier in ein richtiges Gespräch zu kommen, reicht es nicht, nur Theologe zu sein. Interdisziplinarität ist gerade heute eine Herausforderung für uns Theologen. Ich war als Theologieprofessor jedenfalls immer froh, wenn ich zum Beispiel einen Promovierenden gewinnen konnte, der zugleich Biologe war und den Fragen der Evolution genauer nachgehen konnte; der zweite Gutachter einer solchen Doktorarbeit kam dann auch aus dem Bereich der Biologie. Die Komplexität der Sachverhalte ist heute etwa in den Biowissenschaften, den Lebenswissenschaften und der Bioethik fast unüberschaubar. Die Interdisziplinarität hat sich auf allen Gebieten zu einem sehr umfangreichen Geflecht entwickelt. Ich selbst konzentriere mich auf die Philosophie und versuche, etwas in der Bioethik mitzuhalten. Interessieren tue ich mich freilich für viel mehr.

Es war für Sie als Professor wohl ein besonderes Anliegen, bei diesen Fragen immer vorn dabei zu sein. Ehemalige Studenten erzählen heute noch mit Staunen, dass man Sie am Abend noch mit einem Packen neuer Bücher hat aus einer Buchhandlung kommen sehen. Morgens waren diese aktuellen Neuerscheinungen – in der Regel aus Philosophie, Theologie oder »profanen« Wissenschaften – wieder auf dem Katheder der Vorlesung zu sehen, von Ihnen präsentiert mit der Kurzfassung der wichtigsten Thesen. Die meisten dieser neuen Wissenschaften waren wichtig, weiterführend; manches Mal waren aber auch Sackgassen dabei.

Es gibt da auch Sackgassen. In der Tat.

Die Neurowissenschaft ist zurzeit in aller Munde.

Da gibt es kein anderes Rezept, als auch da mitzugehen, durch Höhen und Tiefen hindurch. Man kann nicht immer nur Triumphe feiern. Da ist man zu Recht über längere Zeit auch mal ratlos. Trotzdem muss man dabeibleiben. Das braucht nicht nur viel Kenntnis, sondern auch Zeit. Früher hatte man in einer Theologischen Fakultät immer einige

Leute, die auch noch Physik oder Biologie studiert hatten. Das ist heute natürlich schwieriger, aber es wäre nötig, zum Beispiel auch in der Kosmologie. Wir brauchen als Gesprächspartner für die Theologie auch Sozialwissenschaftler, Wirtschaftswissenschaftler, Sozialethiker und dergleichen.

Von der Ethik und Philosophie her gibt es einen fast geborenen Zusammenhang mit der Theologie. Wer ist wessen Magd?

Lange Zeit galt die mittelalterliche Philosophie mit ihrem Hintergrund in der Antike als Magd der Theologie. Dieses Verhältnis war aber bei großen Denkern, auch bei den Meistern der Theologie, durchaus produktiv. Man staunt, was man immer noch entdecken kann, wenn man zum Beispiel Thomas von Aquin (1225–1274) wirklich kennt. Was sich dann als eine Schulgestalt in der späteren Neuzeit im Thomismus formiert hat, das hat freilich auch etwas zwanghafte Züge und die fatale Tendenz zu einer problematischen Geschlossenheit mit sich gebracht.

Heute ist deutlich, dass man in der Theologie einige Maßstäbe braucht, um zu sehen, mit welcher Philosophie man ein Stück weit gemeinsam gehen kann. Wichtig sind dabei Koordinaten für das Menschenbild, wenn es etwa um die Bestimmung der gleichen Würde aller Menschen und die Universalität der Menschenrechte geht. Aber es gibt heute von der Theologie aus Gespräche eigentlich mit allen philosophischen Richtungen und anderen Geisteswissenschaften. Der Ertrag ist recht verschieden. Von den Sprachwissenschaften haben wir zum Beispiel viel gelernt für die Auslegung der Bibel und der Schrift. Umgekehrt brauchen die Wissenschaften aber auch die Theologie. Wie will ich etwa

Bildnisse des Mittelalters, gerade auch von den großen Künstlern, verstehen ohne den theologischen Hintergrund und das entsprechende Wissen? Ich habe bei meinem letzten Besuch in Paris gehört, für Theologiestudenten gebe es in Frankreich neue berufliche Möglichkeiten in den Museen, weil die normale Ausbildung des heutigen Museumsmitarbeiters nicht mehr einbegreift, was man vom Mittelalter wissen muss.

Wer Theologie lehrt und Glauben lebt, kommt schnell auch in Konfrontation mit dem Nichtglauben, mit dem Atheismus. Ist die katholische Theologie in der Auseinandersetzung mit dem Atheismus und seinen Vertretern in der Nachfolge von Ludwig Feuerbach, Karl Marx oder Sigmund Freud in einer vernünftigen und redlichen Auseinandersetzung?

Das war in der Geschichte weitgehend ein feindseliges Gegenüber und ein gegenseitiges Nichtverstehen. Die Kirche musste sich gegen fundamentale und auch gegen haltlose Anklagen wehren. Aber auf alle Fälle war es immer gut, zuerst einmal zu hören, zuzuhören, die Vorwürfe auch ernsthaft abzuwägen. Diese kämpferische Phase ist zu einem großen Teil vorbei, freilich manchmal um den hohen Preis gegenseitiger Gleichgültigkeit. Und eine Provokation muss man füreinander, gegeneinander schon auch sein. Ein Desinteresse schlechthin ist der Tod des geistigen Lebens.

Aus dieser Gleichgültigkeit hat sich jetzt geradezu provozierend die Frankfurter Schule um Jürgen Habermas abgesetzt. Sie will in einen neuen Kontakt mit dem Glauben und der Religion eintreten.

Das ist ein langer Weg. Diesen Weg muss man eben mitgehen. Dann erst kommen die unerwarteten Gemeinsamkeiten zutage. Diese Fragen sind natürlich auch schon bei den Gründern der Frankfurter Schule latent oder offen vorhanden, wie bei Adorno, wenn er zum Beispiel infrage stellt, ob der Fortschritt immer ein menschlicher Fortschritt ist oder ob da doch nicht vielmehr zerstörerische Kräfte am Werk sind. Das ist beim späten Max Horkheimer in ganz besonderer Weise da. Er geht die Gottesfrage oder auch ganz konkrete andere existenzielle Fragen an, etwa das Verständnis von Sexualität, von Zeugung, von Ehe und Familie. Auch bei Habermas ist es ja eine menschliche Erfahrung, nicht nur in der späteren Lebensphase. Ich hatte vor Jahrzehnten eine frühe Begegnung mit ihm, als er längst nicht so berühmt war wie heute. Wir kamen während einer Zugfahrt ins Gespräch. Dabei hat er mir erzählt, er habe ein religiös völlig »unmusikalisches« Elternhaus gehabt. Religion sei ihm etwas Fremdes, etwas, was er nicht kenne. Aber die Theologie müsse Antworten haben, auf die er und seine Philosophie nicht zurückgreifen könnten. Er hat das alles später – ohne Zusammenhang mit mir – auch schriftlich dargelegt: Er habe einen ungeheuer begabten Freund gehabt, der infolge einer Blutkrankheit innerhalb weniger Wochen gestorben sei. Hier habe die Philosophie auf die Frage, wie man damit umgeht, wie dieses weitergedacht wird, keine Antwort. Da sei es an der Religion, eine Antwort zu geben. »Sie muss dafür Trost haben.« Trost – nicht Vertröstung: und dies gerade aus seinem Mund!

Für Habermas bleiben auch in der modernen säkularisierten Gesellschaft Religion und Glaube Träger eines elementaren Potenzials, das die pluralistische Gesellschaft braucht. Wird der Dialog zwischen den ehemals feindlichen Lagern fortgesetzt?

Ja, heute aber in einer anderen Form. Man hat ja im Grunde an denselben Menschheitsfragen gemeinsam zu arbeiten und nutzt dabei unterschiedliche Zugänge. Ich habe mich manchmal mit sogenannten Atheisten besser verstanden als mit den eigenen Glaubensgenossen. Es ist immer ein geistiges Vergnügen, zum Beispiel mit Alfred Grosser, dem agnostischen Politologen, zu reden, wenn ich ihn in Paris oder hier bei uns sehe. Ich finde, dass es auch Denker gibt, die einen verborgenen oder offenkundigen Hintergrund von der Bibel her haben. Etwa Hans Jonas mit seinem Werk *Das Prinzip Verantwortung* (1979). Das hat mich damals genauso fasziniert wie Martin Heidegger oder Hans-Georg Gadamer, weil hier Lebensfragen der modernen Zivilisation in einer ganz besonderen Weise artikuliert werden. Aber es gibt natürlich bei manchen Atheisten immer noch massive Vorurteile gegenüber der Religion, wo die Türen zum Dialog nicht leicht aufgehen. Mich jedenfalls interessieren solche Angriffe nicht mehr. Es gibt Gesprächspartner, von denen ich viel lernen kann – sind sie noch Atheisten, auch wenn sie sich selbst so bezeichnen? Ich will sie nicht vereinnahmen, aber die Frage stellt sich mir nicht so selten.

Es gibt ja auch eine neue aggressive Form von Atheismus ...

... eine militante Form, mit Glauben umzugehen. Ich glaube eigentlich, dass deren Zeit vorbei ist. Menschlich wird es dies immer geben. Man darf sich einem Dialog eigentlich nie verweigern, aber bei diesen militanten Vertretern des Atheismus ist er nicht sehr aussichtsreich.

In anderen » Welten« ist die Situation aussichtsvoller. Ist die deutsche Theologie gegenüber dem akademischen Kosmos in der Lage, ihre Position darzustellen?

Wir im deutschen Sprachgebiet haben auch dadurch, dass die Theologie an staatlichen Universitäten beheimatet sein kann, besondere Chancen. Sie bringt natürlich auch einen bestimmten Level an Voraussetzungen für das Gespräch mit. Wir haben auch die Chance, dass wir – eine Theologische Fakultät ist ja auch immer eine Universität im Kleinen – viele Öffnungen zu verschiedenen Fächern neu beleben können. Man kommt miteinander ins Gespräch, und schon dadurch haben wir die Notwendigkeit, uns zu äußern, in einen Dialog einzutreten.

Ist die deutschsprachige Theologie gut aufgestellt?

Das wechselt, auch von Ort zu Ort, von Fach zu Fach. Es gab eine große Zeit, in der die Theologie in unserem Lande führend war in der Welt. Ich denke zurück an meine Zeit bei Karl Rahner. Es ist unglaublich, was in dieser Epoche an Übersetzungen in alle Welt über Jahre gelaufen ist. Fast jeden zweiten, dritten Tag kam eine Übersetzung Rahners heraus. Das ist heute vorbei. Dafür gibt es auch wirtschaftliche Gründe. Übersetzungen sind teuer geworden, die Absatzzahlen schrumpfen. Bücher und Zeitschriften haben es gegenüber anderen Medienprodukten sowieso schwerer.

Sind die Theologen präsent in den großen Auseinandersetzungen der Gesellschaft?

205

Dies ist verbesserungsbedürftig. Das war es aber, glaube ich, zu allen Zeiten. Dies gilt auch, wenn man mal von der anderen Seite auf uns schaut. Es gibt ja auch Voraussetzungen, die man braucht, um in so ein Gespräch überhaupt eintreten zu können. Dazu ist einfach nicht jeder fähig. Einer kann in einem sehr positiven, manchmal auch positivistischen Sinne ein Forscher sein und in seinem Bereich zu durchaus wertvollen Ergebnissen kommen. Aber um das, was Theologie im Innersten eigentlich meint, zu entfalten und zu artikulieren, wie das zum Beispiel Karl Rahner oder Hans Urs von Balthasar konnten, dafür bedarf es eines gewissen Charismas. Dies ist freilich immer eine Mischung von Geschenk und Fleiß. Man braucht aber einfach die Begabung. Vieles ist heute auch nicht mehr so abgefordert, weil man nicht mehr miteinander kämpft und weil die Weltanschauungslager etwas freundlicher zueinander geworden sind. Es gibt aber zugleich die Verführung zu einer freundlichen Gleichgültigkeit. Ein guter Streit hat immer auch etwas mit der Wahrheit zu tun. Insofern verspreche ich mir von einer Friedhofsruhe nichts. Theologie braucht die Auseinandersetzung.

Sie sind in Ihren über 4000 unterschiedlichsten wissenschaftlichen und anderen Ausarbeitungen auch Auseinandersetzungen nicht aus dem Weg gegangen. Was waren Ihre Hauptschwerpunkte?

Das ist ganz unterschiedlich. Solange ich in akademischen Gremien und im wissenschaftlichen Bereich war, war es für mich an erster Stelle die Fundierung von Theologie und ihrer Grundbegriffe von der Schrift her. Deswegen habe ich immer Wert darauf gelegt, dass ich exegetisch mit den wissenschaftlichen Methoden, die uns heute zur Verfügung stehen, den Sinn der Schrift eruiere. Wichtig war mir immer auch die philosophische Hilfe, also zum Beispiel der anthropologische Zugang, die Notwendigkeit, von den menschlichen Voraussetzungen her zu denken und zu argumentieren. Die hermeneutische Fragestellung ist unverzichtbar. Ich habe das, was ich in diesem Feld gelernt habe, als Bischof später gut gebrauchen können. Nur weniges konnte ich fortführen. Vieles war einfach von der Situation und der konkreten Gelegenheit gefordert.

Wir sprachen schon über die spannende und spannungsreiche Beziehung zwischen Mitra und Katheder, zwischen professoraler Forschung und Lehre einerseits und Bischofsamt andererseits.

Für mich gab es da keinen Bruch. Die Aufgabe als Professor war meine Liebe. Auch das Bischofsamt habe ich sehr gerne ausgeübt; manches daran war freilich nicht selten anstrengende Pflicht. Theologie habe ich in der Zeit, als ich dann Bischof wurde, schon deswegen mit besonderer Hingabe betrieben, weil das meine Leidenschaft und, wenn man so will, mein Hobby ist. Beides kam da zusammen. Beides war dann oft auch im Widerstreit. Aber dann muss man sich weiter durcharbeiten – soweit man bei den uns gegebenen Grenzen, der Endlichkeit, den Unvollkommenheiten, ja auch Fehlern kommt. Immer das Ganze im Fragment!

10. Das Amt des Vorsitzenden: Konflikte und Zeitnöte

Sie haben Ihre Pflicht als Bischof ausgeweitet, als Sie nach kurzer Zeit – genau: nach vier Jahren – Vorsitzender der Deutschen Bischofskonferenz wurden. Das war überraschend, weil es den vorgegebenen alten Rhythmus zwischen den »Erbhöfen« in Köln und München durchbrochen hat. Es kam zudem überraschend, weil es andere Kandidaten gab.

Ich hatte keinen persönlichen Karriereplan und auch bei der Entscheidung keine Karten im Spiel – außer dass ich »Ja« gesagt habe. Aber es gab Leute wie den damaligen Trierer Bischof Hermann-Josef Spital, der sagte: Es steht doch nirgends geschrieben, dass das nur Erzbischöfe und Kardinäle sein können. Bischof Spital hat mich dann vorgeschlagen – allerdings nach einer besonderen Vorgeschichte. Ich war ja ab 1985 bereits Stellvertreter des Vorsitzenden Kardinal Joseph Höffner, hatte aber in dieser Funktion eigentlich sehr wenig zu tun gehabt. Ich war der erste Stellvertreter. Vorher gab es dieses Amt nicht. Kardinal Höffner war schon über achtzig Jahre alt (geboren 1906). Als Papst Johannes Paul II. im Frühjahr 1986 in Deutschland war, sprachen die beiden sich ab, dass Joseph Höffner sich im Herbst 1987 zurückziehen werde. Aber ab Ende Mai wurde er ziemlich krank. Er wurde durch einen Gehirntumor so schnell auf den Tod krank, dass ich ab Juni/Juli dieses Jahres auch als kommissarischer Leiter aktiv werden musste. Ich konnte dann bis zum September an manchen Themen zeigen, dass ich das einigermaßen hinkriege. Aber es gab bis in die Phasen des Wahlprozesses hinein Schwierigkeiten. Ich bin am 22. September im zweiten oder dritten Wahlgang gewählt worden und habe die Wahl angenommen. Am 16. Oktober starb Kardinal Höffner. Ich habe mich später noch dreimal zur Wahl gestellt und wurde auch dreimal bestätigt – bis ich, zwei Jahrzehnte später, sagen musste, dass die gesundheitlichen Belastungen einfach eine tolerable Grenze überschreiten (Rücktritt zum 18. Februar 2008 nach der Frühjahrsvollversammlung). Meine letzte Amtshandlung war die Verabschiedung von Kardinal Wetter in München am selben Tag.

Als Sie nach 21 Jahren das Amt abgegeben haben, hat DIE ZEIT geschrieben: »Das ist ein tiefer Einschnitt in der Geschichte des deutschen Katholizismus.« Gab es einen strategischen Plan, um aus dem frommen Debattierclub ein scharfes kirchenpolitisches Instrument zu machen, das effektiv in die Gesellschaft hineinwirken konnte?

Das Amt des Vorsitzenden ist von der Verfassungsstruktur her ein Stück weit unbestimmt, hat also einen gewissen Hohl- und Freiraum zur Gestaltung. Den kann man unterschiedlich nutzen. Ich habe den Gestaltungsspielraum auf meine Weise zu verwirklichen gesucht. Ich vertraute meinen Erfahrungen. Große Pläne gab es nicht.

Sie waren zunächst nur Primus inter pares.

So blieb es auch. Wenn sich das nach und nach geändert hat, ist es bedingt durch Erwartungen, die seitens der Gesellschaft und besonders von den Medien auf dieses Amt gerichtet waren. Da kann es einen gewissen Wandel gegeben haben.

Am Anfang hatte ich in verschiedenen Fragen eigentlich keine Vollmacht, eine Stellungnahme für die Bischofskonferenz abzugeben.

Wenn ich aber bei der Beschleunigung des Pressebetriebes immer wieder mit der Bitte um eine ganz schnelle Antwort zu bestimmten aktuellen Themen gefragt wurde, dann musste ich für die Kirche Rechenschaft ablegen, auch in ihrem Interesse. Gott sei Dank, dass es keine nennenswerten Pannen gab. Ich bin also durch die konkreten Bedürfnisse in der Welt der Medien in eine Rolle hineingewachsen, die früher so nicht gegeben war. Wenn man dies einigermaßen ordentlich macht, dann gibt es von den Kollegen eine stille Ermächtigung, auf diesem Weg fortzufahren – ohne Änderung des Status.

Sie wurden schnell als Brückenbauer akzeptiert und dreimal wiedergewählt. Man hat Sie vier Amtsperioden lang akzeptiert.

Das hat der Vatikan inzwischen verboten, weil man nicht mehr will, dass jemand so lange am Ruder ist. Heute kann man nur einmal wiedergewählt werden. Es ist deutlich, dass mein Beispiel zu einem solchen Verbot geführt hat. Natürlich hat die lange Amtszeit auch die Kritik mancher Kollegen befördert. Wer dieses Verbot schließlich durchgesetzt hat – manche sprachen von einer »Lex Lehmann« –, weiß ich bis heute nicht.

Zu dieser Kritik kam auch der Versuch, in Köln gewissermaßen eine Gegenmacht zu etablieren. Wie haben Sie auf dieses Gegengewicht reagiert?

Ich habe nie in Fronten gedacht. Ich habe die Erfahrung machen können, das sage ich jetzt ganz offen, dass es einfach sehr unterschiedliche persönliche Verhaltensmuster gibt. Zum einen: Ich habe mit Kardinal Meisner gewiss öfter Meinungsverschiedenheiten gehabt. Aber er war für mich ein Mann, mit dem man – auch in kontroversen Fragen – immer reden konnte. Wenn ich ihm gesagt habe: »Hör mal, willst du dieses Ziel erreichen, dann könnten wir es auch auf diesen und jenen verschiedenen Wegen erreichen. Aber im Endeffekt führen auch andere Wege zum selben Ziel. Können wir das nicht gemeinsam so oder so machen?« – da war er offen, und mit ihm konnte man so doch einiges gemeinsam erreichen, auch wenn das nach außen hin nicht so sichtbar geworden ist. Aber es gab auch Leute – dafür nenne ich von mir aus keine Namen –, die hatten eine steile Kirchenpolitik in ihrem Kopf, von der es keine Abweichung geben sollte. Das war nicht identisch mit der Linie von Kardinal Meisner, der im Grunde doch ein Seelsorger ist und immer eine gewisse pastorale Pragmatik vertrat. Man findet manchmal auf verschiedenen Wegen seine Bundesgenossen, die einem helfen. Aber der Kampf mit den Opponenten war schwierig, vor allem wenn er hintenherum und nicht offen geführt wurde.

Wie stark war diese Opposition der »steilen Kirchenpolitik« aufgestellt?

Sie war hart, auch weil ihre Vertreter viel mit der Nähe zu Personen in Rom und mit dem Wissen, wie es in Rom läuft, gearbeitet haben. Immerhin gab es oft eine gewisse gemeinsame menschliche Wellenlänge, auch von Humor und Witz. Ich kann mich erinnern, dass ich mit einem »Gegner« einmal gemeinsam zwei Stunden lang nachts seine wunderbare Briefmarkensammlung angeschaut habe.

Wie gut kennen sich die Bischöfe? Man duzt sich.

Man ist miteinander per Du, ja. Nicht ganz automatisch, aber heute ist das weitgehend selbstverständlich. Ich bin davon nicht nur begeistert: Es entstehen dadurch manchmal eine verlogene Nähe und ein doppelbödiger Stil.

In einer solchen Gemeinsamkeit gab es die Aufgabe, mit schnellen und soliden öffentlichen Positionen und Erklärungen in die Gesellschaft hineinzuwirken, zu ethischen und gesellschaftspolitisch wichtigen Fragen Stellung zu beziehen. War das Ihre Hauptaufgabe als Vorsitzender der Bischofskonferenz?

Nein. Die Hauptaufgabe war natürlich die Führung und die Leitung der Versammlungen der Deutschen Bischofskonferenz. Da gibt es nicht nur die zweimal im Jahr, im Frühjahr und im Herbst, stattfindenden Vollversammlungen mit den etwa siebzig Bischöfen, sondern da ist auch der fünfmal jährlich tagende »Ständige Rat« der 27 Diözesanbischöfe. Ich war für die Ausführung dieser Versammlungen verantwortlich, aber natürlich – freilich wenig legitimiert – auch für die Kontakte mit Rom und den Bischöfen unserer Nachbarländer zuständig. Ich war zehn Jahre erster Vizepräsident des Rates Europäischer Bischofskonferenzen (CCEE). Nach dem Fall der Mauer war der später wirklich zum Freund gewordene Kardinal Miloslav Vlk von Prag, also bewusst jemand aus dem Osten, zum Vorsitzenden dieser europäischen Konferenz gewählt worden und ich als erster Vizepräsident für den

Westen. Wir haben zehn Jahre lang gut, verlässlich und offen miteinander gearbeitet.

Das war Ihre innerkirchliche Aufgabe, die Kirche zusammenzuhalten und auch mit den kirchlichen Institutionen im Gespräch zu bleiben. Aber kein anderer Vorsitzender hat sich in so vielen gesellschaftlichen Entwicklungen und Fragen des öffentlichen Wertewandels einzumischen gewusst.

Vorsicht. Kardinal Höffner hat es auf seine Weise gewiss nicht minder getan. Was mich angeht, so spielte natürlich auch der Gang der Dinge eine Rolle: Die Kirche ist in diesen Jahren einfach stärker herausgefordert worden.

Weniger aus eigenem Antrieb als aus der Pflicht, mich stellen zu müssen, kam ich in diese Rolle, von der Sie sprechen. Eines der ersten Themen, die mich so erreichten, war die Grundwertedebatte, später die Diskussion um die »Leitkultur«. Oft hatte ich auch Lust, bei Anfragen zu sagen: »Ich kann nicht, ich habe einfach nicht die Zeit, ich bin auch nicht so kompetent.« Wenn ich aber gesagt habe: »Fragen Sie doch den Kollegen, der dafür den Kommissionsvorsitz hat«, dann habe ich oft zur Antwort bekommen: »Wir wollen den Vorsitzenden haben oder keinen.« Es gab einen stetigen Zug zur Spitze.

Es hat sich via facti die inhaltliche Funktion des Vorsitzenden verändert.

Heute hat der Vorsitzende jedenfalls, wenn er es richtig anstellt, mehr Kompetenzen, als das Statut hergibt. Ich weiß, dass dies auf evangelischer Seite ähnlich ist, an der Spitze der EKD und in manchen Landeskirchen.

Mit dieser Kompetenz haben Sie Positionsbeschreibungen der Kirche für die Gesellschaft formuliert. Die Zahl dieser Positionsbeschreibungen ist Legion. Waren sie auch wirksam? Waren Sie erfolgreich?

Vom Erfolg will ich nicht reden, weil ich den nicht messen und nicht kennen kann. Ich bin aber ohnehin skeptisch gegenüber einem solchen Effizienz- oder Bilanzdenken, obgleich auch ich gerne gute Früchte unseres Tuns sehe. Aber mir waren im Blick auf die Gesellschaft die menschlichen Grundhaltungen und die menschlichen Grundwerte wichtig. Entscheidend ist, dass im Pluralismus, der unvermeidlich zur Freiheit der Gesellschaft gehört, in der wir leben, die Gemeinsamkeiten nicht vergessen werden. Die Themen, an denen das konkret wurde, waren zahlreich. Sie reichen von der Abtreibung bis zur Würde des Menschen am Ende des Lebens. Mir war und ist der Wert des Lebens zentral wichtig. Es war mir aber auch ein tiefes Bedürfnis, den richtigen Begriff von Freiheit zu kultivieren, damit also deutlich wird, dass zur Freiheit auch Pflicht, Ordnung und entsprechendes Engagement gehören. Im Grunde ging es also um das, was vom christlichen Glauben her verallgemeinerungsfähig und im Diskurs auch mit anderen Weltanschauungen und Religionen für ein gemeinsames Menschenbild immer wieder aufgezeigt und verteidigt werden muss.

Die größte Aufmerksamkeit haben Sie dann gefunden, wenn Sie gegen den Mainstream waren?

Ja, manchmal hat man besondere Chancen, wenn man gegen den Strom schwimmt, also den Mut hat, gegen eine allgemein verbreitete Meinung zu sein. Aber es gab auch Beispiele, wo man zwischen den Fronten stand. Konkret etwa die Schwangerschaftskonfliktberatung mit der Ausgabe eines Beratungsscheins. Da wollte und musste ich gegenüber den konservativen Instanzen bei uns, aber auch in Rom zeigen, dass man, wenn man dafür eintritt, nicht ein mehr oder weniger verworrener Anpasser an den Trend zu einer versteckten Erlaubnis zur Abtreibung ist. Auch in anderen Fragen habe ich es immer wieder gelernt: Der Platz zwischen den Fronten kann manchmal schwierig sein. Aber das gehört dazu. Auch Einsamkeit in verschiedenem Sinne kann dazugehören.

Ein Problemfeld zwischen den Fronten war die sogenannte »Königsteiner Erklärung« vom August 1968. Die war von Kardinal Döpfner durchgeboxt worden. Als bischöfliches Wort über die richtige Gewissensentscheidung war sie bald populär. Sie war als »grünes Licht« für die »Pille« verstanden worden. Das hat Rom und den Päpsten nicht gepasst. Rom hat immer wieder eine Modifizierung verlangt. Zwanzig Jahre später waren Sie als Vorsitzender der Bischofskonferenz selber direkt involviert.

Das Prozedere war folgendermaßen: Nachdem ich im September 1987 als Vorsitzender gewählt war, konnte ich Ende November meinen Antrittsbesuch bei Papst Johannes Paul II. machen. Ich stand noch, er saß schon, als er mir gesagt hat: »Ihr Vorgänger wollte die ›Königsteiner Erklärung‹ zurücknehmen, das sollen jetzt Sie machen.« Dann habe ich ihm gesagt: »Heiliger Vater, er hat viele Jahre Zeit gehabt und hat es auch in diesen elf Jahren (1976–1987) nicht gemacht. Nun geben Sie doch bitte auch mir einige Zeit, um die Sache zu klären. Ich möchte Ihnen vorschlagen, dass wir zunächst einmal sehr viel genauer feststellen, was die ›Königsteiner Erklärung‹ wirklich wollte. Wir sollten nicht von dem Missbrauch, mit dem sie teilweise zu Recht verbunden wird, ausgehen. Und erst dann sollten wir urteilen.« Es war ein hartes Gespräch, und er ist mich am Anfang meines Dienstes überhaupt hart angegangen. Am Schluss hat er mir aber zugestimmt und gesagt, ich solle ein Gutachten machen (lassen). Das habe ich dann bis 1993 selbst gemacht und als Vorsitzender den Mitgliedern der Bischofskonferenz bei der Vollversammlung gesagt, dass dieser Vortrag – ich hielt ihn als Eröffnungsreferat in Fulda 1993 (übrigens 25 Jahre nach der Entstehung der »Königsteiner Erklärung«) – im Kern als Auftragsdokument für den Papst von mir gemacht wurde und wir in diesem Sinne darüber diskutieren sollten. Ich habe den Text dann auch als mein Referat bei der folgenden Pressekonferenz ausgelegt, natürlich ohne öffentlich zu sagen, dass der Text für den Papst erarbeitet worden ist. Ich habe es dann im Unterschied zu allen anderen Texten und den Herbstreferaten nicht in der offiziellen Publikationsreihe der Bischofskonferenz drucken lassen. Erst 2006 habe ich den Text in meinen Aufsatzband *Zuversicht aus dem Glauben* aufgenommen, verbunden mit einem Nachwort. Die Diskussion darüber war ziemlich unergiebig. Ich war enttäuscht, hatte ich doch viel darüber gearbeitet.

Es gab erhebliche Querschüsse. Kardinal Meisner hatte die Königsteiner Erklärung als »verheerend« bezeichnet, eine Modifikation gefordert und in der Presse behauptet, Sie hätten in seiner Anwesenheit dem Papst Gehorsam in dieser Frage versprochen und diesen Gehorsam gebrochen. Eine scharfe Attacke!

Ich habe in dem erwähnten Nachwort von 2006 keinen Namen genannt und klargestellt, dass, wenn ich mit dem Papst über solche Fragen geredet habe, nie jemand dabei gewesen ist und dass deswegen auch niemand sagen kann, was da miteinander besprochen wurde. Ich habe auch dargelegt, dass der Papst von mir das versprochene Gutachten erhalten hat. Johannes Paul II. hat danach kein so großes Interesse mehr an diesem Thema gezeigt. Ich bin heute überzeugt, dass er verstanden hat, dass das, was er jetzt im Dokument gelesen hatte, vernünftiger und nachvollziehbarer war als das, was man ihm über die »Königsteiner Erklärung« gesagt hatte. Und dass auch der Text der »Königsteiner Erklärung« selber vernünftiger ist als das, was man ihm darüber referiert hat. Das von mir erbetene Gespräch über das Gutachten hat er ein-, zweimal verschoben. Am Schluss hat er dann gesagt: »Reden Sie mit Kardinal Ratzinger darüber!« Dieses Gespräch kam nie zustande. Papst Johannes Paul II. war ein zu guter Ethiker, um nicht zu merken, dass bei allen Fragen, die bleiben, das Problem mit der Entscheidung, auf die Zurücknahme der »Königsteiner Erklärung« zu pochen, in keiner Weise gelöst worden wäre.

War die Causa Königsteiner Erklärung damit beendet?

Dann habe ich das Dokument 2006 mit dem kleinen Nachwort veröffentlicht. (lacht) Ich war ja schon von Kardinal Döpfner in unserem letzten persönlichen Gespräch wohl im Juni 1976 vor seinem plötzlichen Tod über dieselben Forderungen an ihn in seiner Amtszeit informiert worden. Gegen Ende Mai 1976 hatte Paul VI. ihn darauf angesprochen. Das hat mich schicksalhaft für meine Zeit bestärkt. Gelöst sind darum die Probleme nicht. Es gibt keinen Grund für eine

Seite, einseitig zu dominieren. Auch wir haben noch genug nachzudenken.

Damit war ein Thema vom vatikanischen Tisch, das in der Presse einst als »Meisterstück kirchlicher Diplomatie« beschrieben worden war. Sie haben schon damals geäußert: »Es hat auf Dauer keinen Sinn, wenn die Kirche meint, die Lehre stimmt, aber die Leute handeln völlig anders.« Sie sprechen von Unwahrhaftigkeit.

Deswegen habe ich Johannes Paul II. so geschätzt. Er hätte viel förmlicher und härter fragen können, wie es damit steht. Aber er hat einen Weg gefunden, um die Sache zu klären.

Wie viel Diplomatie und wie viel Wahrhaftigkeit gibt es in der Kurie? Sie ist ja die zentrale Zielscheibe der kircheninternen Kritik.

Es gibt zweifellos in der Kurie hervorragende Leute, denen man Unrecht tut, wenn man sie in einen allgemeinen Kurienfrust einbezieht. Diese Leute können sich natürlich auch nicht immer durchsetzen. Aber sie sind klug und gelehrt, fleißig und anständig. Hier sollte man jede Generalisierung vermeiden. Der Papst selber hat das auch getan, indem er im Dezember 2015 in seiner traditionellen Weihnachtsansprache für die Kurie die 15 Tugenden der Kurie aufgezählt hat, nachdem früher in einer Ansprache derselben Art die Laster aufgezählt worden waren.

Im Übrigen habe ich, was das »System Kurie« angeht, meine tiefe grundsätzliche Skepsis. Man kann ein System nur verändern, wenn man mit anderen Personen antreten kann. Was die zeitliche Dimension einer solchen Personalpolitik angeht, da muss der Papst lange leben. Auch deswegen hoffe ich, er behält die Kraft und den Mut, die Erneuerung voranzubringen. In der Regel kann man nur mit neuen Leuten einen neuen Geist schaffen. Da nützen Veränderungen von Statuten oder die Umorganisation von Strukturen noch nicht viel. Immerhin hat Papst Franziskus Mut bewiesen, als er mehrere Leute entlassen hat. Fehler wird es immer wieder geben. Der Einfluss von außen ist ziemlich gering. Ich bin im Laufe der Zeit in wohl sieben vatikanischen Behörden als Mitglied gewesen: zum Beispiel in der Glaubenskongregation, in der Bischofskongregation, in der Ostkirchenkongregation, im Einheitsrat, im Medienrat oder bei der APSA (Haushaltsausschuss) usw. Einen echten Einfluss in den römischen Behörden hat man selten. Dafür gibt es viele Gründe (Sach- und Sprachenkenntnisse, Zeit zur Vorbereitung usw.).

Von der Schwierigkeit mit der Kurie zur Situation der Kirche in Deutschland. Die katholische Kirche in Deutschland ist eine materiell reiche Kirche. Sie ist auch reich an Krisen. Hängt das eine mit dem anderen zusammen?

Indirekt gibt es vielleicht schon einen Zusammenhang. In unserer Gesellschaft mit so viel Freiheiten und so viel Möglichkeiten, die auch von der finanziellen Seite her gestützt und abgesichert sind, ist die Situation für die Kirche eine Verführung: Man kann sich manches durch das Geld leichter machen. Die Labilität der Menschen, die zu ihr gehören, ist auch größer geworden.

Trotzdem bleiben letzten Endes wenige Fälle und doch eher persönliche Vergehen Einzelner. Es ist nicht so, dass man die ganze Kirche als Institution oder die Bischofskonferenz insgesamt für alle Fehler verantwortlich machen könnte, wie es leider oft geschieht. Die Versuchung einer wohlausgestatteten Kirche lässt sich zwar nicht leugnen. Auf der anderen Seite werden aber unsere Informationen darüber, was wir mit den Einnahmen machen, oft nicht genügend weitertransportiert. Außer der Arbeit in den Pfarrgemeinden, in der Caritas, in den Schulen, in der Kultur müssen wir ja auch für die Sanierung von Gebäuden und die Alterssicherung unserer Mitarbeiter vorsorgen. Ich bin überzeugt: Es gibt in der Kirche viele verborgene Stärken, die man in diesem Zusammenhang zu wenig artikuliert. Das Flüchtlingsthema zeigt einige dieser Stärken. Ich bin froh, dass das jetzt deutlicher wird durch die ausnehmend große Bereitschaft von Gemeinden und Einzelnen, den Flüchtlingen beizustehen.

Mit dem Ende der Volkskirche sind viele Grundlagen der Amtskirche mit ihrer Deutungshoheit und einer großen gesellschaftlichen Präsenz erodiert. Sie kennen den Katalog der Sorgen von heute sehr genau: akute Priesternot, dramatischer Rückgang der Gläubigenzahlen in den Sonntagsgottesdiensten, verstärkte Kirchenaustritte, schwierigere Pastoral, Rückgang des Wissens über den Glauben, weniger Taufen, die Gemeinden altern vor sich hin. Aus all den Verluststrecken entsteht insgesamt ein Bedeutungsverlust für die Kirche als einer ehemals fraglosen Deutungsinstanz für die Gesellschaft. Vor welchem Wendepunkt steht die Kirche?

Der Befund ist, glaube ich, ziemlich richtig, die Wertung auch. Es gibt Dinge, die in einer Gesellschaft, wie wir sie haben, unvermeidbar sind. Der Einzelne hat die Freiheit, zu entscheiden, ob er in der Kirche bleibt oder nicht. Er hat nicht mehr sehr viel positiven »Nutzen« davon, wenn er nur äußerlich Kirchenmitglied ist. Das sind zwangsläufig gegebene Begleitumstände der gesellschaftlichen Struktur. Allerdings darf man bei der Analyse des Befundes und bei den Ursachen nicht stehen bleiben, sondern muss auch die Chancen zur Erneuerung nutzen.

Wir kommen zu den Chancen. Bleiben wir zunächst bei den Problemen.

Es gibt freilich neben den systematischen auch individuelle, persönliche Ursachen und Gründe, die negative Folgen haben. Die Tragödie von Limburg ist ein Beispiel. Wenn ich schaue, wie viele Leute wegen der dortigen Fehler aus der Kirche ausgetreten sind! Das ist gravierend. In Rom sieht man wohl noch nicht das Ausmaß des Schadens. Es gibt weiterhin, denke ich mir, ein Hauptproblem: die verpasste Änderung unserer eigenen Strukturen, wenn sie nicht mehr taugen (z. B. Aufsichten). Es gibt dabei Rom gegenüber einen Mangel an Offenheit und Zivilcourage. Denken Sie nur an manche Dinge, die durch das Konzil eigentlich in die Zuständigkeit der Ortskirchen gegangen sind. Wie konnten wir da im Laufe der letzten fünfzig Jahre wieder in eine einseitige Abhängigkeit kommen? Mein Eindruck: Wir haben zu wenig gekämpft. Das ist es, was ich mir selber und den meisten von uns vorwerfe. Da brauchen wir nicht auf andere zu zeigen.

Da gab es auch Dinge, die zudem unwürdig sind. Ein kleines Beispiel: Es sind gelegentlich Geistliche aus Deutschland an der Kurie angestellt worden, bei denen nie eine Bischofskonferenz, nie ein Vorsitzender gefragt worden ist. Da waren auch Leute dabei, die aus gutem Grund nicht hätten berufen werden sollen. Mancher Bischof war froh, dass er solche Leute loswerden konnte. Ich habe das in den vergangenen

Jahrzehnten mehr als einmal erlebt; ich habe immer wieder protestiert und kein Gehör gefunden. Ich hätte noch lauter werden müssen. Da gab es immer schnell Gegenkräfte, und dann wurde es mühsam. Heute muss ich hoffen, dass es in der Deutschen Bischofskonferenz durch jüngere Bischöfe mehr Bereitschaft zur Kritik und auch zum angemessenen Widerstand gibt, um die interne Problematik krankhafter Strukturen besser und konsequenter anzugehen. Sehr zuversichtlich bin ich freilich nicht.

Das wird notwendig sein, aber ob das ausreicht? Die Kirchen-Soziologen sprechen von der größten Herausforderung seit der Säkularisierung, also seit 200 Jahren. Eine ganze Reihe von krisenhaften Herausforderungen stehen im Sorgenkatalog der Kirchenleitung.

Herausforderung Nummer eins ist die Glaubenskrise. Der Glaube ist nicht mehr selbstverständlich. Es gehört heute in dieser Gesellschaft sehr viel Mut dazu, sich dazu zu bekennen.

Der christliche Glaube war nie selbstverständlich, und er ist von Hause aus nicht selbstverständlich. Dass man in der Zeit der Volkskirche günstige, ja am Ende vielleicht dann auch ungünstig gewordene Stützen und Krücken nutzen konnte, ist kein Vergehen. Wir sind schon kleiner geworden, dürfen aber nicht zur Sekte schrumpfen.

Zu den Stützen gehörte ein allgemeines, gesellschaftlich tradiertes und schulisch vermitteltes Wissen über den Glauben. Was ist Ostern, was ist Pfingsten? Was feiern wir eigentlich an Weihnachten? Schon dieses elementare Wissen gibt es kaum noch.

Ja, aber wer ist hier schuldig? Ich wehre mich dagegen, dass man das als primär binnenkirchliches Problem sieht. Es ist auch wesentlich ein Kulturproblem. Auch das Wissen über Goethe und die Nibelungen zum Beispiel steht auf Schwundstufe. Man weiß auch deswegen so wenig über essenzielle Dinge unserer Kultur, weil die Kulturpolitik nicht auf bestimmten Pflichtthemen bestanden und darauf gedrungen hat, dass dies auch überprüft wird. Das Entscheidende aber ist: Wenn der Geist fehlt, werden zusätzliche äußere Anstrengungen nicht sehr viel nützen. Deswegen sind mir bei dieser Ausgangslage die Dinge am wichtigsten, wo wir selbst in der Lage sind, Änderungen durchzuführen. Man muss das freilich wirklich wollen.

Vieles haben wir auch schon einmal angepackt, zum Beispiel bei der Gemeinsamen Synode. Wir bräuchten aber gerade heute endlich auch einen Spielraum für Experimente, ob das jetzt zum Beispiel die »Viri probati« sind oder Schritte nach vorn auf dem ökumenischen Weg. Da haben wir uns doch nie mit dem richtig großen Nachdruck bemüht, dass wir uns durchsetzen könnten. Das Schwierigste – und diese Einsicht ist auch bei mir selbst erst eine Frucht der letzten, unmittelbar zurückliegenden Jahre – sind die Folgen des Priestermangels. Damit meine ich nicht die rückläufige Zahl der Priesterberufe allein, sondern auch die Konsequenzen, die Auswirkungen des Priestermangels, etwa in der Zukunft des ländlichen gemeinschaftlichen Raumes (nicht nur!). Für mich ist dies zurzeit konkret die Krise Nummer eins. Und hier ist ein Punkt, wo wir selber auch etwas machen könnten und müssten. Ich habe früher in unserem Gespräch schon darauf hingewiesen.

Die priesterarme Kirche – ein Generalproblem einer vom
Amt des Priesters geprägten Kirche?

Deshalb, weil wir die Mittel, die wir eigentlich dafür hätten, nicht benutzen können oder nicht benutzen wollen. Ich habe schon in anderem Zusammenhang erwähnt, dass wir unter den Ständigen Diakonen fähige Leute haben, die auch genügend ausgebildet sind. Wir haben aber auch etwa unter den Pastoralreferenten wirklich ausgezeichnete Leute, die uns in unserer Situation helfen könnten. Aber da stehen zum Beispiel wenig sinnvolle Verbote wie das Verbot der Laienpredigt in der Eucharistiefeier im Raum. Was mich aber hier auf die Palme bringt, ist, dass elementare Zusammenhänge nicht mehr gesehen werden können: wie etwa die Zusammengehörigkeit, die Konkretheit der Ortskirche, die Leibhaftigkeit des Glaubens im Zusammenhang auch mit räumlichen, zeitlichen Koordinaten. Diese Zusammenhänge haben bei uns lebensmäßig funktioniert. Unsere Strukturreformen sind jedoch daraufhin noch nicht genügend durchreflektiert.

Sie sprechen von den Fusionswellen, der Zusammenlegung
von Gemeinden in immer größeren Räumen?

… ja, aber da nimmt man die Menschen oft zu wenig mit. Wir leben zwar auch sonst in erweiterten Räumen, zum Beispiel durch vorausgegangene kommunale Verwaltungsreformen. Aber da habe ich keine so enge Bindung. Da gehe ich eben ins Rathaus der dann zuständigen Gemeinde, um zum Beispiel meinen Pass verlängern zu lassen. Das ist nicht so schlimm. Für das kirchliche Leben aber ist das von Gewicht. Es ist auch essenziell im Blick auf das, was wir an Ruinen hinterlassen. Ob eine Kirche, die in einem Dorf steht und dem Gottesdienst nicht mehr dient, abgerissen wird oder ob sie umgewandelt wird oder ob sie leer bleibt, das ist in jedem Fall ein Zeichen. Diese leergewordenen Funktionszeichen haben schon eine verheerende Wirkung. Ich habe noch keine Kirche zweckentfremdet. Ganz am Anfang meines Dienstes habe ich in Amsterdam in der Nähe des Zentralbahnhofs – es ist schon über dreißig Jahre her – eine ehemals reformierte Kirche gesehen, die zu einem Drogentempel geworden war. Ich habe dies nie vergessen.

Eine andere Herausforderung: Nach dem Tsunami aus der Erfahrung des sexuellen Missbrauchs und dem Erleben von bischöflichen Skandalen erlebt die Kirche eine Glaubwürdigkeitskrise, die größte seit dem Zweiten Weltkrieg. Die Austrittswelle ist mit ein Symptom.

Natürlich hat uns dies so richtig hart getroffen. Aber wir haben Anfang der 90er Jahre (1993) früher, rascher und nachhaltiger eingegriffen als fast alle Institutionen. Dies gilt auch für die Inanspruchnahme vieler Fachleute, die uns regelmäßig beraten haben. Es gibt in vielen Bereichen unserer Gesellschaft eine hohe Dunkelziffer – ganz abgesehen von den sehr hohen Zahlen in den Familien. Es gibt freilich keinen Grund für die Kirche, sich damit herauszureden. Aber ich verlange Gerechtigkeit für alle Seiten. Es trifft uns mit Recht härter.

Sie haben den sexuellen Missbrauch in der Kirche als einen Verrat am Evangelium gebrandmarkt. Bei allem Entsetzen und aller Erschütterung: Hat die Kirche beim Aufarbeiten der Skandale die systemische Dimension des Missbrauchs, wie es Jesuitenpater Mertes beschreibt, ausreichend ernst genommen?

Ich glaube, dass unter Bischof Stephan Ackermann seriös, redlich und vollständig eine erste Bilanz formuliert werden konnte, die viele Aspekte dieser schwierigen Jahre aufgearbeitet hat. Auch die Frage, warum dieser Missbrauch relativ häufig auftreten konnte, warum sich dies über so lange Zeit unter Beteiligung so vieler Menschen unter der Decke halten ließ, welche Strukturen dafür verantwortlich waren, dass die Schweigespirale gegriffen hat ... Ich habe diese Aufarbeitung, die Diskussion unter den Verantwortlichen und die Konsequenzen, die daraus gezogen werden, zum Beispiel die wissenschaftliche Aufarbeitung und die zahlreichen Präventionsmaßnahmen, als durchaus ernste und intellektuell konsequente Grundlagenarbeit großen Stils wahrgenommen. Für eine Zukunft mit besserer Transparenz, größerer Sensibilität in der Ausbildung und gutem Frühwarnsystem. Dies ist zusammen mit der Bereitschaft zur rückhaltlosen Aufklärung und zum Bekenntnis zu der Schuld, zu lange weggesehen zu haben, ein erster Schritt zum Wiederfinden der Glaubwürdigkeit. Wir wissen, dass der Weg noch nicht zu Ende ist. Manche meiner Bischofskollegen aber warnen inzwischen auch vor einer Inflationierung der Selbstbezichtigung. Es wird nicht honoriert. Schade.

So leicht wird die Öffentlichkeit die Kirche nicht aus der verschärften Beobachtung entlassen. Die moralische Fallhöhe des Missbrauchs in kirchlichem Rahmen ist einfach zu groß und interessant. Manche Fragen, etwa die von Pater Mertes nach dem Zusammenhang von Missbrauch und Macht in der Kirche, warten ja auch weiter auf Antworten.

Macht und Missbrauch, das ist sicher ein komplexes Thema. Mir ist aber eine differenzierte Aufklärung des Phänomens lieber als eine ausufernde Theorie, die leicht mit »ideologischen« Elementen aufgeladen werden kann. Zunächst: Es gibt den Missbrauch in Situationen der Abhängigkeit und den Missbrauch von Macht. Viele Missbrauchsfälle, vor allem in der Familie, in Vereinen, in Zeltlagern, in Arztpraxen oder eben in Sakristeien, zeigen durchaus evident, wie Abhängigkeit gewissenlos und verantwortungslos zu Übergriffen genutzt werden kann. Der Ackermann-Bericht zeigt auch, dass die Delikte in der Kirche vergleichbar sind mit denen, die im Umkreis der »helfenden Berufe« typisch zu sein scheinen. Dazu kommt im kirchlichen Bereich die spezifische Form, dass die moralische Autorität und die religiöse Aura des Täters eingesetzt werden, um auch mittels der psychischen Wirkung von Riten und religiösen Handlungen Macht über die Opfer zu gewinnen. Dass diese Perfidie mich beschämt, sprachlos macht und entsetzt, brauche ich nicht eigens zu erwähnen. Es bleibt wichtig, dass seitens der Kirche nichts beschönigt wird. Und richtig ist, dass wir uns in einer offenen wissenschaftlichen Aufarbeitung dem Umfang und den Ursachen sexueller Gewalt in der Kirche stellen und dabei ganz bewusst auch mit unvoreingenommenen Wissenschaftlern zusammenarbeiten. Ich gehe davon aus, dass die Auswertungsergebnisse aus den unterschiedlichen Untersuchungen den notwendigen Präventionsstrategien Orientierung und Klarheit geben. In der komplexen Frage von Macht und Missbrauch will ich allerdings hinzufügen, dass meine Erfahrungen aus einer zugegeben überschaubaren Kenntnis von Fällen deutlich macht, dass hier viele individuelle Verhaltensmuster im Spiel sind. Ich sehe viele verdrängte, unaufgearbeitete Defizite, die während der Ausbildung nicht richtig erkannt wurden und die für die Betroffenen in diesen Fällen eine dominante Rolle spielten. Ich denke, dass wir gerade in der Prävention über solche Fragen der Ausbildung sehr genau nachdenken müssen. Es geschah schon vieles auch vor der Aufdeckung der Missbrauchsfälle, zum Beispiel bei der Aufnahme der Kandidaten in die Priesterseminare. – Einer meiner Heimatpfarrer während der Kriegsjahre hat später viel Schuld auf sich geladen und wurde nach der Verurteilung um 1958 aus dem priesterlichen Stand ausgeschlossen. Ich war aber nie von den Vergehen betroffen, auch mein Bruder nicht.

Zu manchen offenen Fragen kommt noch eine schlechte Krisenkommunikation, die das Thema weiter skandalisierte.

Ohne Frage ist dies richtig. Allerdings verfolgen die Medien die beängstigend vielen Fälle von sexuellem Missbrauch in Familien und an anderen Orten deutlich weniger als in unserem Bereich. Hier gibt es schon eine Fixierung auf die Kirche. Ich bin hier etwas hartnäckig, weil ich dies seit dem Beginn der 90er Jahre oft erfahren habe. Heute hat man vieles aus jenen Jahren vergessen, auch in der Kirche. Es geht mir aber gewiss nicht darum, die Schuld von Tätern aus dem Kirchenraum zu minimalisieren.

Rom hat mit einer Task-Force das Problem zu einem Thema der Weltkirche gemacht.

Das sind sehr vernünftige und hochqualifizierte Fachleute, die besten aus den betroffenen Ländern. Ich bin sehr froh, dass der Papst das Thema zur Chefsache gemacht hat. Es betrifft mit der Frage der Glaubwürdigkeit unser sensibelstes Gut als Kirche.

Verlorene Glaubwürdigkeit hat in der deutschen Kirche zu einer Autoritätskrise geführt. Die Kirche droht an den verschiedenen Bezugspunkten ihre Deutungshoheit zu verlieren.

Was heißt Deutungshoheit? Ich hatte eine erhebliche Deutungshoheit in bestimmten Formen des öffentlichen Lebens, aber die Leute haben dennoch gemacht, was sie wollten. Sie haben anders gehandelt. Dies gehört zu unserer demokratischen Gesellschaft. Deswegen klage ich nicht. Aber wie weit trägt heute diese »Deutungshoheit«? Auch unter den Bedingungen unserer Medienwelt!

Dennoch ein Verlust für die Präsenz der Kirche.

Wir haben uns, trotz allem, ein Stück weit wieder gefangen. Es wird in vielen Sparten immer wieder Wichtiges gesagt. In privaten Gesprächen reden die Leute oft anders als am Bildschirm. In diesem Sinne haben wir auch noch viel oft verborgenes Vertrauen.

Sie sagen: Wir kommen wieder. Kann die Kirche sich aus diesen Krisen »berappeln«?

Also, dass die Kirche wieder aus dem Tal der Mühsale herauskommen wird, ist zunächst eine Sache des Glaubens. Kirche überlebt. Ich glaube fest, dass ihr dies verheißen ist, dass sie immer präsent bleiben kann und ihren Auftrag, »gelegen oder ungelegen«, erfüllt. Aber durchaus mit erheblichen Problemen und »Dellen«. Und wenn man denkt, dass im Laufe der Kirchengeschichte in manchen Ländern, wie in Nordafrika in den ersten Jahrhunderten, eine einst blühende Kirche ausgestorben ist, sodass wir heute nur noch die Trümmer bewundern können, dann ist uns damit gesagt – auch im Sinne des Evangeliums –, dass die Kirche unter Umständen anderswo blüht und aufblüht. Dies ist gewiss keine Beruhigung für uns hier und jetzt.

Ist es dabei hilfreich, dass die Kirche hier in Deutschland über eine große materielle Ausgangslage verfügt? Sie disponiert in der Bundesrepublik über das größte gesellschaftlich-administrative Netzwerk, die Caritas ist der größte einzelne Arbeitgeber der Republik.

Die materielle Grundlage ist da, gewiss. Wichtiger: Unsere Gläubigen stellen nach wie vor eine große Gruppe der Gesellschaft, die sich qualitativ und quantitativ eindrucksvoll einsetzt. Aber sie sind bisweilen nicht mutig genug, relativ unabhängig vom kirchlichen Amt in sich selber zu stehen, ihren Glauben zu bekennen und in diesem Sinne Zeugnis abzulegen. Auf der anderen Seite hat man die Laien auch zu lange als unmündig behandelt.

Dann habe ich, wie gesagt, auch eine Hoffnung, dass sich die Situation in einer neuen Generation verbessern kann. Ich habe ja im Laufe eines Jahres zwei- bis dreimal die Lehrbefugnis für den Religionsunterricht zu erteilen. Das waren hier in Mainz letztes Mal achtzig eindrucksvolle, hochengagierte junge Christen. Wir haben außerdem viele großartige Ständige Diakone, hauptamtliche und nebenamtliche. Welch gutes Zusammenspiel ist möglich zwischen ihren weltlichen Positionen und der Arbeit in der Kirche! Wie viel Zeit sie aufbringen für die Kirche! Außerdem: Wenn ich mit jungen Priesterkandidaten zusammen bin, dann weiß ich, sie sind besser als ihr Ruf. Es gibt darunter sicher auch einige wenige sehr konservative Leute, die sich in schönen liturgischen Kleidern gefallen. Aber insgesamt – auch was die intellektuelle Kapazität betrifft – sind sie viel besser als ihr Ruf. Darauf zähle ich auch. Wir brauchen nicht stolz zu sein, wir dürfen uns selbst aber auch nicht kleiner oder gar schlechter machen, als wir sind.

Welche Kraftzentren wird die katholische Kirche in der Zukunft brauchen?

Das wichtigste Kraftzentrum ist einfach die glaubwürdig gelebte, alltägliche Existenz der Menschen. Neben dem gelebten Zeugnis von möglichst vielen Menschen in unseren Pfarreien und ihren Kontexten gibt der Blick auf eine Weltkirche große Kraft. Mit Papst Franziskus steht ihr eine charismatische und glaubwürdige Persönlichkeit vor, die christlichen Glauben beispielhaft lebt und mit der Vorstellung einer dienenden Kirche für ganz viele Menschen anziehend wirkt. Ein Geschenk in dieser Situation. Eine andere Kraftquelle werden zunehmend wieder die Orden und geistlichen Bewegungen. Ich bin überzeugt, dass ein Aufbruch nachdrücklich auch von Ordensleuten beiderlei Geschlechts kommen wird. Orden sind ja schon früher dann entstanden, wenn man ein wirklich radikales Christentum suchte. Insofern sind Orden ein besonderer Motor für die Zukunft einer authentischen Kirche, auch des weltlichen Christseins. Aber es ist in der Geschichte der Kirche nicht ausgeblieben, dass sich auch die Orden selber immer wieder reformieren mussten und auch konnten. Viele dieser Orden, manche sind Neugründungen, stehen mit ihrer radikalen Konsequenz und Strahlkraft für eine eigene neue Attraktivität. Das sind zwar oft keine großen Zahlen, aber es kommt ja nicht auf die Quantität allein an. Wir werden darüber hinaus nicht umhinkommen, bei den bestehenden Kraftzentren und wichtigen Institutionen genauer zu schauen, wie zukunftsfähig sie sind und ob wir diese Kraftfelder nicht anders und besser nutzen. Der Religionsunterricht zum Beispiel – was bringt er wirklich? Warum ist in einem Land mit so vielen Gestaltungsmöglichkeiten das religiöse Wissen, das eigentlich zum Bildungsgut gehört, eher verdunstet? Da ist manches nicht mehr stimmig.

Kann es wieder lebensfähiger werden? Man sollte nicht vergessen, dass die spirituelle Reformkraft der Kirche größer ist als oft vermutet. Die Kirche wird und ist schon kleiner, aber sie bleibt jung. Trauen wir uns auf diesem Weg einiges zu. Alles andere wäre Kleinglaube, der Unglaube der Jünger.

Wie sehen Sie in diesem Zusammenhang das spirituelle Klima in Deutschland? Gibt es eine religiöse Apathie einer saturierten Gesellschaft? Wo steht die Kirche in der weitgehend säkularisierten Welt?

Ein allgemeines, vielleicht sogar pauschales Urteil ist gewiss unangemessen. Es gibt erhebliche Unterschiede, sogar zwischen den verschiedenen Bistümern. Richtig ist wohl auch, dass die »Säkularisierung« nicht nur in unsere Institutionen und Strukturen, sondern tief in unsere Mentalitäten und auch in unser Bewusstsein eingedrungen ist. Auch die Mitglieder der Kirchen sind davon infiziert. Auch das »Bodenpersonal« und letztlich wir alle leben – wie eine alte Kurzformel sagt –, »als ob es Gott nicht geben würde«. Der Wohlstand hat uns im Griff, »uns fehlt nichts«. In einer solchen Situation haben es religiöse Institutionen, Rituale, regelmäßiger Gottesdienstbesuch usw. besonders schwer. Das Unbehagen gegenüber Institutionen kommt hinzu. In einer solchen säkularisierten Umwelt wird man schnell Minderheit.

Auch wenn die traditionelle »Volkskirche« wackelt, so darf die Kirche nicht zu einer Sekte werden oder in ein Getto abstürzen, schon gar nicht in privatisierende Nischen abgleiten. In Wirklichkeit ist die Lage sehr viel differenzierter. Es gibt viele religiös ansprechbare Gruppen und Individuen, kirchliche Gemeinden und Verbände. Die Öffentlichkeit erinnert den Menschen immer wieder durch Kirchen und Dome, Klöster und viele Einrichtungen an Religion, besonders an die nachhaltige Prägung durch das kirchliche Christentum. Sterben und Tod, Krankheit, Leid und persönliche Verluste verlangen nach einer Antwort, die tröstet. Bei Unglücksfällen, Erdbeben oder Unglücken in aller Welt gibt es rasch ein Erwachen der Religion. Noch haben wir eine hohe Chance, wenn wir glaubwürdig, hilfreich und missionarisch sind. Wir laufen auch nicht davon vor Nöten vielfacher Art.

11. Begegnungen

Sie sind der weltoffene Bischof, der auch gerne über den Mainzer Wochenmarkt geschlendert ist. Man kennt Sie als den Kardinal, der gerne lacht. Sie brillieren mit einer Büttenrede beim »Orden wider den tierischen Ernst« und werden bei der Open-Air-Fastnachtssitzung auf Ihrem Domplatz mit »Helau«-Rufen begrüßt. Sie verschmähen keineswegs das Glas Wein aus Ihrer Diözese. Sie mögen das Leben in Mainz?

Ja, ich mag diese Mainzer Lebensart. Mit meiner Zeit als Professor an der Universität (1968–1971) habe ich jetzt insgesamt 36 Jahre hier gelebt. Das ist fast die Hälfte meines Lebens. An keinem Ort habe ich so lange gewohnt. Wer nach Mainz kommt und Kontakt haben will, der sucht nicht lange. Er ist bald aufgenommen. Hier lebt eine besondere Kultur des freundlichen Miteinander, wie sie nicht in vielen Städten besteht. Ich möchte auch nicht mehr weg von hier und woanders leben. Hier habe ich für mich eine Art Bodenhaftung gefunden. Ich bin vertraut mit den Umständen. Hier kenne ich mich aus, hier kann ich mich auf die Mitmenschen verlassen, und das ist das, worauf es mir ankommt. Bei aller Unbehaustheit des modernen Menschen braucht man das Vertrauen untereinander. Man kann sich hier aufeinander verlassen. Man weiß, wohin man gehört. Es gibt hier eine freundliche Offenheit. Hier ist Heimat.

Dass die Mainzer Sie mögen, ist offensichtlich. Für die, ob katholisch oder nicht, sind Sie »unser Kardinal«. Für die meisten sind Sie also ein Meenzer, einer, der hierher gehört. Was mögen Sie Ihrerseits an den Mainzern?

Ich mag die große Offenheit der Menschen in dieser Stadt. Gern erinnere ich mich noch an die Jahre 1968–1971, etwa an eine Situation, wo man in ein überfülltes Weinhaus kommt und zusätzlich an den eigentlich schon voll besetzten großen Tisch geladen wird, man zusammenrückt und schnell in ein Gespräch kommt, das durchaus mehr ist als oberflächlicher Smalltalk. Angenehm finde ich die Mainzer Liberalität: leben und leben lassen. Das rührt sicher her aus der besonderen Geschichte dieser Stadt wie auch Rheinhessens, die geprägt ist von vielen Wechseln zwischen den Herrschaften, von erzwungenen Konfessionswechseln und von den Nöten, die sich hieraus für den Lebenserwerb ergaben. Man hat hier gelernt, selber mit dem Leben zurechtzukommen. Man weiß sich schon zu helfen. Manchmal habe ich aber auch den Eindruck, dass diese Liberalität kippen kann, dass sie in Gefahr steht, sich in eine Variante von Gleichgültigkeit zu verwandeln und dass dann eine Art Wurstigkeit eintritt. Aber die freundliche Offenheit, eine angenehme Liberalität, der menschenfreundliche Grundton, das überwiegt. Carl Zuckmayers Wort von der »Völkermühle« in seinem Theaterstück *Des Teufels General* liegt natürlich nahe, wenn man bedenkt, dass diese Liberalität und Offenheit auch ein Produkt der großen Toleranz dieser Gegend am Rhein ist, in der sich die unterschiedlichsten Menschen friedlich zusammengefunden haben – mögen auch viele Heere aus manchen Völkern über dieses Land gezogen sein und es mitgestaltet haben.

Von Ihrer Herkunft aus dem hohenzollerischen Sigmarin-
gen bringen Sie ja eigentlich eine ganz andere Mentalität
mit.

Ja, ich bin ein »Südpreuß« mit Zumischung aus dem Schwäbischen von Oberschwaben und einem Schuss des weicheren
Alemannischen. Aber ich weiß, dass diese Mentalitäten sich
ganz gut verbinden. Auf der einen Seite habe ich eine schwäbische Schwerblütigkeit und bisweilen sogar eine Schwermü-
tigkeit in mir. Die Bodenständigkeit der Menschen aus der
Gegend, aus der ich komme, ist sprichwörtlich. Man geht da
nicht so ohne Weiteres aus sich heraus, ist eher ruhig in sich
gekehrt. Da hilft die Mainzer Offenheit, diese beinahe selbst-
verständliche Freundlichkeit, die zum Lachen einlädt. Ich
bin von Natur aus nicht immer einer gewesen, zu dessen
Wesen das Lachen gehörte. Hier habe ich es vielfach gelernt,
wenngleich ich mir manchmal noch sage: »Mich wundert's,
dass ich so fröhlich bin!« Außerdem gibt es in mir italienisch-
römische Elemente, bayerische Erinnerungen und westfäli-
sche Reste aus Münster.

Mainz nennt sich »Welthauptstadt des Weins«. Hat ein
Bischof von Mainz einen Weinkeller?

Ich bekomme viele Weine geschenkt. Da hat sich Verschiede-
nes angesammelt, eher bunt und etwas durcheinander.
Besonders vertreten sind natürlich die Weine aus den Win-
zergemeinden der Diözese Mainz, wozu jahrhundertelang
der Rheingau gehörte! Ich höre es mit großer Freude, wenn
Fachleute übereinstimmend feststellen, dass der Wein aus
Rheinhessen, einem Herzstück unserer Diözese, in den letzten zwanzig Jahren den Weg zur Spitzenklasse geschafft hat.

Einen besonders gepflegten Keller habe ich dennoch nicht und brauche ihn auch nicht. Ich bin übrigens auch vielfacher Weinritter in Rheinhessen, aber auch Auszeichnungen für den Markgräfler Gutedel und für Champagner kommen dazu.

Ein »Genie des Dialogs« werden Sie von bischöflichen Mitbrüdern manchmal genannt. Vielleicht schwingt da auch ein bisschen Neid mit. Sie kommen nämlich viel mit Menschen des öffentlichen Lebens zusammen, aber auch mit »normalen« Leuten. Sie kommen mit den Menschen in ein Gespräch – Gespräche, in denen Ihnen vieles anvertraut und manches auch zugemutet wird.

Diese offene Kommunikation musste ich mir erarbeiten und langsam lernen, da ich ja stark auf die Wissenschaft (»Einsamkeit und Freiheit«) und den akademischen Diskurs ausgerichtet war. Allerdings war ich immer auch seelsorglich engagiert. Da habe ich manches gelernt, da ich kommunikativ sehr gefordert war. Ich bin in der Tat sehr gern mit den Mitmenschen im Gespräch. Diese Form der ganz normalen zwischenmenschlichen Begegnung bereichert meinen Tag, aber auch die Weite des Verstehens. Darin sehe ich auch eine große Chance des Bischofsdienstes.

Vielen Spitzenpolitikern lag sehr am Dialog mit Ihnen. Und Sie selbst suchen auch von sich aus den Kontakt zur Politik. Wie spielen Religion und Politik zusammen?

Man darf diese Begegnungen nicht als Kumpanei zwischen Kirche und Politik missverstehen. Es geht auf weiten Strecken gar nicht um den Versuch einer Einflussnahme. Die menschlichen Aspekte bei Begegnungen mit Personen, die sehr oft von Terminen aufgefressen zu werden drohen, sind mir viel wichtiger. Dies ist auch ein Stück diskreter Seelsorge. Manchmal kommt man gewiss auch auf gesellschaftliche Probleme, die Politik und Kirche betreffen. Außerdem ist es wichtig, die oft mit großer Verantwortung handelnden Persönlichkeiten der Politik abseits des Scheinwerferlichts kennenzulernen. Man kann dann öfter an sie denken und für sie auch eine kleine Fürbitte oder ein Stoßgebet einlegen.

Vor allem mit Helmut Kohl haben Sie über viele Jahre Ihre winterlichen Spaziergänge im Pfälzer Wald gemacht. Wie ist der Kontakt mit dem Alt-Bundeskanzler?

Ich kenne ihn schon seit 1968, als er Abgeordneter in Mainz war. Er wurde Bundeskanzler, als ich Bischof wurde. Früher war der Kontakt intensiv. Im Augenblick ist das mit Rücksicht auf seine gesundheitliche Situation weniger möglich. Ich schreibe ihm gelegentlich, wie zuletzt jetzt an Weihnachten. Wir sprachen früher viel über Geschichte, die allgemeine Situation unseres Landes, die Hoffnung auf ein geeintes Europa, unsere Nähe zu Frankreich. Er fragte viel über die Kirche, sprach aber eher wenig von der üblichen Politik.

Mit Bundeskanzlerin Merkel und Bundespräsident Gauck, mit denen Sie in guten Kontakten stehen, gibt es eine konfessionell veränderte Spitze des Staates. Deutschland ist im Vergleich zur Bonner Republik in den letzten Jahren protestantischer geworden. Ändert dies Ton und Inhalt der Gespräche?

Ich hatte allein schon aufgrund meiner ökumenischen Arbeiten seit über fünfzig Jahren mit evangelischen Politikern nie Probleme. Im Gegenteil. Wenn ich zum Beispiel an viele gute Gespräche denke, vor allem mit den Bundespräsidenten Richard von Weizsäcker, Johannes Rau, Roman Herzog und Horst Köhler. Bundespräsident Gauck habe ich bald nach dem Fall der Mauer kennengelernt, als er die nach ihm benannte Behörde leitete. Wir haben uns schon früh ab und zu in Mainz getroffen.

Katholiken in politischer Verantwortung – Bernhard und Hans-Jochen Vogel, Hans Maier, Erwin Teufel und Norbert Lammert oder Hanna-Renate Laurien – waren Ihre bevorzugten Gesprächspartner. Neuerdings gibt es einen ganz anderen Typus von Politikern. Mit Winfried Kretschmann ist dann ja zum ersten Mal ein katholischer Grüner Ministerpräsident geworden.

Na ja, das ist eine besondere Geschichte. Der baden-württembergische Ministerpräsident wohnt in meiner Heimatstadt Sigmaringen. Er ist mit seiner Familie dort zu Hause. Er war Lehrer an dem Gymnasium, wo ich Abitur gemacht habe. Wir hatten schon Kontakte in den frühen 70er Jahren, als ich noch in Freiburg war. Er war einer der ersten Katholiken bei den Grünen, die ich kennenlernte. Vor einiger Zeit hatte ich hier in Mainz ein sehr wertvolles längeres Gespräch mit ihm.

Kontakte mit führenden Politikern aller Ebenen sind mir aus vielen Gründen wertvoll und wichtig – sie haben einige genannt. Hinzu kommen ehemalige und derzeitige Ministerpräsidenten und Parteivorsitzende in Rheinland-Pfalz und Hessen (oder auch Baden-Württemberg): Malu Dreyer, Kurt

Beck, Rudolf Scharping, Bernhard Vogel, Carl-Ludwig Wagner, Roland Koch, Volker Bouffier, Erwin Teufel, Julia Klöckner. Begegnungen mit Persönlichkeiten wie Hans Maier, Alois Glück oder Hans Joachim Meyer waren mir immer eine besondere Freude.

Einen sehr engen Dialog führten Sie mit Wissenschaftlern, mit Professoren wie Hans-Georg Gadamer, Ernst-Wolfgang Böckenförde, Paul Kirchhof oder Wolfhart Pannenberg.

Diese Begegnungen waren für mich sehr wichtig – schon deswegen, weil ich nach wie vor philosophisch sehr interessiert bin, wie man auch an meiner Bibliothek sehen kann. Und was die Ökumene angeht: Es kommt immer auch auf gute persönliche Kontakte an. So wichtig die theoretische Arbeit ist, letztlich darf es nicht beim Papier und beim Buchstaben bleiben.

Evangelische Kirchenführer kommen hinzu, wie mein Freund Wolfgang Huber, Eduard Lohse, Martin Hein und Volker Jung. Von den Juden nenne ich vor allem die Rabbiner Henry G. Brandt, Walter Homolka und den Mainzer Leo Trepp. Ich kann sie leider nur nennen, bin ihnen – ob lebendig oder tot – dankbar verbunden.

Es gab nicht nur hochkarätige Gesprächskreise mit Musikern und bildenden Künstlern, an denen Sie in Ihrer Funktion als Vorsitzender der Bischofskonferenz teilnahmen. Beim Aschermittwoch der Künstler, einer berühmten Institution am Mainzer Dom, laden Sie zum Aschenkreuz jedes Jahr Künstler und Wortführer aus der Weltliteratur, dem Film und der Kunst ein. Auch für Sie ist dies ein offensichtlich wichtiges Gespräch.

Die Kunst aller Arten und Ausrichtungen, gerade auch die zeitgenössische, bleibt für Kirche und Theologie ein notwendiger Zugang zur Welt und zu den Menschen von heute. Die Welt und die Kirche wären ohne die Kunst ärmer, grauer und einförmiger. Kunst hat mit der Religion die Gemeinsamkeit, den Menschen recht unmittelbar in seinen existenziellen Fragen anzusprechen.

Solche wichtigen Dialoge sind ja nicht Ihre einzigen Termine. Sie gelten als manischer Leser. Ihre große Bibliothek hier im Bischofshaus ist eine der größten privaten Bibliotheken weit und breit. Wann und wie kommen Sie zum Lesen?

Lesen bleibt meine Leidenschaft. Dies beginnt mit den täglichen vier Zeitungen, die ich abonniert habe. Da studiere ich ganz traditionell auf Papier das Weltgeschehen und die Lokalnachrichten aus der Welt um mich herum. Dies geht natürlich weiter mit den wissenschaftlichen Zeitschriften, die regelmäßig kommen und die Grundlage für mich dafür darstellen, dass ich mir ganz aktuell den Diskussionsstand in den wichtigsten Fragen der Theologie, der Philosophie und der Gesellschaft erarbeiten kann. Und da sind natürlich die vielen, vielen Bücher, in denen ich meine Orientierung finde. Es vergeht kein Tag, wo ich mich nicht in meiner Bibliothek beim Nachschlagen oder Studieren einer neuen Thematik unter meinen Büchern bewege. Oft ist es – wenn ich zu Hause bin – der Abend, wo ich dann endlich Zeit und Muße habe, mich lesend in dieser schönen altmodischen Welt von Schrift und Druck zu bewegen. Dann lese ich etwas, was ich gerne und unverzweckt lese, was mir einfach Freude macht und die Alltagswelt auch eines Bischofs erweitert. Es ist oft nichts

Theologisches, eher etwas Spirituelles, aber oft auch gut geschriebene Weltgeschichte, eine kleine Erzählung, ein Gedicht oder auch Stücke der Bibel – manchmal als Vorbereitung für die Kurzpredigt am folgenden Morgen. Radio und Fernsehen erweitern diese Welt konkret, besonders mit eindrucksvollen Bildern aus Natur, Geschichte, Sport, Wissenschaft, Kunst – und Religion.

12. Adieu

Wenn Sie zu Ihrem 80. Geburtstag den Heiligen Vater um die Entpflichtung von Ihrem Amt als Bischof von Mainz bitten, dann endet damit eine Ära. Von Hugo von Hofmannsthal gibt es die berühmte Zeile: »Die Kunst zu enden – wer das kann, kann alles!« Wer sich bislang unentwegt in die Arbeit hat einspannen lassen, wer endlos für andere zur Verfügung stand, verfügt der über die Kunst, loszulassen?

Ich weiß nicht, ob dies für mich ein großes Problem wird. Ich freue mich jedenfalls, dann besser über meine Zeit verfügen zu können. Im Übrigen gehören die Kunst des »Loslassens« und die daraus auch folgende Tugend der »Gelassenheit« zu den spirituellen Anforderungen des christlichen Glaubens, die man immer wieder lernen muss. Mir liegen sie von der Spiritualität des hl. Ignatius von Loyola her besonders nahe, übrigens auch von Meister Eckhart und Martin Heidegger her. Mal sehen …

Die Erfahrung lehrt, dass man für die Zeit »danach« gute Freunde und geübte Freundschaften braucht. Hatten Sie überhaupt die Möglichkeit, die Zeit und Gelegenheit, Freundschaften aufzubauen, zu erhalten? Zu üben, Freund zu sein?

Leider habe ich familiäre und freundschaftliche Beziehungen fast ganz einschränken müssen. Dies lässt sich nicht mehr auf- und nachholen. Aber ich habe hier in den engen Grenzen, die mir gesetzt sind, schon einiges vor. Ich bin dankbar, dass ich trotz aller Zeitnot über die Jahre doch in Kontakt zu guten Freunden aus Jugendjahren bleiben konnte, wie zum Beispiel zu Fidel Rädle, meinem Klassenkameraden aus dem Konvikt in Sigmaringen, der später mittellateinische Philologie in Göttingen lehrte. Oder auch zu Rudi Mosis: Als der Ältere von uns beiden hat er mir damals im Germanicum in Rom erklärt, wie die Dinge dort so laufen. Später war er Professor für Altes Testament, zuletzt hier in Mainz.

Das Alter hat in der Institution Kirche, wo Leistungsträger wie der Papst oder Sie ab siebzig Jahren nochmals richtig gefordert werden und »Gas geben« müssen, eine ganz andere Bedeutung als in der Zivilgesellschaft. Man spricht dabei gerne von der Weisheit und der Erfahrung des Alters.

Manche ältere Leute sind weise, aber solche sind selten. Es gibt keinen automatischen Zusammenhang. Schon das Alte Testament weiß im Gegenteil von der Starrköpfigkeit des Alters. Weisheit darf sich ja nicht nur auf die Gewohnheit und das darin Bewährte berufen. Bei Hiob lernt man, dass auch die älteren Menschen keine Garantie haben für Weisheit und Einsicht. Nicht das physische Alter macht den Menschen zum Weisen – genauso wenig übrigens, wie Reichtum und Erfolg Zeichen eines gelungenen Lebens sind.

Die Kirche hat in den letzten Jahren zwei ganz unterschiedliche Modelle des Rückzugs erlebt: Benedikt, der sich in die Klausur eines Klosters zurückgezogen hat, und der polnische Papst, der seinen Abschied bis zum Tod auch öffentlich gelebt hat. Ist dies die Alternative?

Ich würde lieber sagen, dass die Bandbreite des »Rückzugs«
sehr weit und breit ist. Die beiden Modelle ragen darin
heraus, aber keineswegs erschöpfen sie die Verhaltensmög-
lichkeiten.

*Eine der theologischen und normativen Voraussetzungen
für Kirche ist Tradition. Was bedeutet Tradition in der
Rückschau des Alters?*

Tradition gehört zum Menschen. Heute vergisst man dies
manchmal. Woher kommen wir? Wo kämen wir hin, wenn
wir nicht mehr wüssten, wo wir herkommen? Ohne Tradition wird man leicht bodenlos. Für die Gültigkeit einer Tradition ist aber wichtig, ob sie sich auch im Heute bewährt.
Erst dann möchte ich sie nicht verlieren oder darauf verzichten. Das Alter muss darauf aufmerksam machen, aber es darf
sich nicht auf das Herkommen allein versteifen. Im Alter
sieht man ja manchmal leichter, dass man gegenwärtige Aufgaben nicht mit bloßer Berufung auf Tradition bewältigen
kann. Neben der Überlieferung braucht es auch das Wagnis
und das Experiment.

*Was bedeutet Wagnis und Experiment in einer Welt, deren
normatives Zentrum längst nicht mehr in Rom oder
Europa, sondern im Silicon Valley liegt?*

Diese Entwicklung schreckt mich manchmal, allerdings nur
für Augenblicke; denn wenn man älter wird, sieht man auch,
dass die Giganten oft rasch bröckeln. Morgen spricht keiner
mehr von ihnen, wenn eine neue Technik oder eine Insol-
venz kommt. Ich interessiere mich sehr dafür, aber ich bin
kein Fan. Ein wenig fürchte ich das kontextlose Computer-

Wissen. Verstehst du, was du liest? Was sagen Wissenschaft und Bildung dazu?

Die Reformation war nur möglich durch die Medien-Revolution des Johannes Gutenberg. Die neue digitale Revolution – mehr als fünf Jahrhunderte nach Gutenberg – wird auch verstanden als das kommunikative Vehikel einer kulturellen Zäsur.

Wie die Verbreitung der Reformation von der Gutenberg-Revolution zwar enorm profitierte, aber auch viele andere geistige Kräfte in sich hatte, so ähnlich brauchen auch die »neuen Medien« zu ihrem Bestehen und einem gedeihlichen Wirken noch viele andere Kräfte – Kräfte, die ihnen oft fehlen: Respekt dem Menschen gegenüber, Nachdenklichkeit, Entschleunigung, Weitblick in jeder Hinsicht, Geduld.

Die digitale Revolution verändert die erfolgreiche Struktur und die Ordnung der Medien, der Bücher und Bibliotheken. Die Enzyklopädien, eine Art geistige Heimat für Sie, verschwinden ganz aus dem Markt. Wie gehen Sie selbst mit »online« um? Nutzen Sie Wikipedia und Co.? Gibt es den digitalen Karl Lehmann?

Ich staune über die sich überstürzenden Möglichkeiten der digitalen Revolution. Ich nutzte auch ihre Vorzüge. Meine kundigen Mitarbeiterinnen und Mitarbeiter sind dabei viel versierter als ich. Ich bin und bleibe zuerst ein Freund der Schrift und des Buches. Google und Wikipedia können den Buchliebhaber zeitlich und im Blick auf die Geschwindigkeit oft hoffnungslos überholen, aber die Wahlmöglichkeiten, die Vielfalt und vor allem die Freiheit, einschließlich der Freude des eigenen Entdeckens, liebe ich in der Form des Buches. Ich bin und bleibe ein Bücherfreund. Aber in meiner Emeritierungszeit möchte ich auch in dieser digitalen Welt noch einiges dazulernen. Man kann auf sie nicht verzichten, muss aber ihre Grenzen sehen.

»Kann« die Kirche Medien? Mit all dem, was die digitale Welt einfordert?

Religion und Kirche haben, sieht man auf Gottesdienste und Verkündigung, viele Modelle öffentlicher Kundgabe geschaffen. Die modernen Medien engen dies sehr ein und haben ihre selbstgemachten Zwecke. Dies können wir nicht so gut. Wir brauchen es auch nicht so zu beherrschen, weil wir eine andere Botschaft haben. Medien und Religion können sich also wechselseitig befruchten, aber sie ersetzen sich nicht.

»Können« die Medien Kirche? Gibt es ein journalistisches Verständnis und Wissen über und von »Kirche«?

Die Medien müssen nicht die besseren Theologen sein, aber sie sind auch für die Kirche lebenswichtig: nicht nur um eine möglichst unbegrenzte Reichweite für unsere Botschaft zu haben, sondern auch, um uns den Spiegel unseres eigenen Verhaltens vor das Gesicht zu halten, wenn wir gegen die Wahrheit, die Ehrlichkeit und das Bekenntnis zur Schuld handeln und so gegenüber der eigenen Sendung versagen.

Sie beginnen jetzt, sehr begleitet von den Medien, einen radikal neuen Lebensabschnitt, einen bisher unbekannten »Feierabend des Lebens«. Haben Sie eine Vorstellung, einen Plan, was das konkret im Ablauf des Alltags bedeutet?

Ich mache mir jetzt keine großen Pläne. Die macht auch ein anderer. Aber Meditation und Nachdenken, Schreiben und Aufklären, Ausruhen und Beten gehören auch in Zukunft ganz wesentlich zu meinem Leben. Ich freue mich auch, wenn ich den Sonntag wieder mehr für mich habe.

Als Sie Abschied zu nehmen hatten vom Beruf des Professors, haben Sie Tränen vergossen. Wie viel Trauer gibt es im Abschied und im Loslassen von dem, was Ihr Leben als Bischof geprägt hat?

Diesmal gibt es wohl weniger Tränen. Es gibt einen Abschied von lieb gewordenen Menschen, die man nicht mehr so oft sieht, es gibt weniger Routinetermine und auch weniger Last an Verantwortung. Vielleicht kann man nach so vielen Jahren auch vor Freude weinen, wenigstens still: Jetzt darfst du manches loslassen.

Welche Bücher sind noch zu schreiben? Welche Themenfelder warten auf Sie?

Ideen habe ich genug, aber ich werde sie nicht zu sehr preisgeben. Ich kann meine Träume doch nicht alle verwirklichen. Ich werde gewiss Texte veröffentlichen, die schon bestehen, die ich jedoch noch vertiefen will, zum Beispiel zur Ökumene, zu den jüngsten Versuchen einer Pastoral für wiederverheiratete Geschiedene und vor allem auch zu einer angemesseneren philosophisch-theologischen Klärung der menschlichen Leiblichkeit, was ebenso das Verhältnis zur Geschlechtlichkeit des Menschen und zur Anthropologie der Geschlechter einschließt. Auch die Kür nimmt in Pflicht. Künftig will ich zuerst mehr Freiheit haben, kein neues Zwangsprogramm. Bald gibt es außer diesem Buch eine Sammlung von anspruchsvolleren Beiträgen, *Auslotungen**, und die Fortsetzung meiner Fastenhirtenworte: *Was im Wandel bleibt**.

Aus Freiburg haben Sie damals eine Hobelbank mitgebracht. Die Lust am Machen: heute mit Büchern bedeckt.

Die Zeit solcher geradezu jugendlichen Hobbys ist wohl vorbei. Es war einmal …

Ausweislich Ihrer Bibliothek ist für Sie Literatur und Lyrik ein großes Thema, ein Refugium für die Zeit außerhalb der sehr konkreten Arbeit. Wo lesen Sie sich »fest«?

Ich bin auch im Lesen ein Vagabund, aber Gedichte, gut geschriebene historische Literatur und differenzierte soziologische Analysen werden mich immer interessieren, nicht nur Philosophie und Theologie, Medizin und Politik.

Einer Ihrer Studenten, Arnold Stadler, ist Büchner-Preisträger. Mögen Sie zeitgenössische Literatur? Kommen Sie überhaupt dazu?

Ich konnte in den vergangenen Jahren keine umfangreichen Romane lesen, dafür spielten Gedichte und kürzere Erzählungen eine große Rolle, zum Beispiel von Gabriele Wohmann, Marie Luise Kaschnitz, Hilde Domin, um zunächst einmal Frauen, die meiner Generation näher sind, zu nennen. Martin Walser, Hans Magnus Enzensberger und Patrick Roth

* Beide Freiburg i. Br. 2016 (Verlag Herder).

lasse ich mir nicht entgehen. Arnold Stadler hat übrigens bei mir seine Diplomarbeit über Adalbert Stifter geschrieben. Für seine Psalmen-Übersetzung lernte er Hebräisch.

Aufhören – so versteht sich das Wort – heißt: »aufhorchend von etwas ablassen«. Auf was horchen Sie? Was gibt den neuen Ton vor?

Zurück zu den Quellen. Sie sind oft ergiebiger als der viel gepriesene letzte Schrei von heute, der morgen wieder schnell von gestern ist.

Abschied ist immer auch ein Schnitt ins Herz früherer Selbstverständlichkeiten: Einfluss, Gestaltung, Deutungshoheit und vor allem aber die Macht des Amtes gehen auf den Nachfolger über. Was bedeutet Macht für Sie?

»Macht« – beileibe nicht nur politische – ist mir immer (im guten Sinn des Wortes) fragwürdiger geworden. Deswegen darf man sie aber nicht dämonisieren. Bei allem, was wir tun, es ist immer wieder die Macht, die uns verführen kann. Je älter ich werde, umso mehr bedrängt mich diese Einsicht, natürlich zuerst bei mir und bei meinem eigenen Tun. Wir können es drehen und wenden, wie wir wollen: Auch die geistliche Vollmacht ist tief vom Machtstreben her gefährdet. Dem will ich noch genauer nachgehen. Nicht zufällig hat Romano Guardini sein letztes Buch über die Macht publiziert.[*]

---

[*] Romano Guardini, *Das Ende der Neuzeit. Die Macht*, Mainz – Paderborn 1986, S. 97–186.

In einem der bedeutendsten Texte des Neuen Testaments, im Magnificat, heißt es: »Er stürzt die Mächtigen vom Thron.« Über wie viel Macht darf eine Kirche verfügen?

Macht braucht man, um etwas durchzusetzen. Macht ist aber nicht nur Gewalt, die ja übrigens sehr subtil auftreten kann. Auch die Kirche braucht verschiedene Ämter mit Befugnissen und Zuständigkeiten, die selbst in einer Demokratie nicht jeder hat bzw. alle haben können. Ein entscheidendes Kriterium ist auf jeden Fall für die Kirche, ob »Macht« letztlich Dienst ist. Das Jesuswort dazu ist mir ganz besonders wichtig: »Ihr wisst, dass die, die als Herrscher gelten, ihre Völker unterdrücken und die Mächtigen ihre Macht über die Menschen missbrauchen. Bei euch aber soll es nicht so sein, sondern wer bei euch groß sein will, der soll euer Diener sein« (Mk 10,42f.). Dieses Jesus-Wort packt mich immer wieder. Deswegen tue ich mich mit Machtmenschen besonders schwer, erst recht in der Kirche.

Das hohe Alter und die reiche Erfahrung sollen Gelassenheit geben, den langen Atem stärken – bis zum letzten Atemzug. Sie haben viel über den Tod und das Sterben geschrieben und zuletzt über das humane Sterben in der Öffentlichkeit gestritten. Wie denken Sie über den eigenen Tod, das eigene Sterben?

Über den eigenen Tod und das eigene Sterben grüble ich nicht viel, wohl aber über den Tod, der zum Menschen gehört. Aber für mich gehört das uralte Gebet der Christen um einen »guten und gnädigen Tod« zu den täglichen Fürbitten – nicht nur für mich. Ich finde dies ein ganz wichtiges Gebet – was immer dann kommt.

Die christliche Botschaft heißt: »Der Tod ist nicht das Ende.« Wie ist ewiges Leben überhaupt vorstellbar?

Das »Vorstellen« solcher Dinge habe ich mir schon lange abgewöhnt. Das ewige Leben gehört in die Sphäre Gottes. Vorstellungen haben leicht mit realen oder imaginären, jedenfalls gegenständlichen oder virtuellen Wirklichkeiten zu tun. Das ewige Leben lässt sich wohl mehr in den großen biblischen Bildern erahnen. Da gibt es zum Beispiel das Bild vom gemeinsamen Mahl der Völker im Frieden. Oder ein anderes: der Tag, an dem Gott alle Tränen wegwischt. Die Vorstellung vom ewigen Leben muss sich als geduldige und ausdauernde Kraft der Hoffnung bewähren. Erst wenn es durch das Feuer des göttlichen Gerichtes hindurch geläutert wird, werden wir seine Gestalt erkennen. Bis dahin bleibt gerade die Rede vom ewigen Leben Stückwerk. Paul Celan erzählt von dieser Kraft der Hoffnung in seinem Gedicht *Fadensonnen* aus der Folge *Atemkristall*: »Es sind noch Lieder zu singen jenseits der Menschen.«

Wie erklären Sie als Seelsorger Ihren fragenden Gläubigen das Wort von der Ewigkeit, in der der Christ lebt, auch wenn er gestorben ist?

Man muss vom Glauben ausgehen, den wir *jetzt* leben. Wenn ich das versuche, dann weiß ich, dass es auf die Gemeinschaft mit Gott ankommt, der sich mir zuerst zuwendet. Ich muss darauf aber auch mit meinem Leben antworten. Dann ist die Frage unausweichlich, ob dieser Gott mir auch nahe ist im Leid, im Erfahren von Ungerechtigkeit, in Krankheit, am Ende auch in Sterben und Tod. Die tröstende Antwort Gottes, besonders auch in der Frömmigkeit der Psalmen, heißt:

»Ich bin immer bei dir.« In meinem 1978 erschienenen kleinen Büchlein *Was heißt »ewiges Leben«?** sage ich es so: Ewiges Leben heißt der alte Name für ein solches Glück ohne Ende.

> *»Wohl denen, die gelebt / Ehe sie starben«, das hat Marie Luise Kaschnitz auf ihrem Grabstein in Bollschweil stehen. Vor der Ewigkeit kommt der Tod, in dem der Mensch sich ganz entrissen wird, wie Sie sagen. Gibt es »ein gutes Sterben«? Eine Kunst, sich hier im Leben schon auf die Stunde unseres Todes vorzubereiten, also das, was man früher »Ars moriendi« nannte?*

»Gutes Sterben« kann man in den meisten Fällen nicht genauer vorbereiten, aber die beste Voraussetzung dafür ist ein »gutes Leben«.

> *Gutes Leben hängt auch mit dem Glück im Leben zusammen, über das Sie ein kleines Buch geschrieben haben:* Von der besonderen Kunst glücklich zu sein *(2006). Was bedeutet Glück für den Menschen, der an Gott glaubt?*

Er muss nicht immer Glück haben oder gar glücklich sein, aber er weiß, dass er in allem am Ende gehalten und getragen wird von einem, der ihn nicht fallen lässt. Mehr Glück gibt es am Ende nicht.

---

* Karl Lehmann, *Was heißt »ewiges Leben«?* (Antwort des Glaubens 3), Freiburg i. Br. 1978.

Zum Glück gehört auch Heimat. Für Sie ist Mainz in den letzten Jahren eine Art Heimat geworden. Was bedeutet diese Heimat am Rhein für Sie?

Ja, ich habe hier ein Stück Heimat gefunden, und ich fühle mich zu Hause. Aber Heimat ist etwas, wie Ernst Bloch am Ende des dritten und letzten Bandes von *Das Prinzip Hoffnung* sagt, »das allen in die Kindheit scheint und worin noch niemand war«. So leicht kann man heute an keinem Ort der Welt mehr von einer fraglosen Heimat sprechen. Der Mensch muss gerade in der Moderne erfahren und bewältigen, dass er in aller Verbundenheit mit Heimat doch ein Stück weit auch gefährdet und »unbehaust« ist. Wie lange wird es noch Heimat geben für den Menschen?

Sie werden in Ihrem Haus in der Nähe des Domes und des Marktes und in der Nähe der Mainzer, umgeben von Ihren vielen Büchern, wohnen bleiben. Was Mainz und seine Umgebung für den Bischof von Mainz bedeutet, haben wir schon angesprochen. Was sind Ihre besonderen Orte in Ihrer Diözese, die links und rechts des Rheins liegt, und wie oft halten Sie es mit Ihrer alten schwäbischen Heimat?

Meine schwäbische Heimat wird mir im Rückblick und im Alter immer wichtiger. Ich freue mich darauf, dass ich hoffentlich so manchen aufgeschobenen Besuch jetzt realisieren kann. Was mein Bistum angeht, so befinden sich hier so bemerkenswerte Städte wie Worms, Darmstadt, Bingen und Gießen, Seligenstadt nicht zu vergessen. Ich habe mich sehr gern dort aufgehalten. Und ich war auch außerordentlich gern in den Klöstern unserer Diözese. Am meisten finde ich in Mainz im über 1000 Jahre alten Dom meine Vorstellung von Heimat, aber auch in St. Stephan mit Marc Chagalls geliebten Fenstern.

Mainz war in einer langen Zeit im Mittelalter das größte und wichtigste Bistum nördlich der Alpen. Sie sind der 87. Nachfolger des hl. Bonifatius, des Apostels der Deutschen. Was bedeutet eine solche Tradition für Sie?

Ehrwürdiges Alter bringt Stetigkeit und Verlässlichkeit, Vertrauen und Zuversicht. Es bringt zudem in Grenzen Berechenbarkeit und vor allem Gemeinsamkeit über mich und meine Zeit hinaus.

»Mitten im Leben geschieht's, dass der Tod kommt und am Menschen Maß nimmt. Diesen Besuch vergisst man und das Leben geht weiter. Doch im Stillen wird der Anzug genäht«, sagt ein Gedicht von Nobelpreisträger Tomas Tranströmer, das in Ihrer Bibliothek steht. Vergisst man, wenn das Leben immer weitergeht oder die Pflicht ruft, diesen speziellen Besuch? Sie hatten eine Reihe von Krankheiten und Beschwerden, wie ernst haben Sie das genommen?

»Mitten im Leben sind wir vom Tod umfangen«, das war mir immer gegenwärtig. Aber es ist nicht nur der physische Tod, es gibt viele Abschiede, die man immer wieder geben oder hinnehmen muss. Abschiedlichkeit ist ein wesentliches Kennzeichen für uns Menschen. Dazu gehören auch die Minderungen unserer physischen Kräfte und gesundheitliche Beeinträchtigungen. Sie sprechen Krankheiten und Beschwerden an: Ich war viele Jahrzehnte gesund und habe keinen Arzt besuchen müssen und kein Krankenhaus als Patient von innen gesehen. Aber dann hat sich auch der jahrzehntelange Raubbau meiner Kräfte gerächt. Doch auch in dieser Zeit hatte ich Glück. Ich habe tüchtige Ärzte und viele hilfreiche Menschen gefunden, regelrechte Lebensretter – für sie möchte ich gerne Zeit haben, um ihnen zu danken.

Was bedeutet es für jemand, der bisher eher kraftstrotzend durch das Leben lief, wenn er sich heute beim Gehen stützen muss und der Bischofsstab diese Stütze nicht ist?

Wir Menschen von heute jammern schnell, es fällt uns schwer, abnehmende Kräfte und Schwäche anzunehmen und zu gestehen. Dennoch gehört auch die Schwachheit und das Schwachwerden unserer physischen Natur zur »Conditio humana«. Ich will nicht jammern. Der liebe Gott und meine Eltern haben mir zu meinem Dienst eine gesegnete Natur geschenkt. Ich hatte und habe außerdem viele wunderbare Hilfen. Dazu gehören über die Jahrzehnte meine vielen Mitarbeiterinnen, Assistentinnen und Assistenten, die insgesamt zwölf Bischöflichen Sekretäre, drei Chauffeure sowie die Ordensschwestern im Bischofshaus, die mir Leben und Beruf erleichtert haben.

In Ihrer Heimat pflegt man zu besonderen Gelegenheiten Hölderlin zu zitieren. Dass »noch unser der Abschied sei!«, sagt Hölderlin einmal als Wunsch. Was ist das »Ihre« in Ihrem Abschied?

Abschiedlichkeit ist, wie ich schon sagte, für mich eine tiefe Bestimmung und Anlage des menschlichen Lebens. Dazu gehört auch, dass man, wie beim Staffellauf, den Stab – in meinem Fall auch den Bischofsstab – weitergibt, ohne dass er auf den Boden fällt. Der Wechsel ist manchmal gewiss eine schmerzliche Erfahrung. Sie macht aber auch bescheiden und demütig. Niemand ist unentbehrlich. Aber hier trägt auch die Gemeinschaft, gerade in der Kirche: Es gibt in einer langen Kette, vor und nach einem, Vorgänger und Nachfolger, die für ihre Zeit ihre Aufgabe und eben auch ihre Pflicht getan haben und sie weiter tun werden. In einer wahren Gemeinschaft dieser Art, die auch die Vorfahren und die kommenden Generationen einschließt – und wo ist dies handgreiflicher als in der Kirche? –, dürfen beim Abschied Gelassenheit, Hoffnung, Zuversicht und damit auch Freude nicht fehlen. Das Schönste und Wichtigste, das, was in diesem Sinne auch trotz allen Wandels bleibt, ist der Dank. Dank an Gott und die Menschen vieler Jahrzehnte, die nahen und fernen Zeitgenossen. Nichts ist selbstverständlich. Darum ist der Dank so wichtig. Man nimmt ihn aber nur wahr, wenn man sich vor allem auf das besinnt, was gewesen ist und in manchem auch bleibt. Denken und Danken gehören für mich ganz eng zusammen, und dies überdauert für den, der glaubt, jeden Abschied. So gehören schließlich Abschied und Wiedersehen in Gottes Ewigkeit, auf die ich im Anruf seiner Barmherzigkeit hoffe, eng zusammen, auch wenn Abschied und Wiedersehen nicht einfach dasselbe, aber auch kein ewiger Kreislauf sind. Dazwischen, so hoffe ich, steht mit der ganzen Barmherzigkeit Gottes sein letztes Wort über alles, was war und ist, ein Wort, das richtet und beschämt, aber auch tröstet und vergibt.

Kleines Nachwort

Im Blick auf meinen 80. Geburtstag im Jahr 2016 bin ich vielfach um ein längeres Interview gebeten worden, das man am Ende in Buchform veröffentlichen wollte. Ich habe die Einladung dazu immer abgelehnt. Es lag nicht daran, dass ich ein solches Unternehmen prinzipiell verweigert hätte. Ich habe bereits im Jahr 2000 mit Jürgen Hoeren unter dem Titel *Es ist Zeit, an Gott zu denken* ein solches Gespräch geführt, das innerhalb kurzer Zeit in Buchform sechs Auflagen erzielte.* Gründe für mein Nein waren: Ich hatte wenig Zeit dafür, ich wolle auch vermeiden, meine Person zu sehr in die Mitte zu bringen.

Nachdem einige Zeit nach diesen Entscheidungen vergangen war, hat mich ein mir freundschaftlich verbundener Journalist nochmals bedrängt. Ich bin dann schwach geworden und habe schließlich Ende 2015 dem ehemaligen Intendanten des Zweiten Deutschen Fernsehens, inzwischen emeritiert und Professor für Medienethik an der Hochschule der Jesuiten in München, Prof. Dr. Markus Schächter, zugesagt. Zu ihm hatte ich ein vielfach begründetes Vertrauen.

Meine Sinnesänderung hing auch damit zusammen, dass ich mein über fünfzig Jahre währendes berufliches Engagement an einigen Universitäten und als Bischof von Mainz

---

* Karl Lehmann, *Es ist Zeit, an Gott zu denken*. Ein Gespräch mit Jürgen Hoeren, Herder Spektrum, Freiburg i. Br. 2000.

zwischen Konzil, Gemeinsamer Synode und der Gegenwart doch als eine inhaltliche und biographische Einheit zu sehen gelernt habe. Es könnte gut sein, für andere und am Ende auch für mich, die Erinnerung an diese fünfzig Jahre nicht gänzlich verstreichen zu lassen. Es könnte auch im Blick auf mich eine kleine Ergänzung sein zu der Biographie von Dr. Daniel Deckers über mich aus dem Jahr 2002* und der Dokumentation von Frau Dr. Barbara Nichtweiß anlässlich meiner Kardinalserhebung im Jahr 2001**.

Meine ursprünglichen Bedenken haben dennoch eine gewisse Bedeutung und Berechtigung. Ein solches Interview ersetzt keine Biographie. Die Fragen des Interviewers bilden weitgehend den Horizont der Antworten. Es ist auch kein Leistungsnachweis. Es ist auch vieles nicht verzeichnet, was mir in meiner Zeit als Bischof viel Freude gemacht hat. Es ist auch keine wie immer geartete Bilanz. Wenn ich an einige Themen besonders erinnere (z. B. Geschiedene Wiederverheiratete, Schwangerschaftskonfliktberatung, Diakonat der Frau, Bischofsernennungen usw.), dann sind es Aufgaben, die mich Jahrzehnte lang beschäftigten, ohne dass es bisher zu nennenswerten Ergebnissen kam.

Damit hängt auch der Titel dieses Buches zusammen: »Mit langem Atem«. Bei allen Aktualitäten, die uns bedrängen, sind wir doch nicht dem Heute ausgeliefert. Wir kommen von weit her. Deswegen braucht man einen langen Atem, der durch den Glauben, die Theologie und die Spiri-

---

* Daniel Deckers, *Der Kardinal. Karl Lehmann. Eine Biografie*, München 2002.

** Barbara Nichtweiß (Hrsg.), *Karl Kardinal Lehmann 2001. Dokumentation, Erinnerungen und Informationen zur Kardinalserhebung des Bischofs von Mainz*, Mainz 2001.

tualität der Kirche gekräftigt wird. Wenn es sich um wichtige Erneuerungen aus diesem Geist handelt, dann braucht man bei ernsthaften und gediegenen Reformen tatsächlich einen langen Atem. Ungeduld und Geduld gehören hier auf eine seltsame Weise zusammen.

Die Aufnahme des Gesprächs in vier Halbtagssitzungen im Januar 2016 und einige kleinere Nachträge in der Folgezeit haben mir mit dem ehemaligen Intendanten und Medienprofessor Markus Schächter, mit dem ich schon seit Jahrzehnten freundschaftlich verbunden bin, eine außerordentliche Freude gemacht und mich zur ausführlichen Erinnerung gereizt. Ich danke ihm und allen, die ihn dabei unterstützt haben, von ganzem Herzen. Ich habe im Februar 2016 das aufgenommene Gespräch, das sorgfältig übertragen wurde, sechsmal intensiv überarbeitet und nochmals kontrolliert. Ich übergebe es nun mit Dank an Markus Schächter als Herausgeber und den Verlag Herder, dem ich seit bald sechzig Jahren verbunden bin, und hoffe, dass diese kleine Rechenschaftsablage den Lesern gute Einsichten vermittelt und am Ende schließlich auch dem Wohl der Kirche von heute und morgen dient.

Mainz, den 19. März 2016   Karl Kardinal Lehmann

Ergänzendes Nachwort zur 2. Auflage

Die Gelegenheit einer raschen 2. Auflage hat es ermöglicht, dass wir nicht nur einige Druckfehler und Versehen berichtigen konnten, sondern auch zwei Aktualisierungen verwirklicht haben: Seite 147/148 präzisierende Hinweise auf das Apostolische Schreiben von Papst Franziskus »AMORIS LAETITIA« vom 19. März 2016, das freilich erst am 8. April 2016 veröffentlicht und zugänglich wurde, und Seite 121 auf eine Äußerung des Papstes zum Thema »Diakonat der Frau« vom 12. Mai 2016.

Mainz, den 23. Mai 2016   Karl Kardinal Lehmann

Dank

Das vorliegende Buch dokumentiert das Ergebnis konzentrierter Gespräche, die zum Jahresbeginn 2016 im Mainzer Bischofshaus geführt wurden. Das Buch mit seinem breiten Spektrum an Themen und Fragen wäre aber nicht denkbar und möglich gewesen, hätte es nicht über viele Jahre hinweg nachbarschaftliche Begegnungen und einen ausführlichen Dialog auf verschiedenen Ebenen gegeben.

Trotzdem braucht ein solchermaßen konzentriertes Gespräch intensive Vorbereitungen. Sehr herzlich bedanken möchte ich mich deshalb bei Prof. Dr. Ulrich Ruh, dem langjährigen Chefredakteur der Herder-Korrespondenz und klugen Beobachter kirchlicher Geschehnisse, sowie bei Herrn Prof. Dr. Albert Raffelt, dem ehemaligen stellvertretenden Direktor der Universitätsbibliothek Freiburg und engen wissenschaftlichen Begleiter Karl Lehmanns, für ihre wichtigen Hinweise und substanziellen Einordnungen in der Vorbereitung sowie die korrektiven Anmerkungen in der Endfertigung. Ganz herzlichen Dank auch an Frau Ordinariatsrätin Dr. Barbara Nichtweiß für die umsichtige und profunde Koordination der Endfassung.

Herrn Dr. Rudolf Walter vom Verlag Herder danke ich für das hochprofessionelle Lektorat mit dem Blick auf die große Linie. Pfarrer Michael Andreas Leja und Dr. Claudia Sticher danke ich für die freundliche Bereitschaft, mit den groben Störungen im Bischofshaus konstruktiv umzugehen. Ich danke auch Herrn Udo Richter für unbeirrbare Korrekturarbeiten, Frau Barbara Hornschuh für die Transkription der Gesprächs-Mitschnitte und Uta Bellotto für kluge Organisation und souveräne Disposition.

Vor allem aber danke ich Kardinal Karl Lehmann für seine unerschütterliche Freundlichkeit trotz aller Belastung, für die große Geduld, die wunderbare Ausdauer und die herzliche Bereitschaft, mit mir eine große Strecke seines Lebens und seines Wirkens intensiv und ausführlich zu betrachten.

Markus Schächter

Namenregister

Tranströmer, Tomas 257
Trepp, Leo 241
Truman, Harry 53

Vlk, Miloslav 213
Vogel, Bernhard 24, 71, 84, 85,
    241
Vogel, Hans-Jochen 107, 240
Volk, Hermann 65, 89
Vorgrimler, Herbert 63, 68, 127,
    129

Wagner, Carl-Ludwig 241
Walser, Martin 251
Weizsäcker, Richard von 240
Welte, Bernhard 48, 54, 75
Wetter, Friedrich 210
Willigis 83
Wohmann, Gabriele 251

Zerwick, Max 100
Zuckmayer, Carl 236
Zwanger, Helmut 193